JN169934

MINERVA 歴史・文化ライブラリー 31

天平に華咲く「古典文化」

続・「やまとごころ」とは何か

田中英道 著

ミネルヴァ書房

はしがき

日本の「古典主義」文化とは何か

まず本書のタイトルに「古典文化」という言葉を使っているので、その「古典」の意味を説明させていただこう。すでにギリシャ「古典文化」とか、ルネッサンス「古典文化」は知られているが、日本の天平「古典文化」という言葉はあまり知られていない。戦後、日本文化を否定的にあつかう傾向が強かったため、それだけの内容があったとしても、それをいうことは憚れたこともあろう。しかし、文化をこの名で自慢したり誇張して使うわけでもない。拙著『日本美術全史』が伊訳され、その上でイタリア側から提案されて今年ローマのキルナーレ宮で仏像美術展が開かれることになったが、この天平「古典文化」を主張しても、イタリアの美術史家、美学者から同感の言葉さえあれ、否定する言葉は聞かれなかったことでも、意を強くしている。

一体どういう定義で、ギリシャ、ルネッサンスと並べて日本の「古典」を論じるのか。まず『日本美術全史』序論から引用して説明しておきたい。日本ではあまり正確な意味でこの用語を使用していないからである。それは、単なる、古く立派なもの、というだけではない。

《美術史を「様式史」として最初にとらえたヴンケルマンは、ギリシャの〝クラシシズム〟に「高貴なる単純と静かなる偉大」という言葉を与えたが、まさにそれにふさわしいのは、天平（奈良）時代の美術である。それは平面的であるが「絶対的明瞭性」を持ち、かつ「彫塑的」である。この典型として東大寺法華堂（三月堂）の諸仏、とくに『日光・月光菩薩』があげられるであろう（現在は東大寺ミュージアムにあり、美術作品として丁寧に鑑賞することができる）。また戒壇院の『四天王像』も、興福寺の『阿修羅像』などの『八部衆』や『十大弟子像』もその中に入る。まさに単純な立像ながら「高貴」なものがあり、「静かなる偉大」が存在するのである。また「絶対的明瞭性」をもち、その超塑性により、周囲にわずかな空間を作り出している。

ただギリシャ彫刻は人間の裸体像を中心としたプロポーションの「美」を重要視するし、一五、六世紀のイタリア彫刻はそこにより複雑な人間の諸表情を表現するが、日本美術では人間性の我執を取り去った超越性を表現している。背後には聖武天皇を中心とする仏教国家としての自覚と正当性が行き渡っていたと見るべきであろう》。

この「様式」概念はヴィンケルマンにより西洋美術史に取り入れられた以来、リーグル、ヴェルフリン、ドヴォルシャークに及ぶ考察により、様式史の常数として「アルカイスム」「クラシシズム」「マニエリスム」「バロック」様式などが明らかにされてきた。この様式発展はギリシャ時代の紀元前六世紀から三世紀にかけてと、西洋のイタリア美術の十三世紀から十七世紀にかけて適用されているが、西洋美術史が一つの学問として確立されたのも、政治権力史とは自立した展開をもつ「様式」史の発展が大きな要因となっている。
ドイツの著名な美術史家ヴェルフリンはその『美術史の基礎概念』において十六世紀「クラシック」から十七世紀「バロック」への有名な五つの対概念を述べている。

古典様式　　　　　　バロック様式
一　線的（彫刻的）なもの――絵画的なもの
二　平面的――奥行的
三　閉じられた形式（構築的）――開かれた形式（非構築的）
四　多元的統一――一元的統一
五　絶対的明瞭性――相対的明瞭性

（『日本美術全史』序章より）

大きく言えば、古典的なものは生き生きとした安定した構図であり、バロック的なものは生き生きとした動的構図と言ってよいであろう。「生き生きとした」というのは、批評用語で言えば、「気韻生動」のことである。

これはちょうど、天平（奈良）時代の美術が「古典」的であり、鎌倉時代のものがバロック的なものとして認識出来るのである。また古典様式とバロック様式の間にマニエリスム様式があることが、二十世紀になってドヴォルシャークやシェアマンによって提案され、すでにイタリアで言えば、古典様式の三大巨匠の後、一五一〇年前後の様式として、アンドレア・デル・サルト、ポントルモ、ブロンツイーノ、パルミジアニーノらがその代表的な画家で、イタリア以外だと、グレコ、ブリューゲル、グリューネヴァルトなどが入るであろう。形が現実から離れて自立的に発展し、洗練さだけでなく、不自然さ、理知的な冷たささえ生まれてくる。

いずれにせよ、芸術の様式は、時代によって変化していくことを洞察していくのが、美術史が学問として成立する裏付けとなるのである。ただ政治的な時代変遷とは別個の各時代の思想的、感性的、知的な動きが、芸術の様式に深く影響を与えるのである。これまでの日本美術史は政治的な時代の区切りにより、その変遷が述べられてきたが、それは「生の美術史」であって、年代的歴史叙述に過ぎない。そこに様式変化の洞察があって美術史となるのである。つまり、歴史だけでなく、芸術自身がもった形象の自立的発展が、文化の様式を創る、ということなのである。

本書はなぜその「古典文化」が生まれたか、背景にある「時代」を述べたものである。なぜそのような崇高な文化が生まれたか、ギリシャの「古典文化」やイタリア一五、六世紀の「古典文化」とならぶ日本の「古典文化」が花咲いたか。それを支えるどんな歴史があったか、どんな思想が存在したか、を考察する。そこには政治的、宗教的な歴史も深く関わっているとともに、日本とは何か、やまとごころとは何か、というアイデンティティの問題が絡んでいる。当然、国家観が根付いていたのである。

天平に華咲く「古典文化」——続・「やまとごころ」とは何か　目次

目　次

第Ⅰ部　飛鳥に生まれた国家

石舞台古墳（奈良県高市郡明日香村島庄）

第一章　日本という国家共同体

1　個人は共同体に依拠する

ブルクハルトの考えた国家　「芸術作品としての国家」(der Staat als Kunstwerk) という言葉は、ヤコブ・ブルクハルト（一八一一〜九七）の『イタリア・ルネッサンスの文化』の中で使われた言葉である。最近の訳書では「精緻な構築体としての国家」と訳されているが、これは「Kunstwerk」の意味を捉えきれておらず、この偉大な歴史家の着想を損ねている訳語である。たしかに国家が芸術のようだ、などという言い方は、近代国家の巨大なメカニズムになじまないが、それはヨーロッパの十五世紀の都市国家とか、これから述べる奈良時代のような、人口の少ない時代の国家（平城京自体、十万人ほどだと言われる）、アテネのような古代都市国家にあてはめられるのである（新井靖一訳『イタリア・ルネッサンスの文化』筑摩書房、二〇〇七年、参照）。

文化、芸術が栄えるところは必ず国家がそれを支える構図があることは古代ギリシャでもルネッサンス期のフィレンツェでも明らかで、国家観なしに芸術はありえないことをブルクハルトはいみじくも述べているのだ。彼は時代それぞれの都市国家の政治的諸制度が機能して文化活動を際立たせていくものとして、その特質を抽出しようと試みた。実際、古典時代と言われる時代の諸文化は、古今東西を問わず、いわば人々が共有する表象が一貫した様式を持っているものである。重要なのは制度の実体的機能によるというよりは、集団的意識において社会の表象が一定の様式を持っていることである。

多くの「近代主義」の歴史家たちは、国家など「近代」の産物であり、このような古い時代にそのような観念は成り立たないと考えがちである。しかし天武天皇以後、聖武天皇までの政策は、日本という国家概念をもたなければ成り立たないものであり、そこに典拠して『古事記』『日本書紀』の神話と歴史の形成、『金光明経』という鎮護国家的な仏教理論により、東大寺を中心に国分寺、国分尼寺といった寺院が建立された。さらに法律的には「大宝律令」および「養老律令」などの律と令により、国家が論理化され、日本の国家としての体制を作り上げたのである。奈良時代、八世紀の日本は政治と宗教がともに天皇を中心に世界に類例のない統一体をもって、一つの国家を作り上げたのであった。

それは西洋的観念から言えば、天皇絶対主義という絶対君主制を想起するかもしれないが、そこには聖徳太子以来の「十七条憲法」という治政者の道徳律が備わっており、天皇を支える充実した官僚機構が、モラルによって民主主義的に運営されていた。聖武天皇の生きた七〇一年から天皇即位、譲位を経て崩御に至るまでの五十六年の間に、文化的な活発な動き、神話、美術、建築、和歌、漢詩、音楽などが宗教的、イデオロギー的に白熱し、力強く確立した天皇の神話が、地上権と宗教権とを両方兼ね備え、その力によって国民の創造力をかきたてたのである。

ブルクハルトは文化・芸術を論じるのに、十五世紀イタリア半島の「専制君主」を否定的には論じていない。むしろ彼らと共に「国家」を語ろうとしたことに注目したい。そこには市民主義的な、「封建主義」批判となっていても、まず「国家」という共同体があってこそ文化・芸術が語れるのだ、という確信があると感じられる。その第二章が「個人の発展」となっているのも、人間が生きるうえで、個人が基本となるとともに、文化・芸術の上でまず共同体こそが重要であることの意味を際立たせている。近代の文化・芸術がそれを失って、逆に衰弱させてしまったことをいみじくも語っているのである。

ブルクハルトの考えた「中世」

しかしブルクハルトには誤りもある。ここにブルクハルトの有名な言葉を挙げてみよう。

《中世においては、意識の両面――外界に向かう面と人間自身の内部に向かう面――は、一つの共通なヴェールの下で夢見ているか、半ば目覚めている状態であった。そのヴェールは、信仰と子供の偏執と妄想から織りなされていた。それをとおして見ると、世界と歴史は不思議に色取られて見えた。しかし人間は自己を、種族、国民、党派、家族として、あるいはそのほか何らかの一般的なものの形でだけ、認識していた。

イタリアではじめて、このヴェールが風の中に吹き払われる。国家および一般にこの世のあらゆる事物の客観的な考察と処理が目覚める。さらにそれと並んで主観的なものも力いっぱいに立ち上がる。人間が精神的な個人となり、自己を個人として認識する。同様に、かつてはギリシャ人が蛮人に対して、個性的なアラビア人が種族人間としての他のアジア人に対して立ち上がった。これには政治的な情況が、もっとも有力に関与していたことは、なんとなく証明されるであろう》

（柴田治三郎訳、中央公論社、一九六六年）

この文章が、その後、「中世」と「ルネッサンス」を弁別する定義となったが、今日ではほとんど否定されていると言ってよい。ここには「中世」が、団体の中で埋没しており、個人を発揮する機会などない、という認識がある。「近代」が家族、団体、党派、国民、種族に規定されていない、とでも言うのであろうか。資本主義社会に個人主義が根づき、それ以前とは異なる、というのも幻想に近い認識である。

「中世」文学の代表たるダンテにおいては党派を超えた個人が歌われているし、他方「近代」文学のバルザックにあるのは「資本主義社会」で個性を失わざるをえない個人であり家族である。この二つの世界を隔てるヴェールとは、宗教の大きさ以外には、そこに個人の史料が残されていない、という問題にすぎないのではないか。

むろんブルクハルトには美術におけるジョットとマサッチォの差がある、という見解があろう。後者の遠近法はまさに画家個人の視点からであって、前者にはそれがない、という点である。しかし十六世紀、ヴァザーリがこの二人の画風の違いこそ認めたものの、一方を個人が確立されたものとして、他方をヴェールにつつまれたものとして語ったわけではないことを想起すべきであろう。人間そのものの生き方が変わっていたとは記述していないのである。

この謬見を日本に導入したのが「古代」「中世」「近世」「近代」と分けてきた歴史観である。しかし「中世」までの室町時代と「近世」の桃山時代の日本人のあり方が、それほど異なったものであろうか。もしそれほどの異時代相を感じさせるとすれば、それは飛鳥時代と古墳時代の違いであろう。

だが日本における飛鳥時代とそれ以前の古墳時代の差は、書かれた文字記録がないということ以上に、隔絶があるだろうか。『古事記』に推古天皇以前の記述しかないのは、文字記録が行われ始めた以前の口承記録に注目したからであろう。『日本書紀』に両時代の記録の多寡はあっても文体に違いがないのは、日本人の生活に基本的には相違がなかったからである。我々は近代に近づくほど進歩しているとする十九世紀的な進歩史観にとらわれてはならないのである。

とはいえブルクハルトの人間が個人よりも、共同体としての国家自体の記述を先に置いたのは、「ルネッサンス」と呼ばれる時代が、個性溢れた芸術の時代であったとしても、やはり「国家」という共同体こそが美の原動力となると主張せんがためであろう。そこに前提を置いたことは、大変重要なことなのだ。

フィレンツェが一つの都市国家として、そこに共同体の伝統と民族性が存在するとき、そこに「公」が生まれ「正義」が保証される。その美術の表象に、共同体の正義が表されるとき、それは個人の感情以上の気高さ、品格が表現されるのである。ミケランジェロの「ダヴィデ像」も「モーゼ像」もそのことを示している、と言ってよい。

日本の「古典」時代と言われる奈良時代の文化と芸術は、これまで十分に語られてきたわけではなかった。この時代こそ日本の神話、日本の宗教、日本の詩歌、日本の美術、日本の建築など、すべての原型と理想が表現されている、と思われても、その個人と共同体の問題が、ブルクハルトのギリシャやイタリア文化のように明確に語られなかったために、そこに「近代」を含めた「古典」という様式を見そこなっていた。

文化史を重視した和辻哲郎でさえも、古典というその後の時代の模範的時代として、この天平時代を思い描いたわけではない。日本浪曼派と呼ばれる保田與重郎もまた、この時代に浪漫を感じたものの、それを「近代」と断絶したものと見て、それが今日まで連続したものと見ることができなかった。孤絶しているがゆえに美しかったのである。

2　国家観の形成――『日本書紀』の語るところ

個人主義と共同体主義

天平時代の偉大な歌人、大伴家持の歌《うらうらに　照れる春日に　雲雀あがり　こころ悲しも　ひとり思へば》に孤独な個人の相貌を感じ、また《海行かば　水漬く屍　山行かば　草むす屍　大君の辺に死なめ　顧みはせじ》という歌に天皇への殉死を考える、その個人主義と共同体主義は、日本の長い間の伝統であった。すでにそこに「近代」と同質なものを感じさせるほどである。さらに《いぶせし》という言葉が、近代フランス語のアンニュイ（ennui）や melancolique といった言葉と対応すると考えられることは、この時代が決して「古代」として彼方の世界に押しやってはならないことを教えてくれる（拙論「「海ゆかば」の思想」『「やまとごころ」とは何か』所収）。

それは日本のような天皇が存在する国が、世界経済大国の先頭を走ってきたことにも通じているのである。西洋でつくられた「近代」そのものの反措定を日本が行っていることを、日本人がもっと自覚しなければならないのである。個人主義と戦争中の特攻の精神とを合わせ考えられぬ人々にとっては、日本の文化は到底捉えることが出来ないのである。

ブルクハルトが「ルネッサンス」文化の前提としてフィレンツェの共和制においてそれを見て次のよ

うに書いている。《最高の政治意識と最大の豊かさを持った発展形式とが、フィレンツェの歴史において一つに結びついているのを我々は見出す。この意味においてフィレンツェは世界最初の近代国家という名に値しよう。君主の諸国家においてはその君主の一族が行うべき事柄を、ここでは国民全体が行うのである》。しかし、彼はこの共和制の時代を語ることはまことに少ない。マキアヴェリが『君主論』に書いた君主制の中の君主たちの角逐の中に、偉大な文化創造の淵源を見ているのである。

つまりブルクハルトの文化論には、君主に否定的な意味合いは必ずしもないのである。「ルネッサンス」が北イタリアの「専制君主」のもとで花開いた面や、フィレンツェでもメディチ家の支配の中で最高の形態をとったことを十分認識しているからである。そしてローマ教皇というあたかも精神宗教上の独裁者のごとき存在こそが、十六世紀イタリアの偉大な天才たちの才能の実現に力を発揮させたことを理解しているからだ。十九世紀の同時代のマルクスと異なって、経済の「下部構造」に対して文化を「上部構造」などと図式化することなど考えてもいなかったこの歴史家には、権力者を抑圧者として見る教条主義もなかったのである。

千年前に成立した国家意識

すでに述べたように、西洋では、国民国家（Nation state）の誕生は、近代（フランス革命）以降のことであるとされる。国境が画定され、その言語が一定のものになるとき、「国民」という意識が目覚め、国家が王や一部の貴族や教会のものではなく、国民によって支えられるものだ、と認識されるようになったのは、ここ二百年のことに過ぎないとされる。しかし私はこれから、このような国民・国家意識がすでに近代どころか、日本ではさらに千年を遡る七、八世紀にすでに成立していたのだ、という説をここで述べることになる。

こんな意見には、西洋史観こそが学問である、と思い込んでいる大学の研究者たちは顔をしかめることになりかねない。現代ではその地盤がゆるんでいるから定説は存在しないが、しかし大学とは規格化した知識の処理工場みたいなものだから、いったん立てられた規格を崩すことは容易ではない。「近代」に初めて個人主義も自由も得られたのだ、と思い込んでいるヘーゲリアンたちには、それが一番遅れたアジアに、西洋に先んじて七、八世紀に確立された国がある、とは到底思われない、と言うに違いない。しかしこの見解は、単に日本研究だけからの我田引水的な日本論ではなく、長い西洋学研究と留学成果をもとにした、必然的な結論であると言ってよい。こうした歴史論は西洋中心主義の歴史観をすべて相対化してしまう、これまでの歴史観を崩壊させる核弾頭となるものなのである。

サミュエル・ハンチントンが『文明の衝突』（一九九六）で、日本が一国で八大文明のうちの一文明を形成している、と述べたことは、日本が中国文明の一部と考えていた学者たちに衝撃を与えたが、この書でも天平時代が中国文化と異なった日本文化の特質を最大限に表現していたことを語るであろう。

しかしそれはもともと島国日本、という特殊性がそのような特質を容易にする環境を与えていたのである。日本という国は国境を接する国が一つもない、という大陸の他国と異なる条件を持っていた。

もっともイギリスも島国であるが、ドーヴァー海峡は日本と大陸の距離よりも近く、対馬海峡よりははるかに往来が容易であった。この条件はイギリスが孤立出来なかった理由でもある。日本海と対馬海峡は、溝の大きい国境を形成していた。これは自然条件が他の国に依存しない歴史情況を作っていたことに他ならない。そして内部では同化させやすい均質な自然環境が各地にあったため、その中で土地をめぐる争闘そのものが少なかったのである。たとえば九州の自然環境を関東や東北と比べても、寒暖の差を除くと、さほど相違がなかった。砂漠地帯や湿原地帯がなかったことも幸いした。北海道を除くと稲作により平均的に収穫出来るという環境は、弥生時代から日本人の生活意識の均質性を生み出していたと言うことができる。古墳時代に鹿児島から岩手まで同様な前方後円墳が展開していたことは、すでに統一的な文化が日本で出来あがっていたことを示している。それは神武天皇の統一を予想させるものだ。これから語ろうとする天平時代の国家体制というものが、どんなものであったかを語るうえで、そうした前提を認識する必要がある。マルクス主義の学者のように、常に内部闘争があり、「古代」は遅れた時代とする「進歩史観」では歴史は成り立たないのである。

3 日本という共同体観

『日本書紀』に見る国家観

この時代の共同体観を知るうえで、飛鳥時代の聖徳太子の十七条憲法や隋との外交、大化の改新、そして白鳳時代の天武天皇の一連の施策、律令体制の確立、仏教思想の導入の過程を辿るために、日本の成り立ちを語る国家史である『日本書紀』と『続日本紀』を紐解くことが必要であろう。前者が養老四年（七二〇）に国家史として編纂され、後者は七九七年に成立したいわゆる「六国史」の一つである。とくに『日本書紀』は奈良時代最初に編纂されたものであり、天平文化の基礎となる歴史観、国家観が明確に示されているである。

『古事記』が皇統を中心とした神話・歴史であるのに比べると、『日本書紀』は日本の国家の歴史を語ろうとする姿勢が強い。これは『記・紀』の、記と紀の漢字の意味の相違にも示されており、記は古い事を記すものであるのに対し、紀は日本の紀伝を述べるもので、最初から国家史という体裁がある。しかしいずれも天武天皇が成立を推進したことは明らかにされている。ここでは二書の成立の問題よりも、日本人が日本という共同体をいかに意識したか、という問題にしぼって検討してみたい。

現代日本では、天皇が存在し、日本国憲法には、国民の総意により国家の象徴であり、世襲であると書かれている。まず、その天皇がこれから千三百年前にも同じようにおられたということ自体、現代との共通性があると考えなければならない。天皇が象徴であることと統治されていることとは異なると指摘されるとしても、天皇は百二十五代にわたって続いていることが重要である。象徴とは精神的なもので、統治は実際的なものであるという違いがあるにしても、統治にも精神的な統治と実際的な統治があり、いずれも日本人にとっては、国の統治者であることは変わりがない。

このことはいみじくも「国家」という日本語によく表されている。国家を統治するとき、それは「家」を治めるのに似て、主人のあり方によるのである。家には結ばれた男女がおり、子供たちが生まれる。その国家は西洋的な観念としての state とか nation といったものはなく、家族から離れた形ではない。もともと国家という言葉は中国の『易経（繫辞下）』から来たものではなく儒教的な概念であるが、しかしそれは国というものの思想的な形を示している。天皇は国家の主人として存在したのである。そして治めるか象徴となるかはその性格によるのである。

『日本書紀』において語られるのは、日本という国家としての継続性である。その家の主人を定め、それがどのように統治されてきたかを語っている。まず天照大神は孫にあたる瓊瓊杵（ににぎ）尊に皇位継承のしるしである三種の神器（八咫鏡、天叢雲剣（あめのむらくものつるぎ）、八坂瓊勾玉）が授けられる。そして、この日本の国は、天照大神の子孫が、君主として治める国であると宣言し、《汝皇孫よ、これからこの国を治めなさい。それは天地が永久に続くように、永遠に栄えていくでしょう、と仰せられた》（井上光貞・口語訳、中央公論社、一九八三年）、と語られるのである。

初代の天皇、神武天皇は即位に先立って次のように述べている。《そもそも聖人がある制をつくるには、時勢に即した道理にもとづかねばならない。かりに人民に有利なことであるなら、どんなことでも努力すべきだろう。そこでこれから山林を開き、宮室を経営し、つつしんで皇位について人民を治めよう。天照大神の国の恩徳にこたえ、下に瓊瓊杵尊の徳治の精神を広めよう。のちに国の中を一つにして、都をひらき、八紘をおおって宇とするのがよい》。この《八紘をおおって宇とする》という言葉はまさに、国が雨を凌ぐ屋根となり、国民がその下で徳をもって暮らす、ということである。

国家は屋根の下の家族である、という認識は、おそらく日本という風土でしか期待できない性格のものかもしれない。このような国家概念を、今日まで連綿と引き継いでいる国家は日本だけであろう。現在の天皇まで百二十五代にわたって三種の神器を受け継いでおり、建国当初の神武天皇の言葉を引き継いでいること自身、文化人類学的対象を近代まで延長している稀有な例なのである。

神武天皇が実在しない、という歴史学者がいるが、拙論でも述べたとおり、その御陵が存在するのである。そして壬申の乱（六七二年）のときに大海人皇子（天武天皇）は、神武天皇陵に対して戦勝祈願を行っており、『日本書紀』の編纂以前の時代にも、神武天皇の伝承があったことが伝えられている（拙論「神武天皇の復活」『新日本学』平成二十年冬号）。

エール大学のパール・S・ピース教授は《人類は五千年の歴史と二度の世界大戦の惨禍を経験した結

果、〝一つの世界〟を理想とする国連憲章を結んだが、日本の建国者は、二千年も前の建国当初に世界一家の理想を述べている。これは人類文化史上、注目されるべき発言であろう》（『日本古典の精神』）と書き、神武天皇の「世界一家の理想」を評価している。この引用をした渡邊毅氏は、《少なくとも『日本書紀』が編纂された当時、天皇政治のあるべき姿に「人民にとって利益になること」、つまり民を本とする「民本」が第一と考えられていたということがわかる》（『愛国心の教科書』PHP研究所）と書いている。

渡邊毅氏の『愛国心の教科書』は一般書であるが、飛鳥天平時代について詳述している。つまり、「愛国心」が明らかに、七、八世紀に成立していたことを語っている。国家観の認識は『古事記』においても存在している。「出雲の国譲り」の場面で、《汝（いまし）のうしはける葦原中国（あしはらのなかつくに）は、我が御子の知らす国ぞ、と言依（ことよ）さし賜ひき。故汝（かれいまし）の心は奈何（いかに）》とある。これは、天照大神が「わが子・大国主命（おおくにぬしのみこと）に、この地上の世界、葦原中つ国の統治を委任し、治めさせるがおまえの意志も同じだろうな」という意味である。大国主尊に国譲りを任せても大丈夫だろうな、と天照大神が武甕槌神（たけみかづちのかみ）に問うている。うしはく、とは「主佩く」と書き、領土や人民を所有するという意味であるが、国民の生活の状態やその希望、苦しみをよく知って、衆議を尽くして国を治め、国民を「大御宝（おおみたから）」と呼んで大切にして「蒼生安寧」（国民が不安なく暮らすこと）を実現していくのが、わが国の天皇政治の根本精神であり理想なのだ、と述べているのである。天皇の詔（みことのり）とは、そのために発せられるのだ。

十七条憲法の思想

こうした国民に対する考え方は、すでに飛鳥時代の聖徳太子の治政によって示されている。「十七条憲法」には官吏への道徳律が示されるだけでなく、国民をどのように見るかが語られている。この憲法によく「人」という言葉が何気なく使われるが、これは国民をみな平等に見る意味をもっている。一方で「冠位十二階」によって階級を定めながら、他方では君、臣、民の区別を超えた普遍的な人間観を示しており、太子の人間に対する眼差しが平等であったことが窺われる。それは太子が、仏教観として「世間虚仮　唯仏是真」という言葉を持っていたように、人間が仏の前では平等であることを悟っているのである。

第五条には《訴訟を聞くにあたって、決して賄賂をとらず、貧しい者に対しても公平な裁判をせよ》と述べ、貧富によって差別せず、裁判の公正さを主張し、第十七条には《ものごとは一人で決めてはならない。必ず多くの人々が論じあって決めるべきである》と、民主主義の原理を語っているのである。これらの言い方が一般的であるから厳密な近代法とは異なる、と思う必要はないはずである。

中国の『韓非子』では、優れた君主というものは、人に聞かずとも自分で判断し決定する能力があることだ、と述べているのと対照的である。日本では合議制を尊重するという太子の考え方は、中国の政治思想とは異なった民主主義に近いものであることが分かる。この合議制の尊重は、『記・紀』に神々が合議して、天照大神のお隠れになったことを話し合うところにも見られるが、しかし太子以後の天皇政治も臣に諮って判断させることは一貫している。摂関政治がすでに天皇独裁を押しとどめると同時に、精神的な君主としての天皇の存在を可能にしているのである。渡邊毅氏はこれを「ヤマトデモクラシー」と呼んでいるが、制度的なデモクラシーよりも社会のコンセンサスを大事にする精神そのものが育っているということであろう。氏が言うようにこの時代の群臣会議、次の鎌倉期の評定衆による合議、さらに室町期における守護大名による合議、江戸幕府の老中・年寄の重臣会議、そして明治政府の「万機公論に決すべし」（五箇条の誓文）に至るまで、連綿として合議制が重視され、日本人のコンセンサスづくりを行ってきたのである。これはもっと注目されてもいい日本の政治体制である。

『日本書紀』は太子の息子である山背大兄子（やましろのおおえのおうじ）にも受け継がれており、政権を取ろうとする蘇我入鹿の攻撃を受け、大兄王は一時生駒山に逃れ、そこで反撃をしようと配下が勧めるのを断る。《あなたのいうとおりにしたら、そのとおり勝つことはまちがいなかろう。だが自分としては十年間百姓（おおみたから）を使役すまいと心に願っている。自分一身のためにどうして万民に苦労をかけよう。また後の民から、私のために父母をなくしたと言われたくもない。たとえ戦いに勝ったとしても、それではどうして丈夫（ますらお）といわれよう。身を捨てて国を固めるのも、また丈夫ではないか》（井上光貞・口語訳）。こう言って斑鳩に戻った山背大兄は《自分が軍勢を起こして入鹿を討てば、きっと勝つ。しかし一身の事情のために百姓（おおみたから）を傷つけ殺すことはしたくない。それゆえ、わがひとつの身を入鹿に賜う》と言う。その後、入鹿が襲撃したとき、一族とともに自害したのであった。

戦いというものが国家のため、公のため、ということが明確であれば、積極的に行うし、人民と共に戦うことも出来る。しかし、そこに個人的な野心が少しでも介在すれば、そのときは人民を一人でも死傷させてはならない、という国家観が明確に披露されているのである。

しかしこの戦いに勝てば、彼自身、権力を得ることが出来るということがあるにもかかわらず、このような態度をとったのは、政治に対して、ここでは個人の野心よりも、国家共同体のため、という大義が根本的に働いているからである。これは権力奪取のためには、どんな機会もどんな勢力も利用しようとする、イタリアのマキアヴェリズムと対照的と言ってよい。

「大化の改新」

『日本書紀』ではその後、「大化の改新」のことを語る。この山背大兄王の事件の後、中大兄皇子（なかのおおえのおうじ）が藤原鎌足とともに政権をにぎった。大化以前は人民や土地は有力豪族所有の私有民・私有地であり、豪族は人民に賃租（田を貸し付けて、賃貸料をとる制度）して、年ごとにその地子（賃料）を取っていた。この状態から、「大化の改新」後、政府は詔を発して、神武天皇のときから、天下人民はみな平等で、全く分け隔てなかったと述べ、天下人民みな平等の生活が送れるようにと、人民や土地の私有制度を廃止したのである。

豪族の反対が多かったが、中大兄皇子は率先して私有の土地を国に返上して範を示した。人民に口分田を与えて生活の安定を図ったのである。人民はこうして基礎的な生産手段を得て、公民としての権利をもち、義務を負うことになった。

「鐘匱（かねひつ）の制度」という法律がつくられたが、これは人民の訴えを役人ではなく、二回にわたって直接天皇に申達することのできる民意尊重の制度であり、このことからもいかに人民と天皇の関係を密接にしようとしたか理解できる。この制度はただちに実施され、たとえば納税のために都に来た人民が、不当に雑役に使われていたことの非が分かり、それが停止されるといった実績をあげた、という。

私は『万葉集』の歌人、大伴家持が「海ゆかば」を歌い、天皇への恭順の意を表したと述べた。これについては第十三章で詳しく論じているので、ここではこれ以上触れないが、大伴氏は、もともと氏族として天皇を守護する家系の長であったからだとも言える。しかしそれは家持だけが示した心情ではない。

4　愛国心という言葉の発生

白村江の戦い

日本を守る、という立場は、白村江の戦い（六六三年）のような、国家が国際的な戦争に介入するという重大な事態に、より徹底して現れる。『日本書紀』の持統天皇四年の記事には次のような経緯が書かれている。筑後の大伴部博麻（おおともべはくま）が言うには、百済を救うためにこの戦争で、四人の日本人とともに唐軍の捕虜になってしまった。その際唐が攻めて来る計画を知ったが、それを日本に知らそうとしても捕虜の待遇では伝えることが出来ない。そこで博麻が自らを売って奴隷となって費用をつくり、四人を帰国させ、本国にこの情報を伝えることが出来たという。

この知らせによって、政府は水城を築き、防人を置き、また都を近江に移して、防衛に備えたという。博麻はひとり唐に三十年も留まり、最後にやっと日本に帰国することが出来た。持統天皇は彼を迎え、《汝が朝廷を尊び、国を愛（おも）い自分を売ってまで忠誠を示してくれたことを喜ぶ》と異例の詔を下され、褒美を与えられた、と書かれている。「愛国」という言葉は、ここで初めて現れるのである。国という概念が国民にあったことを示しているエピソードである。

『万葉集』では「海ゆかば」のような天皇に命を捧げる歌もまたそのことを示しているが、日本防御のために派遣された防人たちも、そのような歌を歌っているのである。

《大君の　命畏み　磯の触り　海原渡る　父母　置きて》

（大君のお命を尊んで　磯に触れる危険を冒しながらも、海原を渡っていく。父母をあとに）

すでに父母の悲しみを超えて、大君のため、国家のために遠い地に向かっていくのだ、と歌っているが、ここには昭和の特攻隊の精神がすでに見られると言ってよい。

《今日よりは　顧みなくて　大君の　醜（しこ）の御楯と　出で立つわれは》
（今日からは、すべてを顧みず、天皇の御楯の末となろうと、出発する　われは）

他から強制されず、自分を顧みず、大君のために生きようとする精神が、もうこの時代からあったということは驚きであるが、国家共同体意識は、決して近代のものではない、ということが分かるのである。

このことは大君の名で象徴される国家が存在したことを示しており、一般民衆が率先してその意志を示す国家共同体が成立していたことを示している。この忠誠の対象となる国家が、世界史上でも珍しいほど早い時期に存在していたのである。近代において「愛国心」が生まれた、というが、日本に限って言えば、すでに七、八世紀の外国との戦いの経験の中ですでに生まれていたことが分かる。国防の観念とは、日本のように、天皇という共同体の長がはっきりと認識されているからこそ、より明確に成立しているのである。ここに国家がある聖なるものと共にあるという観念が必要だ、ということも示唆されている。西洋の「国民国家」が、つくられた「愛国心」の時代だとすれば、「ナショナリズム」とは、すでに日本で、自然な形で生じていたことが理解されるのである。七世紀にすでに愛国心を持ち、国家を救わなければならない、と考えた民衆がいたことからは「近代国家」の概念を変える必要さえ生じているのである。

民衆を想う天皇

天皇が民衆と直接関わりあっていたことは、天武天皇のときに、貧民救済の方針を聞いて都に来た人々に稲や貨財を貸し与えたことや、『日本書紀』の天武十四年の項に、天武天皇が以前の借金はすべて免除せよ、という施策を打ち出していることでも分かる。その新政策の詔においては、女性の自由を認め、婦女は夫の有無および長幼を問うことなく、宮仕えしたいと望む者は受け入れよ、と述べている。その選考は一般男子役人の例に準ずる、としているように、宮廷といえども一般から入る機会を与えていたのである。このように天皇は雲の上の存在ではなく、国家の長として、民衆とのつながりを持っていた。

奈良の都、平城京には、中国の長安に見られるような城壁が見られない。それは単純に外敵がいない、という安全性からだけではない。中国など外国の都市には、外敵から市民を守る、というだけでなく、為政者が市民自身を監視し、拘束するという意味があるのである。彼等を逃げないようにし、兵隊として駆り出すことも可能になるし、税金も取ることが出来る。しかし日本では、そんな拘束をしない。彼等は移動が自由なのである。これはあたかも単純なことに見えて、重要なことである。国民の「自由」というものが、意外にこうした移動の自由においても、すでにこの時代から認められていた、ということになるのである。ヘーゲルの言うように「自由」は「近代」西洋だけではないのだ。

律令制度は人々に、公の存在すなわち国家というものに帰属する、と意識させたことは確かである。その一つに班田収受法があるが、この法により田が全国民に分け与えられることになった。口分田が六歳以上の国民、女性も賤民も障害者も含めて平等であった。祖税も口分田の収穫の約三％で一律となり、大化の改新以前は豪族次第で決められていたことと比べれば、国家に対する具体的な帰属感が生まれることに役立ったであろう。税によって集められた米穀類は、役人が勝手に処理するのではなく、飢饉や凶作に備えて地方の倉庫に保管されるとなれば、役人に対しての信頼にもなる。

渡邊毅氏が紹介しているように、日本の班田収受法と中国の均田法との違いと言えば、一方が田を六歳から与えるのに対し、他方は十八歳からであったことである。つまり中国の方は、労働力や税負担の能力によって支給するもので、収穫に対しての量を期待したのに比べて、日本の方は家族数に応じて田を与えるもので生活を安定させるものであった。したがって多くの民家は一町（約九九アール）以上の口分田を耕作することが出来た。口分田とは土地そのものを与えるのではなく、使用権を与えるものであった。このことは天皇の政治は「人民にとって利益になること」であって、そこから税で利益を得ることを目的にしたものではない、ということなのだ。ここにも、律令制は中国から真似したもの、という記述は正確ではないことが分かる（滝川政次郎『日本法制史』）。

人頭税（庸・調）の負担は、唐においての庸（労役の負担）が二十日であるのに比べ日本は十日、労役に出ない場合の一日分の代償は唐が麻布三尺七寸五分に対し、日本は麻布二尺六寸、調（物納の義務）では唐は絹二丈、日本は綿八尺五寸で、日本の方がはるかに軽かった。家に障害者がいる場合、障害の度合いによって税を納める量を減らしたり、徭役（力役奉仕）などが免ぜられたり、減免措置の保護規定さえあった。刑罰も唐より軽く、唐のような厳罰主義ではなく、国民のために寛容主義をとったのである。

よく律令制時代に日本に「賤民」がいたと言われるが、実際は「良民」と同じ家族の生活を送っており、総数も一割以下であった。唐のように奴隷のような差別をされておらず、陵戸、官戸は家族を持ち、官奴婢と言われるものも重労役が課せられるものの六十六歳になると官戸に昇格できた。家人も人格が認められ、最後の私奴婢も、良民の三分の一ではあるが口分田を与えられた。賤民をギリシャ・ローマ時代の奴隷制度と見て、国家の基盤を担うような層とするのは正確ではないのである。良民と賤民との間で結婚もできたし、延暦八年（七八九）においては良民と賤民との間に生まれた子は良民とすると決められた。しかもこれらの階層自体、延喜年間（九〇一～九二三）で法的に廃止されている。

『続日本紀』においても、皇室の精神が「天下万民を先とする」というものであったことが書かれている。天平勝宝六年（七五四）の詔は、人民を苦しめ利潤を貪るような役人（国司）は、法に従って処罰され、哀れみをかけて許してはならないと戒めている。しかし役人の中には、人民に農作物の耕作法や栽培法、家畜の飼育法を教えて指導し、収穫量を上げたことを感謝されて、死後（養老二年、七一八）に人民たちから神として祭られた道君首名（みちのきみおびとな）という役人がいたことも書かれている。税に苦しむ農民のために私稲を代納したり、窮民を救って朝廷から位階を上げてもらった壬生直広主（みぶのあたえひろぬし）という人物が承和七年（八四二）に記録されている。

皇位に就こうとする道鏡を阻んだ和気清麻呂は有名だが、彼はもともと美作（みまさか）・備前の両国の国造（くにのみやつこ）として、租税の鉄の埋蔵量が減ったために、その租税を廃止したり、民衆の願いを聞いて行政改革を断行した役人であった。清麻呂の子、広世は清麻呂が開墾した田の収入を貧民救済にあて、また姉の広虫（法均尼）は八十数名の孤児たちを収容して養育し成人になるまで育てている。

共同体で育まれた精神性

このように飛鳥から天平に貫く「公」の精神と、天皇に殉死しようとする精神にまで至っていること自身、『日本書記』から『続日本紀』に至る日本が一貫した精神を持った存在として捉えることができる。しかしそれは成長過程としてではなく、まさに最初から成熟した精神体として捉えられるのである。なぜこの大和の地、奈良に文化が創造されていったのか、それは一つにこの生命体が、統一性を持っていたからである。

これは天平十五年（七四三）の有名な大仏建立の詔が、《三宝の威光と霊力によって、天地が安泰となり、万代までの幸せを願う事業を成就させて、生きとし生けるものことごとく栄えん事を願うものである》と述べているように、この時代の人々の生命感あふれるダイナミックな創造性は、単に仏教の光と力によって造られたのではなく、この共同体の中で育まれたものなのである。

《天下の富を所持するのは朕である。天下の権勢を所持するのも朕である。この富と権勢をもって尊像を造ることは容易だが、悟りへの願いを成就することは難しい》。この詔の権力を誇示するような言葉が空虚に見えないのは、聖武天皇が自ら「三宝の奴」だったからではない。《国・都などの役人はこの造仏のために、人民の暮らしを侵しみだしたり、無理に物資を取り立てたりすることがあってはならぬ》という、具体的な人民への配慮があるからなのである。

むろんこれらは聖武天皇が《すべての富は朕にある》と詔を発して大仏を造ったことや、光明皇后が貧民救済策（社会福祉事業）として悲田院、施薬院などを造ったこともまた、人民のための皇室の事業でもあったのだ。渡邊毅氏はその『愛国心の教科書』の中で、様々な例を挙げながら、当時、天皇政治のあるべき姿として「人民にとって利益になること」、つまり、民を本にする「民本」が第一に考えられていたことを指摘する。私もそれに賛成である。しかしこれらが伝承から来る神道としての皇統の政治方針と、聖徳太子以来の仏教、とくに『金光明最勝王経』による教えがそこに合一しており、それが日本の伝統的基礎となっていることを述べる必要があろう。この時代の文化と芸術を語るとき、まずこのような共同体観が原動力になったことを認識すべきなのだ。

第二章　国家観に基づく芸術・文化——「古典主義」

1　ダンテと大伴家持

人間にとって国家は必然

古今東西の見事な芸術・文化作品が、作者自身の国家観を裏付けていることを、まずダンテと大伴家持、『神曲』と『万葉集』の例で指摘しておこう。

イタリアの最高の文学作品は十四世紀初めのダンテの『神曲』だとされるが、この作品は言うまでもなくダンテ個人がフィレンツェから追放された体験をもとにしている。最初の一節は、近代の個人の哀切を共有していることで知られている。

《人生行路のなかばころ
道をあやまった私は
ある暗い森の中にいた。
ああ、それを語るのは何とつらいことだろうか
未開のひどく荒れた森

思い出しても恐怖心がよみがえる
その堪え難さは死にも近い》

人生半ばにして暗い森をさまよっている、という孤独な情況は、ダンテに限らず、近代の人間でさえ、一度は体験するものである。ここではキリスト教徒としての「原罪」という観念は見出せない。暗い森とは一時的な場所を示しているからだ。

この作品は、ダンテが皇帝党に属し、法皇党の支配する都市国家フィレンツェから政治的に追放され、その苦い体験を基本に、祖国への望郷の念に駆られた心情を、地獄、煉獄、天国というキリスト教的な想像世界をめぐる旅に託したものと言ってよい。この作品を偉大たらしめているのは、個人の孤独な感情を歌うだけでなく、フィレンツェの共同体を思う心情の深さによって、そこにある崇高さを与えているからだ。単にベアトリーチェとの個人的愛と、その悲劇だけなら、この芸術性の高さにまで達しまい。あくまでその共同体との関係によってつくられたものがあるからこそ、気高さを与えているのだ。

ベアトリーチェとの天上での出会いは、まさにその政治的な苦哀の代償として理解されなければならない。このダンテがフィレンツェ芸術文化の代表者の一人であることは疑いを入れない。ブルクハルトのフィレンツェ「ルネッサンス」を論じた「芸術作品としての国家」という章題は、国家というものが、芸術作品を生み出すというダンテの創造の真実をついているのである。

ダンテが国家を偶然的なもの、外的事情によって創造されたものではなく、人間にとって必然的なものである、と認識していたことは、『神曲』の中で、人間は国家のうちにおいてのみ高次の存在となりうるのだ、といみじくも言っていることでも理解される。天国編の中で、《地上の人間（uomo）は国民（cive）とならねば、ただ悪しきことを知るのみだ、それを知らしめなさい》と、カルロ・マルテルロの霊に述べさせている。国家形成の原動力となるのは、人間の能力がすべて幸福と秩序づけられているからである（『帝政論』1―5）。

ダンテは『饗宴』の中で、《皇帝の威光の主要な基礎をなすものは、真理に従って考えれば国家の必要性である。これこそ一つの目的、即ち幸福なる生活に向うものである。この幸福な生活には、何人も他人の助けを借りず、自分一人では到達出来ない。なぜなら人間は自分のみでは充足できない物事を必要とするからである》（4―4）とし、最終的には国家は「神」の人格的意志である、とするのであるが、これは日本人にとっては「自然の摂理」ということになろう。

天皇と人民の関わり

一方、日本の最高の歌集である『万葉集』において、大伴家持が次のように歌うとき、私はダンテと通底する日本文化を垣間見るのである。

《うらうらに　照れる春日に　ひばり上がり　心悲しも　ひとりし思へば》（巻十九、四二九二）

《春の野に　霞たなびき　うら悲し　この夕影に　うぐいす　鳴くも》（巻十九、四二九〇）

ダンテに先行すること六百年以上前に、日本ではダンテと並ぶほどの詩人が（彼は『万葉集』で全作品の十分の一、四三七首も残している）、同様に、しかし「暗い森」ではなく「照れる春日」に、同じ人生の「悲しさ」を抱いていた。明るい春であるからこそ、逆にその暗い心境が対照的に感じられるのである。

むろんそのような春の日だけではない。

《ひさかたの　雨の降る日を　ただひとり　山辺に居れば　いぶせかりけり》　（巻四、七六九）

　ここでは、雨の降る日に山辺にひとりいると、「いぶせし」つまり鬱々とする、と歌っている。つまりこの詩人は、人間とは孤独なものだ、と語っているのだ。この山辺が日本では木々の茂る林を意味しているとすれば、ダンテの「暗い森」と共通していると言えなくもない。ダンテのそれは、「人生行路の半ばころ　道をあやまった私」の言葉のように、人生の半ば頃の出来事であり、その孤独感を救うものとして、ダンテの地獄、煉獄、天国へと、そこで呻吟するかつての共同体の友人、知己たちに会いに出かけるのである。

　大伴家持の方は、代々、天皇のお守りする大伴家の伝統に従い、その誇りある仕事を勤めあげてきたが、時の聖武天皇の世継、安積親王の謎の死より、人生は暗転する。

《大伴の　名に負う靭(ゆき)帯びて　万代(よろずよ)に　頼みし心　いづくか　寄せむ》　（巻三、三四八〇）

　こう歌い、これまで長く朝廷に仕えてきた大伴氏が、親王を失うことによって、誰を頼りにしてよいか、自問することになる。

　彼の職は都から離され、越後の越中守に任命される。それはダンテのような追放ではなかったが、この都落ちの後にその境遇を克服するかのように多くの歌を詠んだのである。イタリアの詩人が『神曲』の大作を書いたように、量的にも質的にも最盛期となったのは、その故郷大和の喪失感が、創作に没頭させたと考えた方がよいのであろう。そのとき詠んだ歌が、天皇の大仏建立のための金が日本で発見されたことを喜ぶ「海行かば」であった。

《天皇(すめらぎ)の　御代栄えむと　東(あずま)なる　陸奥山に　黄金(こがね)花咲く》　（巻十八、四〇九七）

こうして金の発見により、あの巨大な盧舎那仏を建立出来ることを祝い、長歌で御代が栄えることを祈ったのである。

《……いよよ思ひて　大伴(おおとも)の　遠つ神祖(かんおや)の　その名をば大久米主(おおくめぬし)と　負ひもちて　仕(つか)へし官(つかさ)　海行かば　水漬く屍(かばね)　山行かば　草生す屍　大君の辺にこそ死なめ　顧(かえり)みはせじ　と言立て　ますらおの清きその名を　古(いにしえ)よ　今の現(うつつ)に　流さへる　祖(おや)の子どもぞ　大伴(おおとも)と佐伯(さえき)の氏(うじ)は　人の祖の　立つる言立(ことだ)て　人の子は　祖の名絶たず　大君に　まつろふものと　言ふ継(つ)げる》　（十八巻、四〇九四）

大君に仕える大伴氏の意気込みを歌ったものであるが、聖武天皇も宣命(せんみょう)を発して、大伴氏や佐伯氏の奉仕ぶりを讃え、彼らを感激させた。国家に人民が奉仕し、大君がそれに応える、という国家の在り方を、この歌もまたよく伝えているのである。実を言えば、人生の「悲しさ」を歌った二首は越中国守の任を五年で終えて都に帰って来てからのものであるが、その実存主義的な響きはもともと大伴家持の人生の基底にあるものなのだ。「いぶせし」歌はそれを示しているのである。その歌人が国家に仕えようとする気持ちを歌うとき、その意気込みは倍加されざるをえない。

天皇の国家というものは、自然を大事にすると同時に、「国原に煙立ち立つ」人民の国家である。舒明天皇が次のように歌うとき、国家そのものを統治する者の歌として、その真摯さにより、やはり芸術の香りが、リズムを通して醸し出される。

《大和には　群山(むらやま)あれど　とりよろふ
天の香具山　登り立ち　国見をすれば
国原は　煙立ち立つ　海原は　鴎立ち立つ
うまし国そ　蜻蛉島(あきつしま)　大和の国は》　（巻一、二）

このような自然を眺望し、国を思う心情が、そのまま文学作品となっていること自体、私たち「近代人」は驚かされるのである。

国家意識に通底する芸術

「近代」に国民国家が成立したと言いながら、現代では逆に、国を思う心情を否定し、それが幻想であるという言説が広められている。戦後日本では、国家＝軍国主義という発想から、それが常に国粋主義の温床となると、人々に刷り込まれてきた。

アドルノというユダヤ人哲学者が言うように、ドイツ、ナチズム国家の言説の背後に、「自己＝我々」

という同一化によって「等価的なもの」の原理で、国民を強制し、ナチズムに導いたと糾弾したのである。しかし、そのような国家的な統制に対するアドルノ自身の異議申し立て自体、実を言えば、同じ原理を持っていることを、彼自身、目をつぶっていたのである。アドルノが批判の対象としなかった社会主義ソ連が全く同じ原理で、人民を抑圧し、崩壊したことは、彼のあずかり知らぬことであった。

「古代」国家が「近代」国家と異なるという神話が、近代の国家観に不自然さを与えた。近代国家機構の複雑さは、量的問題にすぎない。その「古代」「中世」「近代」という時代設定自体、「古代奴隷制」「中世農奴制」「資本主義階級制」というマルクス主義的謬見のあらわれと言える。

私は「「海ゆかば」の思想」（『「やまとごころ」とは何か』所収）で大伴家持について述べたが、ここで改めて彼の芸術が、いかに現代にまで通底する国家意識に支えられているかを論じておこう。

聖武天皇は詔の中で、こう述べている。

《……大伴と佐伯の宿禰は、常も云ふごとく天皇朝守り仕へ奉ること顧みなき人でもにあれば、汝たちの祖どもの云ふ来らく、海行かば水浸く屍山行かば草生す屍王の辺にこそ死なめのどには（おだやかには）死なじ、と云ふ来る人どもとなも聞こし召す。ここをもて、遠天皇の御世を始めて、今朕が御世に当たりても、内兵と思ほし召して遣わす。故、ここをもちて、子は祖の心なすいし、子にはあるべし。この心失はずして、明き浄き心を以て仕え奉れ……》

〈口語訳……大伴と佐伯の宿禰は常にも言うとおり、天皇の朝廷を守り、仕え奉ることに、自らを顧みることのない人々であれば、汝たちの先祖の者たちが言い伝えて来たとされる「海行かば　水漬く屍　山行かば　草生

す屍　王の　辺にこそ死なめ　のどには死なじ」との言立を、（現在も）言い伝える人たちであると聞き知っている。そのことをもって、遠い皇祖の御代から、現在の朕が代に在っても、（朕の側近に在る）内兵を思いなしている。ゆえに、そのところをわきまえ、子は先祖の心を心として（初めて）子なのである。この心を失うことなく、明るく浄らかな心でお仕えなさい〉。

この詔を受けて感激した大伴家持が、「詔書を賀く歌」を表したのが、前述の《いよよ思ひて……》の長歌であるが、この詔でも分かるように、大伴、佐伯の一族は、天皇の兵として、この時代だけでなく、すでに「遠い皇祖の御代から」長い間にわたって「天皇の朝廷」をお守りしてきたことが語られている。

この有名な《海行かば　水漬く屍　山行かば　草生す屍　王の　辺にこそ死なめ　のどには死なじ》という句が、海の戦いを大君の戦いの最初に掲げていることは、この戦いが、多くは外国との戦いであることを記憶している、と言うことが出来よう。家持はこの「詔書を賀く歌」で、自ら「大久米部を率いる、大来目主の名で天皇にお仕えして来た」と述べている。

《ひさかたの　天の戸開き　高千穂の　嶽に天振りし　皇祖の　神の御代より　櫨弓を　手握り持たし　真鹿児矢を　手挟み添へて　大久米の　間すら健男を　先に立て　靫取り負せ　山河を　盤根さくみて　踏みとほり　国覓しつつ　ちはやぶる　神の言向け　服従はぬ　人をも和し　掃き清め　仕え奉りて　秋津島　大和の国の　橿原の　畝傍の宮に　宮柱　太知り立てて　天の下　知らしける　皇祖

の　天の日嗣と継ぎて来る　君の御代御代　隠さはぬ　赤き心を　皇辺に　極め尽くして仕え来る　祖のつかさと　言立てて　授け給へる　子孫の……祖の名を断つな　大伴の　氏と名に負へる　大夫の伴……》

〈口語訳……ひさかたの天の岩戸を開き、高千穂の嶺に天降った皇祖神の御代から、櫨弓を手に握り持ち、真鹿児矢を手挟みに添へて大久米部の勇敢な兵士たちを先頭に立て、靫を背負わせ、山河を、岩根を砕き踏みわたり、国土を求めつつ、荒ぶる神を言向け従わせ、服従しない人々をも和らげ、邪悪の者たちを一掃し、そのようにお仕え奉ってきて、秋津島大和の国の橿原の畝傍の宮に、宮柱をがっしりと立て、天下をお治めになることになった神武天皇の、その天の日を継ぐ、皇位を継承してこられたそれぞれの天皇の御代御代を、偽りなき赤きまことの心を、大君の御許に極め尽くしてお仕えしてきた、それが、われらが先祖代々の責務と言立てて、天皇からお授け給わった大伴の名であり……〉

ここにあるのは大伴氏が、神武天皇のはじめから、お仕え申してきた大久米部の子孫であることの誇りが語られる。日本では天皇が国家を統治し、それに仕えることは国家に仕えることであった。それは戦前まで国体と呼ばれていたものであり、そのために忠をつくすことが誇りとなるものであった。戦後、否定的に語られてきたとはいえ、日本の官吏にとってはこれは基本的に何ら変わりのない心情であるはずなのだ。

2　国家意識はどのように成立したか

一体、日本では、このような国家意識がいかに植え付けられていったのであろうか。少なくとも大伴家持は、神武天皇は決して神話上の存在ではなく、その天皇に大久米部として仕えたことを記している。この時代の人々は、神武天皇以来の皇祖は実在していた、と実感しているのである。

対外的緊張の高まり

国家の成立は『記・紀』に書かれているように、神武天皇の時代に行われたと言うべきだろう。ただ天皇の寿命が第十六代まで異常に長いことを勘案すると、多くの学者が推定するようにそれは前方後円墳の準備期にあたると考えられる。おそらく二世紀から三世紀にかけて、大陸からの脅威があったと考えられる時期であった（拙論「神武天皇の復活」）。大陸が小国に分裂したのに伴い、朝鮮半島の諸国も分かれ、その力も弱まっていた時期においては、さほど国家を強力にする必要はなかったに違いない。

他国から移民してきた祖先とその子孫たちは、意識としては、島国である日本への帰属意識を自然に育てていたに違いない。しかしそのことを忘れている世代は、他国から侵害されるという国家として緊急を要するときに、初めて制度的にも精神的にも認識しはじめる。日本は大陸諸国との接触が恒常的なものであったにせよ、島国であったから、その危険性が少ないだけ緊張度が高くなかったであろう。その意味では、対外的な国家機構を整備した律令国家のような国家の成立が遅かったのは致し方がなかったことなのだ。

神武天皇の後、日本武尊（やまとたけるのみこと）の名で伝えられる東西征伐物語は、再度の統一の必要性があったことを推測させる。その後も武尊の子、第十四代仲哀天皇の妃である神功皇后が新羅征伐を試みており、そのことは隣国百済から日本に献上されたと言われる「七支刀（ななさやのたち）」（石上（いそのかみ）神宮蔵）の銘によって、西暦三六九年の年代と考えられる。

第十五代応神天皇の時代、新羅だけではなく、大国高句麗にも出兵し、三九一年から四〇四年まで朝鮮半島に深く関わったと考えられるのは、好太王碑によってである。四一三年に『晋書』に書かれる東晋に朝貢した倭王「讃」は、この応神天皇か、次の仁徳天皇であろう。この応神天皇と仁徳天皇の巨大な前円後方墳は、国民の強い支持と国威のあらわれと考えられ、国家意識の高揚が窺われる。しかし五世紀後半は内訌（ないこう）が多く、高句麗だけでなく、百済との関係も失うことになった。

むろん対外的に戦争の起因が生じているときこそ、国家意識が生まれている、と述べることが可能なのは、日本のように温和で自然の豊富な島国では人々は自足することが可能であるからだ。他国人の脅威が戦争の形を取ろうとしないかぎり、その泰平を揺るがすに至らない。大陸では、漢帝国が崩壊し、三世紀から三国分立、そして五胡十六国・東晋と分裂し、周・斉・陳となっていく六朝時代が続き、小国に分かれていて、脅威は比較的小さかった。しかし、隋によって五八一年に統一され、朝鮮半島に影響を及ぼすようになったとき、防衛のために国を統一させる必要が生じたのである。この隋は漢民族ではなく鮮卑族で、北方系の好戦的な民族だった。

朝鮮半島への出兵

『日本書紀』によると、推古天皇八年（六〇〇）、天皇は任那を新羅から守るために万余の兵を出兵させ、五つの城を陥落させた。新羅は降伏し、任那の六つの城を割譲した。そして《天上には神がましまし、地には天皇がいらっしゃいます。この二つの神のほかに、またなんの恐れおおいものがありましょう。今後はおたがいに戦いをいたしますまい。また、船の舵が乾く間もないほど、毎年かならず朝貢いたします》と言葉を寄せて服属を誓った。しかし倭国の軍が撤退すると、また新羅は任那に侵攻した。

それに対し、推古天皇十年（六〇二）と十一年（六〇三）、天皇は二度にわたって再び兵を送ろうとした。いずれも聖徳太子の兄弟が将軍として九州まで出向いたが、一度は将軍自身の病死、他方はその妻の急死によって、新羅攻撃にまで至らなかった。推古天皇十六年（六〇八）には新羅からの帰化人のことを記し、十九年（六一一）には新羅と任那からの朝貢が、二十九年（六二一）には新羅からの朝貢が改めてあったことが述べられているので、この問題は沈静化したのであろう。

遣隋使の派遣

推古天皇八年（六〇〇）に遣隋使を派遣したが、これは隋が成立してから二十年も経ってからである。高句麗や百済はすぐ送っている。そのときの様子を、六三六年の『隋書』「倭国伝」は次のように述べている。

その内容は、《倭王、姓は阿毎、字は多利思比孤、阿輩鶏弥と号した。使者を隋の都大興城（長安）に遣わせた。文帝は役人に風俗をたずねさせた。使者がいうのに「倭王は天を兄とし、日を弟とする。夜が明けぬうちに、出掛けて政を聴き、あぐらをかいて坐り、日が出ると用務をやめ、弟に仕事をゆだねる」と答えた。文帝は「これは理にかなわない」と言って、改めるように教えた。王の妻は鶏弥といい、後宮に女性が六、七百人いる。太子は利歌弥多弗利と名づける》というものであった。

「あめのたりしひこ」という名は、天に足る男と読め、天にふさわしい男という意味になるだろう。すでに天皇という名を知っていたのかもしれない。しかし推古天皇は女性であって「ひこ＝男」ではないので、誤解をしている。また「りかやたふり」という名は、聖徳太子のことを指しているはずだが、どのような意味と対応しているのか不明である。「日が出ると用務をやめる」というのもおかしなことで、こうしたことにより、優越の感情を示していると言えよう。

それに対し、推古天皇十五年（六〇七）の第二回の小野妹子の遣隋使が次のような文の国書をもたらしたとき、皇帝煬帝が怒り出した。

《「日出ずる処の天子、書を日没する処の天子に致す、恙なきや、云々」と。帝、これを覧て悦ばず。鴻臚卿にいっていわく、「蛮夷の書、無礼なる者あり、復た以て聞するなかれ」と》。

対等の立場で述べたことに怒ったのは、優越性を犯されたからである。ここに支那に対して日本の国家意識を持った外交を行ったと言える。

3　聖徳太子と国家

十七条憲法の思想

このような国家意識を具体的に書いたものが聖徳太子の十七条憲法であった。この憲法を官吏の戒めと取る史家も多いが、これは国民全体に呼び掛けをしていると取るべきである。というのも、官吏についての条項には、官吏名を挙げて指摘しているからである（津田左右吉などは、官僚制がこの時代成立していないがゆえに、この憲法は「大化の改新」以後の創作であると断じたが、すでにこの時代に官吏名があったことは冠位十二階がすでに成立していることからも証拠だてられるであろう）。

第一条はよく知られているように、国民のあり方としての「和」の貴さを知れ、と述べている。《和をたいせつにして、人といさかいをせぬようにせよ。人にはそれぞれつきあいというものがあるが、この世には理想的な人格者というのもまた少ないものだ。それゆえ、とかく君主や父に従わなかったり、身近な人々と仲違いをおこしたりする。しかし上司と下僚とが、にこやかに睦まじく論じあえば、おのずから筋道にかない、どんなことでも成就するであろう》（井上光貞監訳）。

この第一条ですでに、「近代」における国家観と個人主義の主張が予見されている。「君主や父」、「近代」でいう国家の「権力」や「家父長主義」が語られているが、それもまた「理想的な人格者」が少ないから、相談してことを決めるべきだ、と言っているのである。ここに上下の人々が論じあうことによって筋道にかなっていく、という民主主義の思想が語られる。近代の史家がこの憲法を「古代」の儒教や仏教の文脈で「近代」と異なることを前提とした解釈をしていることが、誤解の元なのである。この憲法を理解する上で津田左右吉を批判した歴史家井上光貞氏も、これを「古代」の枠に閉じこめようとし、それの現代に通底する内容を論じないのは、氏も「近代」史観にとらわれているからと言えよう（『日本古代の国家と仏教』岩波書店、昭和四十六年、復刊平成十二年）。ここで「近代」選挙制度の多数決主義は述べられていないが、その衆愚的な面を、いさかいをせぬように論じあうべきだ、と釘をさしていると解釈さえできる。

第一条が共同体の在り方を述べているのに対し、第二条は一転して個人のあり方を述べている。社会の万人の不完全さ、理想的な人間の少なさを、第二条が仏教の言葉で戒めていると言ってよい。これは聖徳太子の「世間虚仮　唯佛是真」の言葉にも通じることであるが、天皇の詔に触れた第三条より前にあることは、天皇であろうと「篤く三宝を敬え」と述べているのである。実際、これ以後天皇が出家さえされる習慣ができあがっていくのも、そのことを示している。後の聖武天皇は自らを「三宝の奴」と呼んだ。

これまで第二条は聖徳太子の仏教重視の条項である、と言われている。

《あつく仏教を信仰せよ。仏教はあらゆる生きものの最後の帰するところ、すべての国々の仰ぐ究極のよりどころである。どのような時代の、どのような人々でも、その法をあがめないことがあろうか。心底からの悪人はまれであり、よく教え諭せばかならず従わせることができる。仏教に帰依せずして、どうしてよこしまな心を正すことができよう》（同訳）

この現代語訳では仏教、と単純に訳しているが、これは「三宝」すなわち「仏と法と僧」のことであり、それが「四生の終帰」だと述べているのである。この「仏」は釈迦で、「法」とはその説くところであり、それを伝えるのが「僧」だという。そこには仏教という教典ではなく、人生が僧侶によって聞き届けられ、釈迦の生き方を学ぶ、という意味が込められる。

「四生」とは生物の四つの生まれ方であり、胎生、卵生、湿生、化生と分けられる。それぞれ人や獣、鳥、植物、仏のことである。化生には化物の意味もある。いずれにせよ、あらゆる生き物のことであるが、しかし個々の生が異なることの意味も込められる。つまりこの第二条は、個々の人々の内面の問題に働きかけていることになる。悪人は稀であり、よく教示さえすれば納得するはずである。つまりこの仏教というのは、誤りも落ち度もある人間同士、生き物同士であるから、それを僧侶を含めてお互いに教え合って生きるべきだ、と述べていることになる。

第三条に「近代」憲法と同じ天皇の条項が出てくる。

《天皇の命を受けたら、かならずそれに従うように。譬えるなら君は天、臣は地。天が万物を覆い、地が万物を載せる。それによって四季が規則正しく移りゆき、万物を活動させるのである。もし地が天を覆おうとするなら、この秩序は破壊されてしまう。そのように、君主の言に臣下は必ず承服し、上が行えば下はそれに従うのだ。だから、天皇の命をうけたらかならずそれに従うよう。もし従わなければ、結局は自滅するであろう》（同訳）

これは儒教の観点から解釈するのが一般的である。法家思想に立脚して、官人が氏族の利害を超克し、国家に奉仕することを求めたものである、と考える。しかしもともとこの条項には、自然法の理念があって、万物が自然に従い、その秩序で動くことを想定している。「近代」において国家権力によって支配されない個人の権利が強調されるが、共同体の秩序は、もともと統治者を必要とし、それが天皇の名であろうと、大統領の名であろうと、いったんその体制が成立したのなら、そこに自ずから秩序を必要とすることを述べたにすぎないのである。

このように、聖徳太子の「十七条憲法」の最初の三条に示される事柄は、共同体のあり方、個人のあり方、そして日本の政治のあり方を論じている。「近代法」のように市民革命を経て、市民の権利や自由を法律化したものではなく、人間の自然の在り方から発して、その陥りやすい欠陥を克服しながら、運営していく方向を示しているのである。これは「近代」法学でいう「自然法」や「実定法」とも異なる。法律用語では「習慣法」に近いものであるが、このような「近代」の法律概念では捉えることが出来ないものも含んでいる。それは経験法といったものであるが、この言葉の提唱者の川島武宜氏の社会統制の技術といったものに限らない。もっと精神的なものである。

「法治国家」ではなく「人倫国家」

第四条以下は、法令国家のような「法治国家」ではなく、治者の道徳による「人倫国家」をつくるものである、と考えられるが、まさにこの部分が「近代」の憲法に欠けていることをよく示すものとなっている。この部分があるからこそ、法律だけでなく文化・芸術に国家観が影響するのである。

そのことは『三経義疏』の思想にも一貫しているのである。この注釈書について、作者が聖徳太子かどうか議論があるが、『日本書紀』に勝鬘、法華の二経を講じたという記述があるし、『維摩経義疏』が多少、文体が異なると言って、その思想上の一貫性は否定出来ない。『法華義疏』の原本の筆致を見ても、それは聖徳太子の字体と見る以外にない。私は三書が太子のものと考えている。

多くの聖徳太子否定論は、もともと太子の存在自体を疑う「不在論者」によるもので、国家的権威を否定しようという意図が最初にあるのである（拙著『聖徳太子虚構論を排す』ＰＨＰ研究所）。専門家の研究が明らかにしているように、文体上の類似の表現が多いことにも根拠があるが、それ以上に、その内容の一貫性に注目すべきである。『勝鬘経義疏』も『維摩経義疏』も、いずれも市井の聖者が語るところであり、聖徳太子の実践論的な面をよく示しているのである。

聖徳太子が摂政を務めた時代、『日本書紀』の推古天皇十五年（六〇七）の春二月の詔は、以下の通りである。

《朕聞く、むかし、我が皇祖の天皇等の世を宰たまへる、天にせくくまり地にぬきあして、あつく神祇をうやまい、周く山川を祠りて、幽かに乾坤に通はす。是を以て、陰陽開け和ひて、造化共に調ふ。今、朕が世に當りて神祇を祭祀ふこと、豈怠あらむや。故れ群臣共に為に心を竭して、宜しく神祇を拝ひまつるべし》

〈口語訳……古来、わが祖先の歴代の天皇は、政治を行うにあたって、つつしんであつく神々を敬われ、山川の神々を祭って、神々の力を天地にお通わしめになった。このため、陰陽はよく開き和し、神々のしわざも順調に行われた。いま自分の世においても、どうして神々の祭りを怠ることがありましょう。それゆえ、群臣は、「ともに心をこめて神々を礼拝するように」と言われた〉

この言葉の中に、日本人の国家観の基礎となる神道の精神が脈打っている。神々が自然の中に生き、祖霊の神々の中に生きている。それに向かって天皇が祭祀を行い、それによって国土が守られる、と詔をしたものである。一方で仏教を取り入れ、個人の信仰としてこれを奨励し、他方、天皇がこのように神道の祭祀を続けられる姿こそ、まさに日本の国家観の基礎を形づくるものなのだ。

第三章 「黄金の国」日本

古墳文化をつくりあげた日本人は、仏教を取り入れることにより天平の大仏開眼まで、まさに神仏融合の一大文化を作り上げていた。前章ではその精神史的な進展を、国家観の成立に見てきたが、ここでは少しく物質的な面から論じてみたい。

仏教とともに青銅の仏像が多く作られ、大仏が青銅で制作された。そして鍍金されて完成した過程の背景には、日本の鉱物資源の開発と発展がある。それはまさに豊かな国、日本の顔がある。こうした面は、これまで新しい文化や技術がすべて朝鮮・中国経由で渡来したと語られてきたことによって曖昧にされてきた。しかしこうした通説を覆す考古学的発見が、この二十年間ほどで行われており、その事実をふまえて、日本がいかに金・銀・銅などの資源が豊かであり、それを加工する技術が日本自身で行われていたか、について論じよう。

十三世紀末にマルコ・ポーロが日本は黄金の国だと述べたが、それについて日本人の多くは実感出来ず、それは誤報に基づくものでフィリピンなどとの間違いではなかったか、などとよく言われる。しかし実際のところ、ただそれを認識できる事実を知らなかっただけなのかもしれない。

もともと十三世紀以前から、日本はすでにそのような国だったのである。それは、七、八世紀の天平・白鳳文化を飾る多くの都市建設の基礎になったものである。本章では、平城京、平安京の影に隠れて忘れられていた藤原京の建設について述べてみよう。藤原京は、最初はこの二都市よりも大きな規模で造られたのである。

1　日本の金・銀・銅技術の高さ

高度な銅製品

七二〇年に編集された『日本書紀』や、六九七年から勅撰の正史として編纂された『続日本紀』を読むと、七世紀の中頃から、日本では金銀の産出が始まったように書かれている。突然のように鉱物の名が登場してくるのである。しかしすでに弥生時代の遺跡から金属製品が豊富に出土し、その技術的な面でも優れたものが多く見出されている。

とくに銅鐸は、金属器として特別な地位を保っている。これまでの青銅製祭器は、九州北部の「銅剣、銅矛文化圏」と、近畿・東海の「銅鐸文化圏」の二つと考えられていたが、昭和六十年（一九八五）に島根県の神庭荒神谷（じんばこうじんだに）遺跡から銅剣三百五十八本、その翌年銅矛十六本、銅鐸六個が見つかり、平成八年（一九九六）には同じ島根県の現雲南市加茂岩倉遺跡から三十九個の銅鐸が発見された。平成十九年（二〇〇七）には長野県中野市の柳沢遺跡から銅戈（どうか）七本と銅鐸片二点が発見され、青銅器が東日本にまで分布していたことが分かった。

青銅は錫と鉛を含んだものだが、銅を主成分にしている。そのことは、日本に銅山が存在し、またそこに働く工人たちがいたことを想定しなければならない。これまで、技術はすべて大陸から来たという説明がされてきたが、このような大量にまとまった青銅器の存在は、日本国内で各種の鉱物が採掘されていたことを物語っている。素材そのものだけでなく、銅鐸の均一な薄い仕上がりや、ゆるやかな曲線を描く形状など、高い鋳物づくりの技術水準の高さがなければならない。文字によって記された記録はなくとも、発掘品によって示された形象が雄弁に当時の技術の優秀さを語っているのである。

古墳時代に、『魏志倭人伝』の記述に、鏡などが魏から贈られたと書かれているので、三角縁神獣鏡は中国で作られたと思われてきたが、大陸ではそれが一点も発見されていない。それにもかかわらず、日本で造られたことの背景をあまり論じようとしなかった。平成十年(一九九八)に天理市の黒塚古墳から一挙に三十三枚の鏡が発見されたことに見られるように、弥生時代に続いて日本に銅山があり、そこからの素材により工房でそれらが制作されたと言うことが出来る。七、八世紀になると十四ほどの銅山が日本で知られるようになるが、小規模であれ、この時代にも存在したと考えなければならない。

金工品の技術

古墳の副葬品として残されてきたものに金がある。緑色の緑青さびに覆われた金工品が多い。それらの多くは銅や青銅を本体とし、それを金で覆った鍍金製品である。この時代の金工品は、水銀を用いた金アマルガムによる鍍金法で造られる。この技術は仕上げにヘラ磨きがあり、その粒子が残されている。

また「鉄地金銅張り」は馬具に多い。鉄で造った馬具を、鍍金した銅板を使い、それを鉄に貼る、という技術を使っている。材料の複合化によって、強靭さと華麗さを兼ね備えている智恵がある。これを含めて日本の古墳の副葬品には金銅製品が実に多い。鍍金しないものとして、垂飾付き耳飾りや金製勾玉など、貴重なものもある。これらは、現在考えうる金工の技術の基本はすでにほとんど登場していたことを示している（村上隆『金銀銅の歴史』岩波書店）。

『日本書紀』に《すなわち石凝姥をもって冶工となし、天香山の金を掘りてもって日矛に作らしむ》という記述があるが、冶工とは鍛冶工のことであるし、天香山の金とは、日矛を作らせる、とあるから銅のことであろう。石凝姥はその場で「八咫鏡」をつくる。のちの鏡作部の遠祖となるほどの技量を示したというのである。神代の始まりの高天原では、アマテラスが農業神だとすると、金属神としてはタカミムスビが挙げられるであろう。この神が《天地を鎔造せる》とあり、大地の金属を工作していくのである。さらに『日本書紀』の「国譲り物語」では、このタカミムスビが、笠・盾・木綿・玉などの作り手に諸神を任命していく中で、作金者に天目一箇神を指名したと書かれている。目一つの神であるから、片目だったのかもしれない。このように神話の世界も、金鉱の世界と親しかったことが分かる。

出雲地方の上塩冶横穴墓群の一つから、平成五年（一九九三）に金糸が塊となって出土している。六世紀後半とされるが、金の糸が編まれていたことが分かる。この金の純度は九五％にも達している。もっとも均質な金の糸ではなく、金の薄いリボンを螺旋状に撚った中空のパイプ構造をしている。この技術はすばらしく、たった一五ミクロンの厚さの金の薄い板を幅三〇〇ミクロンのリボンにし、それを太さ一五〇ミクロンのパイプ状に撚るほどのものであった。このような薄い板を処理する手わざの凄さは、驚嘆に値する。

島根県の平ヶ廻横穴墓から出土した金銅製刀子の鞘の接合には、銀と銅合金の銀蠟が使われていた。奈良県の明日香村の水落遺跡の地下から出た有名な水時計「漏刻」には、銅管の継目にもまた同じ銀蠟が使われ、水が漏れるのを防いでいたのである。福島県の桑原石ヶ元古墳から出土した金の耳環は約一

○ミクロンの金の薄板を何層にも重ねたもので、本体の仕上げに表面を金の薄板数枚で巻くという手のこんだ技術を用いている。この耳環は、金無垢のただの針金よりも硬質な質感がある見事なものである。これらは今ではみな電子顕微鏡を使って見ることが出来るが、当時の人々は、それと似た眼をもって造っていたのである。六世紀から七世紀初頭には、現代の工業技術の基本が早くも登場しているのである（村上隆・前掲書）。

飛鳥に残る品に

昭和六十一年（一九八六）に藤ノ木古墳が見出され、その豪華な馬具がこの古墳時代がいかに技巧に富んでいたかを目の当たりにさせた。銅板に鍍金した鞍金具や杏葉などの馬具の精巧な透かし彫は、鬼神、象、鳳凰などの文様が入ったうねりのような連続繋ぎ文様となっている。その繊細さは、中国・朝鮮にも東南アジアにもないものだ。昭和六十三年（一九八八）には、副葬品と思われる金銅製の冠、大帯、沓、筒、銀の剣菱型、垂飾り金具、耳環、太刀五本、剣、刀子六本、皇玉、ガラス玉、腕輪などおびただしい数量の金・銀・銅製品が出てきた。ガラス玉だけでも一万点を数える。

藤ノ木古墳は六世紀後半造成とされ、大きさは直径四八メートルであるが、この副葬品の豊かさは、当時の有力な氏族の墓であったことは間違いない。一つの石棺から二人の男性像が見出されたところから、五八七年に蘇我馬子の軍によって同時に殺害された穴穂部皇子と宅部皇子という皇族の墓だと言われている。いずれにせよ、これだけの宝物が入っている古墳が今日まで未盗掘であった事実は、これが法隆寺からたった三五〇メートルしか離れていなかったということを考えれば、奇跡的と言う他ない。しかし日本人はこの奇跡をどこでも起こしているのである。

こうした中で、推古天皇十七年（六〇九）に完成したのが、金銅製の飛鳥大仏であった。この日本最古の大仏は像高二七五センチであり、鞍作鳥（くらつくりのとり）（止利仏師）によるものである。法隆寺の傑作「釈迦三尊像」の先駆となるものだ。室町時代に大仏に金が入っていると噂され、腰の部分を壊されたという。今日まで残っているのは額から目の下までの顔の上部と、右手指の一部のみで、それ以外の部分では当初の金銅が失われてしまった。しかし金銅で作られていたのは、この大仏だけではない。飛鳥寺の塔心礎には、供養のために埋納された鎮壇具である延板（のべいた）がある。これは金と銀製で七点あり、金粒状のものが一点ある。純金に近いものから、銀や銅が加えられているものもある。この組成は古墳の副葬品の金銀製品と共通している。

しかし『日本書紀』（巻二十九）には、六七四年に対馬から銀が産出した、と伝えている。さらに『続日本紀』（巻二）には大宝元年（七〇一）に金も産出していると述べられており、これが「大宝」と改元した理由であった。同じ年、陸奥でも金を産出したと記録している。奈良の東大寺大仏を作るときの陸奥での金の発見が最初ではなかったのである。このような文字の記録は公式文書といえども不正確で、とくにそれ以前の弥生、古墳時代の鉱業の歴史はほとんど記録していない。七世紀から八世紀にかけて、寺院や宮殿の建立がさかんになるとますます金属材料の需要が増えるが、日本国内からの自給が可能となっていったのは、決してこの時代から始まったことではなかったのである。

2　金工品は日本で造られた

「飛鳥池遺跡」の発見

日本の七世紀の大建設の時代を窺ううえで、平成十一年（一九九九）の「飛鳥池遺跡」の発見は、たいへん重要である。飛鳥寺から東南約一〇〇メートルの小高い丘は、平成三年（一九九一）から調査されていたものである。約一万二〇〇〇平方メートルに及ぶ土地が、当時の日本における工業生産の様々な業種が集まった「生産遺跡」であったことが明らかになった。金・銀・銅・鉄・ガラス・玉類や漆製品などの生産が行われていた工房があったことが示されている。それによって使われた製品の廃棄物が数多く出てきた。銅やガラスなどの炉跡が数百基を数え、大量生産をしていたことが窺われた。さらにこれらの工房から捨てられた、炭を主とした廃棄物の層が一メートル以上堆積していた。奈良国立文化財研究所の調査部は、土嚢袋十万袋にそれを収用し、それらを水洗したところ、金・銀・ガラス・めのう・琥珀・水晶・珊瑚・鼈甲などの完成品、破片、原料など大量に見つかった。同調査部はこれを「官営の総合工房」と推定した。

仏像の鋳型などの金属製品と、金・銀・ガラス製などの装飾品を大量に加工していたのである。ガラス玉は鋳型やるつぼを使って造られ、原料の鉛や石英をるつぼで溶かし、コバルトを混ぜ、紺色に着色し、黄色に仕上げるときは鉄を入れている。鋳型やるつぼの量から、工房で百万個単位で生産された、と推測されている。今日の生産顔負けの規模で行われていたのである（千田稔・金子邦之『飛鳥・藤原京の謎を掘る』文英堂、二〇〇〇年）。出土品のうち、銅製ベルト金具などは正倉院の御物にも似ており、ここで造られたものが納められた可能性が大きい。これまでこうした製品は、朝鮮や中国からの輸入品であると言われてきたが、その説を覆し、こうして日本でも生産されていたことが明らかになった。むろんまたそれらは百済から伝わった技術であるという説もあるが、その証拠は何もない。百済にそのような工房の発掘はまだないからである。

金銀が八十点も発見され、ここに金銀工房があったことが注目される。金を溶かするつぼがあり、ここで大量の金銀が加工されていたことが分かる。金の板の切り屑が出土し、金の糸も出てきている。これは古墳から出てきたものと共通しているが、銀製品でも銀の板が造られ、太刀の鞘の一部が出土している。

出土した銀貨

また日本最古の銀貨が出土している。「無文銀銭」と呼ばれ、『日本書紀』では和同十二年（六八二）四月十一日の条で、《今より以降、必ず銅銭を用いよ、銀銭を用いることなかれ》という詔が示すように、このような銀貨が使われていたと推測される。この銀の純度も高く、無文と呼ばれるが、中には文字を刻んだものもある。銅製品も多数出土している。板金加工がされ、銅合金の材質が明らかにされており、高純度の銅、熟銅が多いことが分かっている。その他、この遺跡からは、ガラスや漆、本製品など当時の最高の技術を見ることが出来る。

金属を鉱石から抽出し、精錬していく技術を日木が持っていたことは、この時代の金・銀・銅製品の材質が大変高いことでも推測されるのである。銀に関しては、飛鳥池遺跡には、数が少ないながらも方鉛鉱が出土しており、これから銀が抽出されるのであれば、すでに「灰吹法」が使われていたとすら考えられる。「灰吹法」は十六世紀になって朝鮮半島から石見銀山に導入されたものというのが通説であるが、すでにこの七世紀に日本で使われていたのである。むろんその工法自体は全く同じではなく、方鉛鉱の吸収材に灰を使うのではなく、石製るつぼを使う点では異なっている。しかし同じ結果を生み出す方法である（村上隆氏は「石吹法」と呼んでいる）。金についても、銀と同じような高度の精錬が行われており、『続日本記』などの文献にある金の記述以前に、すでに金製作の技術が実践されていたと推測されるのである。

また、この遺跡からは最古の流通貨幣が発見された。それは「富本銭（ふほんせん）」と言われ、それまで日本最古とされてきた和同元年（七〇八）に発行されたという「和同開珎」より前の貨幣である。これは平城京だけでなく、それより古い都、藤原京からも発見され、この時代に銅とアンチモンを合成する鋳造工房があったことを予想させる。この「富本銭」の製作が飛鳥池遺跡で行われていたことが明らかになった。この「富本銭」も二〇〇枚以上見つかり、そして長野県や群馬県、大阪府でも発見されたのである。これまで四八〇〇枚も発掘されている「和同開珎」は銅と錫の合金の青銅で、材質が異なるにしても、決して合金として質の悪いものではなく、中央ヨーロッパでは「カフカス・ブロンズ」などと呼ばれて使用されていたものと同じである。

この銅銭が流布していたことは、すでに七世紀後半から日本で貨幣が使われていた証になる。「富本銭」とは、『続日本記』の霊亀元年（七一五）に元正天皇の詔に《富民之本、務従貨食》（民を富ましめるもとは、務めて貨幣と食料に従う）とあるように、民のために造られたものなのである。この元の言葉は、後漢の時代、一世紀の古典『藝文類従』の《富民之本、在於貨食》という言葉で、人民の富の本は、貨幣と食料にある、というところを、務めてそれを行おうとする努力に力点が置かれている。

貨幣には地金の価値以上に付加価値がつけられ、額面との差額が政府の発行収入になったという。現在使われている百円硬貨には百円の地金価値はない。しかし「和同開珎」の発行収入が平城京建設の資金になったと考えられるように、この「富本銭」によって藤原京の建設資金がつくられたと推定することが出来る。「富本」の二文字からも、「富国」を目指す天武天皇の意志が強く感じられる。一万枚単位の鋳造量は、完全な量産体制にあったことを示し、通貨として流通させようとしていたことが分かる。

これまでの史家たちは、このような発見にもかかわらず、相変わらず、これらが貴族や官僚といった上層階級だけに使われ、庶民に及ばなかったと強調するが、しかしこの量産体制は、銅銭を中心にした経済体制をつくろうとしたものであり、その規模からも社会的に広く受け入れられていたことが分かる。

「天皇」木簡

飛鳥池遺跡で発見された驚くべき史料は、約八〇〇〇点の木簡であるが（寺院に関わるものが大部分）、とくにここから最初の「天皇」という文字が書かれた木簡が発見され、天武天皇の時代にはその名が成立していたことが明確になった。その天武天皇は、彼の藤原京の建設に新たな体制を造ろうとしていたに違いない。貨幣の存在は、社会の巨大化と安定という背景がなければ流布しない。『日本書紀』の天武天皇十二年（六八三）の記事に《今より以降、必ず銅銭を用いよ。銀銭を用いることなかれ》とあるのはすでに触れたところだが、持統天皇八年（六九四）にも《鋳銭司（銭貨を鋳造する役所・役職）に拝す》という記事があり、いずれも「富本銭」が造られていたことが述べられている。

3　藤原京の建設

「富」を本に国造りを始めた天武天皇は、藤原京建設という大事業を行おうと構想した。しかしそれ以前、天武天皇十二年（六八三）に《都城や宮室は一ヶ所に限ることなく、必ず二、三ヶ所つくるべきである。それゆえまず難波に都をつくりたい。官人たちは、それぞれ難波におもむき、家の土地を賜るようにせよ》（口語訳）という詔も出していた。それまで各天皇は代ごとに在所としての宮居（皇居）を造り替えており、またこの頃までは、まだ一カ所に都をつくる考えはなかった。しかしこの難波京も天武天皇十五年（六八六）正月に火災に遭い、藤原京建設までに飛鳥（あすか）浄御原（きよみがはら）宮で過ごすことになる。そこでは数千平方メートルもある池が造られ、宮廷庭園として、石が敷き詰められ、流水装置や石積みの小島、池に突き出た涼み台などが設けられていた。天武天皇はこの庭園で天武天皇十四年（六八五）に崩御する。それは『日本書紀』の同年十一月六日の条に「白錦後苑（しらにしきのみりの）に幸（いでま）す」とあり、この苑池跡がそれにあたるとされる。

天武天皇による造営

だが、天武天皇はもっと本格的な宮都を建設しようと考えていた。藤原京とはどんな都であったのだろうか。『日本書紀』の天武天皇十三年（六八四）三月に天皇は京師を巡行し、宮室の位置を定めた、と書かれている。しかしその二年後に天皇は崩御されたので、自ら描いた藤原京の構想を実現するに至らなかった。ここはもともと新益京（あらましのみやこ）といい、新しく飛鳥の外に広げた都、という意味を持っている。やっと持統天皇五年（六九一）十月に地鎮祭が行われた。

《大君は　神にし座(ま)せば　赤駒の　匍匐(はらば)ふ　田井を　都となしつ》
《大君は　神にしませば　水鳥の　多集く　水沼を　都となしつ》

これは天武天皇が飛鳥浄御原のことを歌ったものだと言われているが、岸俊男氏はこれは藤原京の造営に関する歌であると述べている（『日本の古代宮都』岩波書店、一九九三年）。一首目は天皇が赤駒が這って歩くほどのぬかるんでいる田を都としたという意味であり、二首目は水鳥の集まる沼沢の地を都にしたという意味で、いずれも藤原京の地がもともと湿地であったことを表しているという。しかしそうすると、なぜ天武天皇は崩御後五年も経って建てられることになる藤原京を都となしたと言ったのか、実際に都を造られたのは持統天皇ではないのか、ということになる。私はこの「神にし座(ま)せば」という言葉に、この歌の鍵があると思う。すでにこの歌について別のところでも論じたが、ここでは、この神が崩御者のことである、と指摘しておきたい。人は死ぬと神となる。このことは天皇こそあてはまることなのである。「大君は神にしませば」という言葉は、この場合、生きている天皇が神である、ということではなく、崩御された天皇がすでに神となっている、という意味にとれるのである。

大和三山の意味

平成八年（一九九六）、藤原京の西京極、東京極と見られる道路跡が、これまで考えられてきた都市区画の外に相次いで発見された。このことにより、従来、平城京の四分の一程度の規模の街とされていた藤原京が、かえって平城京や平安京をしのぐ日本最大の古代都市であることが予想されるようになった。そしてこれらは唐の長安を模倣して造られたとされるが、城壁がないばかりか、肝心の天皇の在所である「宮」の位置が北辺にはなく、中央にあるのである。北辺中央にあるという思想は、道教の天帝思想によるもので、天界の北端中央の北極星（北辰・天極星）にある天皇大帝の位置に対応するものである。それを模倣しないということは、皇帝による長安的な都市建設を模倣するつもりがなかったことの証となっている。皇居を都市の中心に持ってきた中国の例がこの時代の前後に見出されないにもかかわらず、何でも中国起源にしたいと考える識者は、たとえば漢代に成立した周代の官制を記した『周礼』を持ち出し、その理想都市の反映だと言うが（小澤毅『日本古代宮都構造の研究』青木書店、二〇〇三年）、同書が読まれた可能性はあるにせよ、それがここで実現されたというのは牽強附会であろう。

というのも天武天皇にとって藤原京建設地の大きな要素が大和三山であったに違いないからである。香具山、畝傍山、耳成山の三山を取り込むことにより、都に大和人の魂を取り入れることがこの藤原京の何よりの目的であったと思われる。その理由の一つに天武天皇が道教にも通じていたことが挙げられる。天武天皇は六八四年の八色姓の最高の位に「真人」の名を使ったが、これは道教の言葉であるし、天皇御自身の和風のおくり名に「瀛」という文字を使っていた。これは道教の仙人が住むという三つの島の名の一つである。それらは蓬萊島、瀛州島、方丈島と呼ばれた。藤原京の三山はその三神島に見立てられたと考えられる。香具山を詠んだ歌に《天降りつく　天の香具山　霞多立つ…》（巻三、二五七）とあり、芳来山（蓬萊山）と呼んでいるのである。大和三山を神仙思想の三神山と見立てた藤原京は、まさに不老長寿の仙人の住む山を内部に取り込んでいたのである（金子裕之「古代都城と道教思想」『古文化談叢』二〇〇五年）。

この三山は、山自体が道教的な信仰の対象になっていたばかりでなく、その周辺には多くの天皇や過去の氏族たちの陵墓が多かった。神武天皇の陵墓も畝傍山付近にある。こうした先祖の霊とともに生きることが天武天皇だけでなく、大和人たちの祖霊信仰、皇祖霊信仰のあらわれであったと考える必要がある。しかしその古墳があまりに多かったために、和銅二年（七〇九）に、造営工事で墓が見出されたら、遺骨を埋めて酒を供え死者を供養せよ、という命が出ているほどである。なぜかこれを古墳が壊されても平気であった、人々の心境が変わったなどと史家は取っているが、それは逆ととるのが自然である。

千田稔氏によると、三山の頂上を頂点とする三角形を測量し、それぞれの頂点から垂直に向かい合う辺に垂直線を下ろすと垂心ができるが、その垂心が中ッ道と下ッ道の間の中心線上にのり、そこが太極殿の中心点とされた、と推測している（千田稔『古代日本の歴史地理学的研究』岩波書店、一九九一年）。

千田氏によると《日本の都城研究というものはどうしても、どこかにモデルがあり、それを模倣したという考えに立たねばおさまらないという慣習のようなものがある》と嘆いている。そういう氏自身、金子論文に倣って、長安や洛陽をモデルにしたのではなく、新羅慶州の影響を受けたという。その理由は坊（街区）の形が正方形であるからだという。しかしこうした正方形にする方法は、すでに古墳建設の際、確立している技術で、方眼のます目を書き込んだ帛布（はくふ）を用いて設計していたのである。六世紀に奈良盆地に、上ッ道、中ッ道、下ッ道の南北にまっすぐ走る官道が造られている。七世紀の半ばには朝廷に、土木工事を指揮する「大匠（おおだくみ）」という官職が置かれ、帰化人が多かったことから大陸や半島の前例が知られていたに違いないが、何よりも客観的に見て、この大和三山を取り込む土地そのものが基本にあったと考えるべきであろう。東西、南北いずれも五・三キロの正方形のこの都市は、きわめて正確な測量技術によって造られており、朱雀大路と呼ばれる南北に走る七〇メートル幅の中軸道路などは、両側に六メートル幅の溝があり、その長さ一キロメートルにつきわずか六・五メートルの違いがあったにすぎない。

『万葉集』に藤原京を詠じた長歌がある。

《藤原宮の御井の歌

安見しし　吾ご大君

高照らす　日の皇子

荒妙の　藤井が原に　大御門　始め給ひて

埴安の　堤の上に　在り立たたし　見し給へば

大和の　青香具山は　日の経の　大御門に　春山と　繁さび立てり

畝火の　この端山は　日の緯の　大御門に　端山と　山さびいます

耳成の　青菅山は　背面の　大御門に　宜しなへ　神さび立てり

名細し　吉野の山は　影面の　大御門ゆ　雲居にぞ　遠くありける

高知るや　天のみかげ

天知るや　日のみかげの

水こそは　常にあらめ

御井の清水》

（巻一、五二）

この歌を読んでも、いかに大和三山が重要なものであったかが分かる。耳成山が《神さび立てり》とあるように、その神々しさを感じていたのである。柿本人麻呂の歌のように藤原京の建設の大業を成功させた天皇の威徳を讃えて帝の弥栄（いやさか）を祝した寿歌（ほぎうた）なのである。

この歌を引いた建築史家の滝沢真弓氏は、薬師寺東塔やいくつかの仏像の例を挙げ、この歌の理知的で様式的な構成を指摘し、《この長歌の作者の眼前には藤原京の整然たる都市計画が進行しつつあったはずだ。中国の制を模範とする新日本の建設、そのための計画、そこに要求される構成的性格、形式美への関心、これが自鳳時代の動向であった》と述べる（「薬師寺の東塔・白鳳芸術の構成的性格」『新建築』一九五六年十二月号）。私が白鳳文化にすでに天平文化に近い古典性を感じるのは、飛鳥文化のまだ硬い表現から、すでにおおらかな表現に移っていく過程が見られるからである。その好例として薬師寺の「薬師三尊像」が挙げられる。

薬師寺は天武天皇の勅願によって藤原京に創建されたものであるが、平城遷都に伴って現在の奈良市の西の京に移った。藤原京で発掘される瓦と異なるため、この二つの薬師寺は別個のものである。現本尊の金堂「薬師三尊像」が、藤原京の制作で現在地に移されたものか、移転後に平城京で制作されたかは議論が分かれるが、現在では後者の説が一般的になっている。私もそれに同調するが、しかしまだ白鳳期の闊達な表現が残っていることも明らかである。現在の薬師寺東塔も仏像たちも、藤原京のそれらと異なったものであるが、しかし藤原京のそれはよりのびやかなものであったと想像される。それは「天平」古典の初期の様式である。『日本書紀』によると、

《持統十一年（六九七）六月二十六日条　公卿百寮　始造為天皇病　所願仏像》

《持統十一年七月二十九日条　公卿百寮　設開仏眼　会於薬師寺》

と書かれている。前者は持統天皇の病気の治癒を祈って仏像を造らせたとあり、その約一カ月後に薬師寺で、仏像の開眼式が開かれたとある。この薬師三尊も金銅仏で、六丈という大きなもので、これが一カ月で鋳造し鍍金が出来たとすると、その技術の素早さと、制作の実行力が当時存在した、ということになる。むろん、今日残されている薬師寺の薬師三尊と異なるにしても、金銅を扱う技術の発達は、このような仏像制作にも如実に表われていたのである。日本は金銀銅を自在に使いこなす国家であったのだ。

第四章　飛鳥・天平に生まれた「神仏融合文化」

1　飛鳥・天平文化とは

これまでの日本の歴史書は飛鳥から天平にかけての文化を、「仏教文化」の時期として捉えてきた。このことがいかに大きな誤解を日本人に与えてきたかを歴史家たちはよく認識してはいない。この規定によりこの時代が「神道」と異なる「仏教」輸入の時代であり、平安時代の「国風文化」と異なり、中国・朝鮮からの外来の文化であったかのごとき錯覚を与えてきたのである。日本文化がまだ特色のないもので、その多くが遣唐使や帰化人がもたらした大陸文化一色であったかのように思わされてきた。

「仏教文化」の誤り

しかし「仏教文化」という規定は誤りであり、この時代の歴史状況自体だけでなく、その文化の質も異なっていることを述べなくてはならない。本章でこのことを具体的な歴史資料を扱いながら、この時代の文化そのものが、「神仏融合の文化」というあくまで「神道」が先に立つ日本独自の文化であることを浮き彫りにしようとするものである。これまで一般には「神仏習合」という言葉が使われてきたが、「習合」のように「相異なる教理などを折衷・調和する」（『広辞苑』）のではなく、日本では二つの宗教が「融合」し、同時に役割分担をしていたのであって、どちらが支配した、という関係性ではないのである。「習合」ではなく「融合」という言葉を使う所以である。

そのことを理解するには、仏教的言語がすべて神道的言語と重なっていることを想起すればよい。たとえば日本語では、「ほとけ」という言葉は「死者」のことになっている。死者がすべて「悟りを得た者」ではないのに、日本ではそれと同義語となっている。死者は「神」となる、という神道との融合である。日本ではこの他に「神」にはいろいろな意味を込められている。さらには「神」と「仏」の根本的な融合によって、これまで「浄土」と言ってきた言葉が「高天原」と重なるのであり、「仏・菩薩」が「天照大神」、「四天王」「十二神将」が「八幡神」「蔵王権現」などと重なるような可能性が与えられるのである。仏教用語というものを、この時代の人々や、潜在的には現代の人々は、神道のイメージを通して語ってきたのではないかということである。

いずれにせよ、「神仏融合の文化」というとき、天皇自らが「神道」の祭祀王としての役割を演じているだけでなく、天皇が仏門に入られたとしても決して矛盾しない、変わらない立場があったことを解き明す必要がある。このことは歴史家の多くが知っていながら、ただ見ようとしなかった事柄であったのだ。

「融合」の本当の意味

またこのことは、天武天皇が前代から引き続いて、唐の体制・諸制度を範として、新たな支配体制をつくり、諸改革を実行し、人民を支配していた、などというマルクス主義的な社会史的な通説の転換を意味する。というのも、この日本独自の「神道」文化はそれまでの「古墳文化」としてすでに成熟していたのであり、巨大な墳墓をつくることにあらわれる「死者」への「御霊信仰」、「皇祖霊信仰」は強力であり、それを基礎に「仏教文化」を吸収していったことは確実だからである。すなわち、この時代の文化が唐の制度から造られたものでなく、独自な日本社会の伝統の延長であり、それと外来文化の融合こそが、この時代の文化・社会を造っていったのである。単に「国家仏教」の押し付けにより、それが造られていったのではない、ということである。

もう一度言うが日本の歴史・文化の基礎であり、「古典」となる七、八世紀の日本の文化を「仏教文化」と言うとき、この時代を語る歴史家は、日本人の信仰と本来異なる要素を、外来思想として受け取り、それを受容した面にのみ注目するばかりで、日本人がそれを徹底的に変更した面の大きさを無視する傾向を持っている。その見方は逆に「神仏融合文化」への無理解と批判されてしかるべきであろう。近代の西洋思想の導入がそうであるように、気がつかぬうちに西洋思想を日本人が持っている知識の前提の上で、理解出来る範囲でしか受け取られていないことであり、それこそが日本人が進取的に選びとった能動的文化であることを理解しなければならないのである。

天武天皇五年（六七六）の夏、旱魃が全国的に起きた。政府は使者を各地に送り幣帛（みてぐら）（進物）を捧げて神祇（天の神、地の神）に雨を祈り、また多くの僧侶を招いて三宝に祈った、とある。この『日本書紀』の記述は、天武天皇の時代において、旱魃が起きた際には、神道の神々への祈りと仏教の僧侶の祈りを同等に行ったことを告げているのである。ここで「神仏融合」の態度が明らかになっている。ただこのときも天皇自らが神祇に祈るのであり、幣帛を捧げる祭主なのである。

このことは天武天皇の末年、朱鳥元年（六八六）の出来事でも察せられる。

《七月二日、僧正・僧都たちは宮中に参上し、悔過（過の消滅を願う）を行った。三日、諸国に詔して、大祓を行った。四日、全国の調を半減し、徭役を全免した。五日、幣帛を紀伊国の国懸神・飛鳥の四社（飛鳥神社）・住吉大社にたてまつられた。八日、百人の僧を招いて、金光明経を宮中で読誦させた》

（宇治谷孟・口語訳）

ここには天武天皇の病気平癒の願いが込められているが、「詔」も大きな神社に幣帛を奉ることも天皇の行為である。同時に百人の僧侶・僧都に『金光明経』を読誦させ、神仏ともに平等に誓願させているのである。

このような災禍があるときだけではない。たとえば天武天皇六年（六七七）七月三日には竜田の風神、広瀬の大忌神をお祭しているのと同時に、母帝・斉明天皇の十七回忌にあたり、八月十五日には飛鳥寺で盛大な斎会をされている。このときの仏像は飛鳥大仏である。このように神仏を祭り、拝礼される御姿には「神・仏」の区別は見られない。

このような神仏平等の観念は、現代においては奇異に見えるかもしれない。しかしこの祈禱の内容を見ると、この時代から不自然さを感じることもなく、神・仏を日本人が融合しているのである。

2　天武天皇の神道と仏教

　天武天皇が神仏を共に敬うことについて、天皇自身、仏教と神道に対してどのような態度をとっていたか、さらにここで検討しておきたいと思う。それは飛鳥から天平にかけての「古典」文化を理解するうえで重要な観点を含むからである。

大海人皇子の挙兵

　天智天皇十年（六七一）、病に臥していた天智天皇は近江大津宮に、天武天皇となられる大海人皇子を呼ばれ、皇位継承者に指名したが、大海人皇子は辞退して皇后に託し、そして大友皇子を皇太子に推挙、自らは出家する。天皇のために修行をする、と決意を表明したのだ。天智天皇から許可を得ると、大海人皇子は頭髪をおろし、天皇から贈られた袈裟を着て、二日後に吉野に向かって出立された。この出家の意味は、本当に仏教的な意味を持っていたのであろうか。天智天皇の健康が快復することを祈るためであったのは確かであろう。しかし仏教的な遁世ではない。自ら皇位争いから抜け出し、政治の世界に加わらないという意思表示と解される。

　この行為に見られるのは、たしかに仏教が、現実の社会と離れる道筋をつけていることである。そのことは「公」の世界から身を引き、「私」としての精神生活に入ることを意味していることになる。大海人皇子がここで「神道」の修行で吉野に入る、と述べなかったことが、この当時、同じ宗教として同例のものではなかったことを意味する。ここで区別されていることは、神道はそれ自体、「公」の宗教であり、「私」人となることが出来ない共同宗教であるのに対し、仏教は「私」を救う宗教であり、

「公」から離脱しうる個人宗教である、という点である。

むろん出家者となってもこの社会から外に出たわけではないことは、大海人皇子自身が身の危険を感じて、近江朝廷に対し決起することでも分かるが、しかしこの時点で仏教というものの本質が、すでに日本人流に理解されていたことを示す。すなわち仏伝で悉達太子が生、老、病、死の苦を知り、「出家・入山」していたことを理解しながらも、それは決定的なものではない、という別の認識である。

大海人皇子の出家は二十余年前の皇極天皇の退位の際、後継に中大兄皇子を指名したものの皇子は固辞し、弟宮の軽皇子は古人大兄皇子（ふるひとのおおえのおうじ）に譲られたが、この皇子が出家され吉野に入ったという故事に即している、とよく言われる。すでに悉達太子同様、政治世界から離脱し、精神的世界に入ることは、まさに「公」の存在から宗教的「個人」の世界に入ることとして認識されていたが、それ自体は絶対的なものではなかった。天皇が出家されてもそれは本当の出家ではなく、「法皇」「法（のり）の御門」として政界に残ることが多い。

しかしなぜ、大海人皇子は「政治」社会に復帰したのであろうか。近江朝による暗殺の危険を察知したことは知られているが、このことは皇子であることは「出家」が必ずしも許されていない、ということも意味する。たとえ出家されようが、その身分においては「個人」よりも「公」がまさると言うことが出来る。つまりすぐにでも「公」的な存在に復帰しうる存在と考えられていたのである。「虎に翼を着けて放てり」と言う者がいたというのも、出家が大きな意味をなさないことが知られていたからである。大海人皇子が暗殺を恐れたのも、出家した古人大兄皇子が謀反を企てたとして、中大兄皇子に討たれたことと同じ運命を感じたからであろう。皇子というすでにある「公」的地位が仏教の「個人」を超えていたからである。このことは皇子という「神道」における祭祀王候補であることそのものが、仏教の地位より上であることを意味しよう。

大海人皇子の心境

そのことは、挙兵をやむをえず決意したことに表される。そのときの心境を次のように歌った。

《み吉野の耳我の嶺に　時なくそ雪は降りける　間もなくそ雨は零りける　その雪の時なきが如隈もおちず　思ひつつぞ来し　その山道を》（『万葉集』巻一、二十五）

高木市之助氏はこれを天武が吉野入りしたときの歌としている（『吉野の鮎』）が、この歌には出家した仏教的な心境が全くと言ってよいほどなく、そこには吉野の山道を進む、自然の動きへの抒情しか見出せない。それは自然崇拝の「神道」のそれに近いと言ってよい。

その「神道」の心境とは次のようなことである。天武天皇元年（六七二）六月二十四日に吉野を出発した大海人皇子は、鈴鹿の関を通過し、二十六日の朝、伊勢国朝明郡の迹太川のあたりで「天照大神」を遥拝する。

《丙戌（二十六日）に、旦に、朝明郡の亦太川の辺にして、天照大神を望拝みたまふ》という記事は、大海人皇子に随行した舎人の安斗智徳の『日記』に書かれているものである（『日本紀私記』）。天照大神によって守られていることを示すと同時に、仏教への帰依が「私」による個人的なものであるのに対し、神道が「公」的なものであることを示しているのである。この区別はふつう気づかないものであるが、

「神仏融合」において重要な意味を持っている。

それは「神仏融合」が決して、異なる宗教の「習合」ではなく、性格の異なる宗教の「融合」だということだ。それは神道が「公」を基本にした「共同宗教」であるのに対し、仏教は「個」を救出するための「個人宗教」であることである。

近江朝廷との決戦を控え、東国に入って兵を集めていた大海人皇子が天照大神を遥拝したのは、天照が「公」の神であり、治天下の統治権の根源であることを意識したものであり、それは日本という共同体の長であることを意味していたからである。大海人皇子はそれを継ぐべき立場にいたのである。

ここでこれも仏教と関係する、というのが田村圓澄氏である。氏はその経典として『金光明経』を挙げ、国王の統治が正法・正論としてなされれば国土は豊実で諸々の災禍はなく、人民は安穏豊楽である、と書かれているのを読んでいたという（田村圓澄『飛鳥・白鳳仏教史』吉川弘文館、一九九四年）。天照大神に発する日本統治もこの仏典によっているという。しかし大海人王子が「壬申の乱」に勝利し、天武天皇として即位された天武天皇二年（六七三）に川原寺に書生を集め写経をさせたのは、『一切経』であり『金光明経』ではない。たしかに『金光明経』は鎮護国家を論じ、四天王などの国を守護する眷属を重視するが、この経典が義浄によってインドからもたらされたのは七世紀末であり、それが日本に伝わるのは天平時代のことである。聖武天皇が東大寺をはじめ国分寺を建てたとき、この経典によっているが、天武天皇の頃はまだ流布していなかったはずである。

この川原寺の写経の事業が始まった年の四月に、天照大神宮に侍する大伯皇女（おおくのひめみこ）が身を清めるために泊瀬（はつせ）の斎宮（いつきのみや）に戻り、翌年十月に伊勢神宮に向かっている。天武天皇の命によって大伯皇女が伊勢神宮に奉仕する最初の斎王となり、その斎宮に移るのである。

また天武天皇は同じ天武天皇二年十二月に国の寺として高市大寺の造営を行っている。天下を統一した天武天皇にとって、飛鳥に自身が建立した仏教の大伽藍が必要だったのである。舒明天皇が十市に創建した百済大寺はすでに焼失し、皇極天皇により再建され、天武天皇により完成していた。これを飛鳥の高市に移し、造高市大寺司を任命したのであった。天武天皇が、伊勢神宮の祭祀の確立と同時に仏教興隆を矛盾なく並立させていることは、この時代、いかに「神仏融合」が行われていたかを示している。

天武天皇六年（六七七）、天皇は高市大寺を大官大寺と改めている。この「官」の意味は天子を指しており、子が父を言うときに使われる。したがって、この名は天武天皇の父、舒明天皇の寺であることを意味していた。しかし同時に天皇の寺であることは、律令国家の最高の地位にある天皇の権威を象徴する「公的」な寺だったのである。それは「官」の名を付すことによって、神道的「公」を仏寺に入れた「神仏融合」の寺である、と言っても間違いではない。それは後の神宮寺と言ってよいだろう。天武天皇十一年（六八二）、百四十余人がこの大官大寺で出家している。

天武天皇九年（六八〇）十一月に皇后の皇女が発病され、その治癒祈願のために、薬師寺が創建された。これまではそれは発願だけで建立されなかった、と言われていたが、発掘調査の結果、本薬師寺跡が見出され、中門、金堂、そして東西の塔の跡があり、法隆寺や四天王寺の一塔式と異なり、二塔式につくられたことが分かる。この薬師寺は大官大寺と違って「私寺」と言われるが、それは個人の病のため、という建立の目的の中にその意味があるのである。しかしこの本薬師寺は天武天皇の生存中にはまだ完成されなかった。文武天皇二年（六九八）十月に伽藍が完成したことを『続日本紀』が伝えている。

すでに述べたことであるが『日本書紀』の持統天皇十一年（六九七）六月の条に、仏像の開眼供養が行われ、《六月辛卯、公卿百寮、始造為天皇病所願仏像》《七月癸亥、公卿百寮、設開仏眼会於薬師寺》と書かれている。この仏像が現在の薬師寺の仏像であるかどうか議論が分かれるが、この本薬師寺の仏像は平安時代まで存続していたというから、別の像であっただろう。おそらく現在の薬師三尊像は平城遷都に伴って造られた後の像であろう。たしかに同時代の山田寺の仏頭と比べると様式的な進展を見ることが出来るからである。この仏像についてはまた後に述べることにする。

天武天皇は天武天皇十四年（六八五）八月山田寺に行幸している。この山田寺はもともと蘇我氏の石川麻呂が創建し、自殺した石川麻呂の追福のために天智天皇が造営を再開したものである。四天王寺式の伽藍配置をしているが、その塔の心柱が建てられたのは天武天皇二年（六七三）のことであった。そして天武天皇十四年に薬師如来像の開眼供養が営まれたのであった。現在、興福寺にある仏頭がその一部であるが、その作風はおおらかで白鳳時代の仏像の典型的な作風を示している。天皇はその丈六の鋳仏像をご覧になられたのであった（この像は周知のとおり、文治三年（一一八七）三月九日に興福寺の東金堂衆が山田寺から奪い取り、東金堂に安置したものである）。

太官大寺での招魂

天武天皇十四年（六八五）九月、天武天皇の病気平癒を祈願して、大官大寺、川原寺、飛鳥寺で誦経が行われた。十一月には天皇のために招魂（鎮魂祭。魂が遊離していかないように、身体の中に鎮め長寿を祈る）をしている。これは神道の儀式で、注目されるのは、神道における墳墓に埋葬の折、棺を密閉し、遺体から魂を遊離しないようにすることと軌を一にする御霊信仰の形である。天武天皇十五年（六八六）正月に、飛鳥浄御原宮に三綱（僧正、大僧都、小僧都）律師、大官大寺の知事、佐官の九人の僧侶を屈請し、供養の儀式を行わせている。大官大寺では寺主が知事と呼ばれていたのである。

この大官大寺は発掘調査が行われ、伽藍が南面し、中門の左右から延びる回廊は、正面中央の金堂に結びつき、回廊にとりかこまれた内庭の東に九重の塔があったと考えられる。これは塔の跡の規模から推測されることである。西には塔はなく、金堂の北側に講堂があり、回廊が金堂と結んで取り囲んでいる。この大寺は香具山の南にあり、新益京＝藤原京の四大寺の一つとして、都の中心的な役割を果たすことになる。この四大寺には新たに薬師寺が加わっているのである。

朱鳥元年（六八六）九月丙午、天武天皇は崩御された。そして同月辛酉（二十四日）飛鳥浄御原の南庭でその殯（もがり）が開始され、人々は「発哭（みねたてまつ）」った。殯とは遺体を棺に納め、その蘇生を願い、その陵墓が出来るまで、人々は誄（しのびごと）、すなわち天皇の崩御をいたみ、遺徳を偲ぶ言葉を唱えるのである。「みねたてまつる」ということは慟哭することである。これらはすべて神道の儀式であり、共同体としての祭祀である。これは病の治癒を祈念することが仏教を中心に行われたことと対照的である。病は「個人」の救いに関することであるので、仏教がそれを行い、殯は「共同体」の行為であるので神道に属するのである。この時代はまた仏教の葬式より、神道の殯が行われていたのであった。

殯の期間は死者に奠（みけ）、すなわち食事を勧め、歌舞を奏し、それぞれの高官が誄を奉ったと伝えられる。その手向けの言葉の中には、壬生（みぶ）のこと（皇子のときの養育のこと）が語られ、諸王のこと、内廷（宮内省）のこと、左右の大舎人のこと、左右の兵衛のこと、内命婦（ひもまえつぎみ）のこと、膳職（かしわでのつかさ）のこと、太政官、法官、理官、大蔵、兵政官、刑官、民官など国家の中央機関の行政のこと、国司などの地方行政、大隅・阿多の隼人、倭・河内の馬飼部造、さらに百済王の善光の代理、良虞が誄を捧げたのである。いちいちの内容を『日本書紀』は伝えていないが、崩御された天皇がまだ生きてそれを徴しているかのように報告される。それ自体、共同体を中心にしていることが分かる。これは神道的儀式であり、御霊信仰によると言ってよい。仏教では死後、輪廻する死者には語りかけず、祈るだけである。

次の年、朱鳥元年（六八七）正月に草壁皇太子が公卿、百寮人らを率いて殯宮で慟哭された。その後も「誄」や「発哭」と奉奠が続いたが、この記述を読み取る限り、仏教による葬送儀礼は行われていない。これはすでに述べたように天武天皇が出家され、仏教寺院を多数建てられ、皇后もまた仏教帰依者であっても変わりはない。この殯においては仏教儀式が行われた様子はない。ただ僧尼が同じように発哭して去ることとは、九月甲子の記述や乙丑の日の記述など七カ所の記述でも分かる。つまり仏僧たちは、葬礼を執り行っておらず、ただ神道の儀式に参加しているだけなのだ。

このことは仏教が後のように「葬式」仏教となっておらず、神道の御霊信仰によって葬礼がなされていることを意味する。もし天武天皇の葬礼が仏教で行われたとすれば、この殯宮に仏像を置くなど、仏具による荘厳がなされなければならなかった。それが後の仏事法会だからである。持統天皇が三〇〇人の高僧たちを飛鳥寺に招き、各人に袈裟を一揃い施された。そのとき言われた言葉は「これは天武天皇の御服で縫い作ったものである」というものであった。やっと「無遮大会」が薬師寺で行われたのは、翌年の一月八日であった。この天武天皇の崩御に伴う喪服の過程から述べることが出来ることは、神道の優位である。

このことは天武天皇が生前から「神」と呼ばれたことと関係しよう。「皇は神にし坐せば」という歌が『万葉集』で五度も繰り返されるのは、まさにその崩御によって天皇が「神」となることを示すものであった。私はすでに天武天皇が「神」である所以を述べたが（『「やまとごころ」とは何か』第七章）、仏教との関係では述べなかった。すでに天皇、あるいは帝王という地位そのものに「神」の意味があるのだ、という説は、道教の関係で福永光司氏が（『道教と日本思想』徳間書店、一九八五年）神仙の「神」と重ね、金岡秀友氏が『金光明経』を典拠にその帝王神権説を敷衍している（『金光明経の研究』大東出版社、一九八〇年）。

しかし私はすでに指摘したように、天照大神の存在の確立が大きな要因であったと考えている。

3　『記・紀』『万葉集』は「仏教文化」ではない

仏教の影響が見られない

まさに時は「仏教文化」の時代と言われ、「大陸からの文化」の影響の時代であると、日本の歴史家が異口同音に述べるが、この時代の最も注目すべき三大書物、『古事記』『日本書紀』そして『万葉集』にほとんどと言っていいほど、仏教の影響が見られないのはなぜであろうか。

天武天皇が意図された『古事記』を読んでみても、すでに伝来から一世紀以上を経ていた大陸の仏教文化の影響をほとんど見出すことが出来ない。多くの歴史家はそれを閑却してきたが、このことを無視して日本の古典文化の時代を語ることが出来ないことは言うまでもないことである。

和銅五年（七一二）に完成した『古事記』、および養老四年（七二〇）に成立した『日本書紀』の宗教としての思想はその「神代史」に現れているが、そこには大陸の仏教思想とは全く異なる神々が語られる。神代史の舞台は高天原であり、その中心は天照大神である。

『古事記』では伊奘諾尊と伊奘冉尊が協力して国土や草木を生み、最後に「天下の主たる者」を生んだという。天照大神は「天下の主たる者」（『日本書紀』本文）として、最も尊い神として語られている。

《吾已に大八州国および山川草木を生めり。何にぞ天下の主たる者を生まざらむやと。是に共に日神を生みます。大日孁貴と号す。此の子、光華明彩、六合の内に照り徹らせり。故れ二神よろこびて曰はく、吾が息多なりと雖も、未だ若比霊異異なる児を有さず。ひさしく此の国に留めまつるべからず。自から当に早く天に送りまつるべしとのりたまひて、天上の事を授けまつりき。是の時、天地相去ること未だ遠からず、故れ天地を以て天上に挙げまつりたまひき》（『日本書紀』神代、上）

ここにも書かれているように、天照大神はまず第一に、太陽神としての「日神」である。このことは天岩戸の神話が語るところである。素戔嗚尊の行為で天照大神は岩隠れするが、天も地も暗くなり、「常夜」となって夜ばかりが続く。万の妖が多発し、混沌とした状況となってしまう。そこで一計を案じ、天守受売尊の踊る神楽が契機となり、再び岩戸から天照大神があらわれると、天地に光が満ち秩序が回復する。これは太陽神が冬至に復活するのに似ているものの、天照大神が秩序の根元を担っている神として描いているのである。この秩序とは日本の国土に限定されており、そこに日本という共同体の「神」としての天照大神の存在が明らかにされている。天照大神は日本の共同宗教の「神」である。この点においては、キリスト教の『旧約聖書』のユダヤ民族の「神」のような共同宗教と共通性を持っている。太陽神という自然信仰の「神」としての役割は同時に、自然の恵みの本である穀物の「神」ともなるし、生命の「神」ともなる。

第二に、御霊信仰の根元「神」でもある。これは「日神（ひのかみ）」の「日」は「霊（ひ）」という霊魂を表す言葉でもあることからも分かる。それが御霊信仰の「たましひ」を表現するのである。「たま」の意味は、生活の原動力。生きているときは、体中に宿っており、死ぬとき肉体を離れて、不滅の生を続けるものであって、まさにそこに天照大神がいるのである。皇位と不可分の三種の神器の一つ、「八坂瓊勾玉（やさかにのまがたま）」の「やさかに」とは大きな玉を意味し、「まか」は曲がっている玉を意味するのである。

第三に、皇祖霊信仰の中心となることを意味する。天照大神は瓊瓊芸尊（ににぎのみこと）の天下りの物語、天孫降臨の神話で語られるように、天皇家の祖先神、皇祖霊そのものとして存在している。瓊瓊芸尊が高天原より、日向の高千穂の嶺に天下り、山の神の娘、木花佐久夜毘売（このはなのさくやひめ）と結婚し、地上での生活が始まる、と書かれる。この天孫降臨の際に、天照大神は瓊瓊芸尊に稲穂を与え、国民の糧とするように伝えている。同時に宮中の祭りや伊勢神宮の祭りの根元となる鏡を与え、これを「私だと思い祭りなさい」と命じられる。さらにこの地上の生活の永久の発展を祝福されている。ここに皇室の祖先神として日本の統治権をその子孫に与えているのである。

天照大神を遥拝する天武天皇

天照大神はその後も天皇の皇祖霊として崇敬されている。神武天皇の即位された日の条に天照大神が「我が皇祖」として述べられ、崇神天皇六年の条に天照大神の名が現れ、同七年二月の条に「我が皇祖」とされている。国内に疫病が流行し、国民の大半が死んでしまうような危機を、天照大神が救ったという話を伝えている。これ以後、天照大神は皇居の外で祀られることになる。はじめ、大和の笠縫邑に神漏岐を立てて祭り、その後、垂仁天皇二十五年三月の条に天照大神の伊勢鎮座の由来、斎宮の始原が記されている。景行天皇二十年二月の条に、五百野皇女が遣わされて天照大神を祭らせた記事が見える。同じ年の十月に、東国の平定に赴く日本武尊が、大和を出発するときに「伊勢神宮」を拝礼する。神功皇后は「摂政前紀」で、天照大神の神がかりとなり、新羅征伐を《神風の伊勢国の百伝う度逢県の折鈴五十鈴宮に所居す神》として表されている。また神功皇后が紀伊水門より難波に向かうとき、天照大神の教示を得て海を渡ることが出来たという。

そして、天照大神が神功皇后以後、天武天皇元年（六七二）六月の条に突然再登場する。すでに述べたように、「壬申の乱」の最中で、大海人皇子が遙拝するのであるが、この天武天皇への新たな天照大神の出現こそが、この天皇を「神」とする眼差しをつくりだした、と述べる理由なのだ。『万葉集』でわざわざ「壬申之乱平定以後歌二首」と書かれ、明らかに天武天皇を称えて二つの歌がうたわれる。

《皇は　神にしませば　赤駒の　腹ばふ田ゐを　都となしつつ》　（巻十九、四二六〇）

この歌の終わりに「右の一首は、大将軍贈右大臣大伴卿作れり」とあるから、大伴御行（〜七〇一）であろうと言われる。

《大王は　神にしませば　水鳥の　すだくみぬまえを　みやことなしつ》　（同、四二六一）

二番目の歌は「おほきみ」を「大王」と書いているから、この時代、「皇」と「大王」がまだ固定していなかったことが分かる。このことは、天皇という言葉がいつから使われたかという問題で材料にされるが、当時の人々は「皇」も「大王」も同じ「おほきみ」で、決して「天皇」という言葉ではなく、その存在そのものに「神」として深い敬意を払っていたことが分かる。

この天照大神の出現は、天武天皇の「天」の由来であっただろう。天智天皇も「天」がつけられたが、この天皇にこそ、その意味が強く重ねられていたはずである。

この天照信仰と、天武天皇が仏教を厚く信仰されたこととはどういう説明がされるのか。「神」が「仏」に帰依されるということは、ふつうこれを「本地垂迹説」で説明されるであろう。「本地」は仏・菩薩の本来の姿で、「垂迹」は迹を垂れるという意味で、仏・菩薩が衆生済度のために様々な姿を借りて現れることを言うが、しかしこの説はこの白鳳時代には成立していなかった。奈良時代に法華経に基づき、「神」も衆生の一つとして済度されるとされ神宮寺が建てられた。平安時代以降、この説は強まり、鎌倉時代においては教理形成にまで至っている。

しかし、歴史的な系列では、先に神道があって、それが仏教を受け入れる形をとっていたのである。まさに「前方後円墳文化」という偉大な神道文化がそれを吸収して表面的に「仏教文化」に変わったのであった。天武天皇の殯は神道であり、仏教の葬式ではなかったと述べた。その天皇にとって、その関係はどうであったか。このことがそれ以後の「本地垂迹説」の正誤を見定める指標となるのである。

それはまさに天照大神の態度に関わっている。『日本書紀』によれば、天照大神は自ら新嘗の祭りを行う当事者になっているので「神への奉仕者」としての側面を持っていた。つまり天照大神という「天下の主」である「神」が「神」に奉仕する、という矛盾するような行為をしているのである。「神」に供える神衣（かむみそ）を斎服殿（いみはたどの）にこもって織っている。ここでは「神」に奉仕する巫女なのである。『日本書紀』では別の名を「大日孁貴（おおひるのむち）・天照大日孁尊（あまてらすおおひるめのみこと）」と呼んでいる。「ひるめ」とは日の妻のことで、日に支える巫女という解釈がされている（折口信夫説）。神道学者は当然のようにこのような天照大神の態度を受け入れているが、世界の宗教の最高「神」には考えられない行為である。

ただギリシャ神話に最高神ゼウスが父に復讐する話がある。父クロノスが子が自分を倒すという予言に恐怖して子を殺してしまうが、妻レアは最後に生まれたゼウスをクレタの山中に隠して育てた。そしてゼウスは長じて計略でクロノスの王位を奪うのであるが、これは父の「神」への子の「神」からの復讐の関係である。またユダヤ神話においては『旧約聖書』にあるように、最初に造られた人間のアダムとエヴァが「神」との約束を違えて禁断の木の実を食べて、楽園を追放される。高天原から追放された「神」が「人間」に堕落するのである。もともとアダムは「神」が「土」から造ったものであり、「神」自身の一部から生まれたものではない。こうした西洋における「神」の姿は、必ず復讐なり裏切りという、前の「神」との対立や衝突の関係をもたらしている。これに対して天照大神に見られるのはあくまで前の「神」への奉仕であり、尊敬である。それによって従属する関係ではなく、あくまで自らを低くして、「神＝上」を尊ぶ関係であり、和の関係であり、不和や反抗するような関係ではない。しかし「神」同士の関係は関係なのである。

このことは「神」に支える天照大神の神話を、新たに再興した天武天皇が「神」と呼ばれ、同時に「仏」に帰依した関係を説明する。これは「本地垂迹」の関係ではない。あくまで「仏」を尊ぶ和の関係であり、従属や反抗の関係ではない、ということである。天照大神を崇拝するのと同じく、「仏」に帰依するのである。これは日本人にとって矛盾することではない。同じ「神・仏」なのであり、同じ「神々」なのである。これは「習合」ではなく「融合」である。

しかし天照大神と「仏」は決して同じ位相ではない。それは大海人皇子が出家して「仏」の道に入るのと、後に決起して天照大神を遥拝するのとは異なる。仏寺を建てるのと、伊勢神宮を再興するのとは違う目的を持っている。それは「個人」の「私的」な救いを目的に寺に入るのと、新たに神道とともに「共同体」の長とならんと決起するときに、「公」の地位との位相の違いである。自らが天皇の地位をめぐって狙われていることを知って、天照大神を遙拝するのである。そこには日本人の「共同体」の宗教（神道）と、個人の煩悩を救う「個人」の宗教（仏教）との違いがある。

それはたとえ、天武天皇が大官大寺という国の寺を建てたとしても、また『金光明経』がいう「鎮護国家」の教義があったとしても、伊勢神宮を再興し、神社を振興させたことと混同できないのは、もともとこの二つの宗教の違いを天武天皇がよく理解しておられたからである。

日本の「神仏融合」は一見、無原則な「習合」に見えるが、この点で見事な「融合」を見せている。というのも宗教はもともとこの「共同性」と「個人性」が両方存在しないと長く人間社会の中に定着しないのだ。キリスト教が西洋世界に定着したのは、『旧約聖書』の共同体を守護する宗教と、『新約聖書』の「個人性」に依拠した宗教の両方の要素を持っていたからである。日本では神道の「共同宗教」と仏教の「個人宗教」を初めて天武天皇が記録に残す形で私たちに示されたのである。

第五章　「宗教国家」の誕生

1　「近代」の虚妄、「宗教」の無視

「政教分離」の誤り

現代において、国家を考えるうえで政治と宗教は分離すべきである、という「近代」政治観念に捉われていることが多い。ところがこの固定観念こそが、現代の世界の動きをよく摑めなくしている原因であることを、我々は知らなければならない。歴史を動かす真の力の半分以上を見逃してしまった、と言ってよいからである。

宗教を否定する「唯物論」派が、かっての「共産主義」者と同じく「自由と民主主義」国にも跋扈しており、国家対立の重要な点を見逃すようになっているのだ。

「自由と民主主義」国家の人々の方に自らが宗教的国家の人間だ、という認識が無いため、ただ表面的に「宗教」国家を解体させようとしてしまった。キリスト教国アメリカがアフガニスタンやイラクに対して取った態度もそれであったと言ってよい。戦後のアメリカが日本に取ったのも似たようなものであった。日本を「前近代」の「天皇」国家と見ていたのであった。抽象的な「自由と民主主義」と「宗教国家」（イスラム教国家など）を対立させ、後者を倒すことが「近代国家」のイデオロギーとなってし

まい、それゆえ抗争が解決されなかったのである。今日、ほとんどの国が「自由と民主主義」の国となったにもかかわらず、なんら対立の構図は変わらないのはその認識の欠陥があるからだ（冷戦時代も結局、潜在的には同じ構図であったのだ）。

一方の社会主義国家＝「唯物論」国家もいつの間にか一党独裁の「共産党」教と言うべき新興宗教をつくりあげ、オカルトまがいの独裁者を各国で生み出したことは、二十世紀の社会主義と言われる国々を見ればよく分かる。スターリン、毛沢東、ホー・チ・ミン、金日成などがその具体例である。結局「近代」において「唯物論」国家など成り立ちえない、ということを如実に示したのであった。

アメリカもキリスト教宗教国家である。大統領はキリスト教の神の名のもとに宣誓をするし、国民の九〇％以上が、新旧のキリスト教徒である。教会のない都市などない。実を言えば、日本も同じである。日本も天皇を中心にした一つの宗教的国家であるのに、「自由と民主主義」国家の一員とされ、そこに宗教的要素などないかの如く、メディアも歴史家も扱ってきた。憲法もそれを銘記した。その見方は現実的なように見えたが、現代ではその実態が露呈されるようになった。

かつての「社会主義」国家は、現代では「社会主義」など見るかげもなく、市場経済の導入とともに、一部の資本家たちによる勤労者の低賃金を利用した極度の「搾取」国家となり果てているし、一方で「自由と民主主義」国家の方は、単におぞましい金融資本主義国家の裸の姿をさらすようになった。しかしそれは「政治・経済」社会の話であって、国家を造り上げている宗教的な伝統と文化の問題は別に確固として存在し続けている。

近代の迷妄

「古代」が「宗教国家」であり、現代が「政治・経済国家」などと分別できるものではないと私は主張してきた。私が「古代」という言葉をあまり使わず、その時代を今日と同じようなレベルで思考するのも、その「近代の迷妄」を避けたいからである。現代でも、多くの国民は意識していないが、天皇の祭祀は続けられ、天照大神も神武天皇も「古代」と同じように祀られている。それは天武天皇の時代からの継続である、と言えるのである。またその頃から建てられた神社仏閣が全国に計十五万以上維持され、人々がそれを支えていることに変わりはない。正月の初詣には神社仏閣に一億人に近い日本人が訪れている。国民のほとんどである。人々は宗教的な葬式を行い、それはどこでも毎日行われていることである。それを形式的問題だとすることは出来ない。

ヨーロッパのヴァチカンでは法王によって常に祭祀が行われており、世界各地の教会でも同じことが繰り返されている。イスラム国家の祈りや儀式も同様だ。私たち異教徒は彼らを特殊なものだと思っているが、それは間違いである。世界中で宗教活動が続行されている。そのことは日常的過ぎて意識されていないにすぎない。それは「政治・経済」的活動と同じほど（むしろそれ以上に）実行され続けているのである。

「近代の迷妄」は、人々の伝統的生活の現実が見えない知識人だけの世界ではないか。我々は、現代が意外に古い過去からの継続世界であることを再認識しなければならない。法律は法律である。いかにヘーゲル、マルクスらの西洋の「近代史観」が、歴史を見誤らせてきたか。日本も同じである。学者でさえも天皇の祭祀の古い起源を忘れ、「近世」の水戸学派に見たり、明治以降につくられたものだ、と述べているのである。そして日本の歴史を「古代」「中世」「近世」「近代」などという「進歩史観」で、その継続性を閑却してきたのである。

2　天武天皇と神祇

七世紀後半の天武天皇の時代は、「近代」まで続く日本の基礎が創られた意味で重要である。「律令体制」が強化され、「中央集権国家体制」が一層強められていった。「八色の姓（やくさのかばね）」が制定され、官人の秩序がつくられ、それに応じて「食封」が支払われた。天武天皇の制定による「浄御原律令」が整備され「大宝律令」が準備されたのもこの時代であった。「律」とは刑罰を伴って統治を強めてゆこうとするもので、それは「神祇官」と「太政官」とに分けられる中央組織の機能によってなされる。

「神祇官」の重要性

これまで政治・経済を重んじる日本の歴史家たちの多くは、この「太政官」制度は問題にしても、「神祇官」の重みは知らなかったように思われる。それは説明する必要のない、「古代の迷妄」のようなものでしかなかったのだ。しかし国家の運営にとって「神祇」が大変重要であった、という発想がないのはおかしいことである。

日本の神々に、国家の立場から秩序と統一を与えようとしたのが、律令制であり、神祇官の成立であった。太政官は八省の役所を統括し、国政や外交を執り行う役割であったが、これと並ぶ神祇官は、天皇が祀るすべての神々を天神と地祀に分け、その祭祀を司ったのである。神祇令の第一条には《凡そ天神・地祇は、皆、常の典に依りて祭れ》と書かれ、天神・地祇を統括する天皇が、神祇官にその祭祀を命じる立場にあり、神祇官は執行官としての官僚となっていた。天皇は日本人の共同宗教である神道を導く中心となったのである。

神道の祭祀王である天武天皇は、伊勢神宮を天照大神の宮として整備し、大伯皇女を斎宮として派遣し、斎宮制度を整えられた。遷宮の取り決めも天武天皇の時代に定められ、持統天皇四年（六九〇）に第一回の遷宮が行われ、外宮が同六年（六九二）に行われた。この天武天皇の伊勢神宮の再建は、「壬申の乱」の挙兵の際、伊勢近辺の、朝明郡（あさあけこおり）から天照大神を遙拝したことがきっかけとなった。しかし天皇の神道の皇祖霊信仰の現れは、天照大神に対してだけではない。

今日でも行われる新嘗祭も天武天皇の時代から国家の祭祀となった。天皇が皇祖霊と共に、新穀の収穫後、それを食して天皇として再生する祭であり、それはまた大嘗祭として即位儀礼の最初に行うものとして位置づけられたのである。新嘗祭に先立ち、畿内の主だった神社に新穀を供させる相嘗祭（あいなめさい）が始められたのも天武五年からであった。国家が諸神社に班幣（はんぺい）（幣帛を班給すること）することもこの年からなされている。国家が推進する勧農と宗教活動が共に行われていたのである。

初代天皇である神武天皇もまた天武天皇によって復活した。「壬申の乱」の最中に、大和の高市郡の高市県主許梅（たけちのあがたぬしこめ）に、天武天皇となられる大海人皇子が「託宣」を下している。《われは高市社にいる事代主（ことしろぬし）神と牟狭社にいる生霊神である》という神がかった許梅（こめ）という人物に、《神日本磐余彦天皇の陵に馬と種々の兵器を奉れ》と述べ、許梅はその言葉に従い、神武天皇の陵を祭り、馬と兵器を捧げていたのである。ここで日本を統一した神武天皇を皇祖として認めていたことを明らかに示している。武力で国内を統一したという意味で、神武の武と天武の武との関連性はこれで示されていると言ってよい。天照大神と神武天皇を歴史の中で喚起したことが、天武天皇が『古事記』と『日本書紀』の編纂という事業を提起した最大の起因であったであろう。これは「近代日本」を導いた明治天皇を祀る明治神宮を大正時代、東京に鎮座せしめたのと似ている。明治時代に神武天皇の神宮、橿原神宮が造営されたのも同じことである。

天武天皇の「神祇」活動は、政治・経済への取り組みと同じように、『日本書紀』に記されている。皇子のときの名前の大海という言葉は、天武天皇が崩御されて殯が営まれたとき、最初に大海宿禰菖蒲が誄（遺徳をしのぶ言葉）を読んだことでも分かるように、大海の氏族と密接な関係があった。皇子の養育に関する「壬生」ことで誄したこの人物の祖霊信仰の対象が彦火火出見尊であったことが、『日本書紀』の朱鳥元年九月の条に書かれている（『日本書紀』岩波書店、補注）。

《大化改新の後、天武天皇御宇白鳳十一年至り、海部直伍佰道祝（三十六代）は、与謝宮を龍宮と改め彦火火出見尊を主神として祭っていたが、元正天皇の御代養老三年に、御本宮を奥宮真名井神社の地から、現今の御本宮の地へ遷し奉り、伍佰道祝の子愛志祝が新に同氏の祖神彦火明命を主祭神とし、天照豊受大神及び海神を相殿にお祭りし、又、天水分神を併せ祭られたのである》

（『元伊勢の秘宝と国宝海部氏系図』元伊勢籠神社社務所発行）

この記述は天武天皇が白鳳十一年（六八二）に今日の京都府宮津市にあった籠神社へ、彦火火出見尊を主神として祀るように通告した、ということである。それを三十七年後に彦火明命に変えたという。

いずれにせよ、天武天皇は彦火火出見尊を重要な神として重んじており、それを籠神社のような大社の神とするように命じているのである。この尊を神武天皇と同一視していたという『日本書紀』の記述もあるほどだ（即位元年）。

天武天皇と住吉大神との関係も密接であった。天皇が病床の折、朱鳥元年五月二十四日に住吉大神に対して奉幣を行っているのである。住吉大神は海の守護神で、神功皇后の征韓を助けた神でもあった。大海人皇子が天武天皇になられて、この住吉大神をにぎはやひの尊であったが、それを彦火火出見尊としようとしたと伝えられる。それが今日のように三筒男尊（表筒男尊、中筒男尊、底筒男尊）になったのは後代のことである。

広瀬・龍田の神を祭る

『日本書紀』の天武天皇の記述で多く見られるのは、広瀬・龍田の神を祭った、というものである。この間、十一回もこの両神を祭っているのであり、この多さから、天皇がとりわけこの両神を重視されたことが分かる。二つの神が併記されるが、四年の四月十日の条に、「風神」を竜田の立野に祀らせたとあり、広瀬に大忌神（おおいみのかみ）を祀らせたと書かれている。龍田の神は風神であり、広瀬の神は水の神である。今日でも両神社は維持されている。

龍田神社と言えば、『延喜式』祝詞に、龍田風神祭祝詞があり、崇神天皇のときに、凶作が続き、天皇の夢に龍田の神が現れ、五穀豊穣を祈って創祀した、と言われている。しかし私はこの龍田の神が、聖徳太子の法隆寺との関係が深いことに注目している。というのもこの神社は、法隆寺と近接していることでも分かるように、法隆寺の土地を守る鎮守の役割を持っていた。明治時代の神仏分離により、そのことが忘れられているが、まさに法隆寺の神社であったのである。法隆寺の僧がこの神社の神主を務めることもあった。

伝承であるが、聖徳太子が十六歳のとき、法隆寺の建設地を探し求めていたが、そこへ白髪の老人が現れ、斑鳩の鳥が群棲しているところがあり、そこに伽藍を建てなされ、と告げたという。そここそが、仏法が末長く興隆するところだ、と諭したというのだ。太子がその老人にあなたはどういうお方かと尋ねると、私は龍田山の裾に住む老人で、すでに千余年も過ごしているという。太子はその老人がこの地の守護神であることを知り、私の建立する寺をお守りください、と言うと、それを引き受けようと答えたという。本来は龍田大社の方は遠いが、法隆寺の鎮守として斑鳩の地に龍田神社を建てたという。

この伝承は神社と仏寺の関係をよく示している。神社が土地を守る自然神の役割をし、仏寺が聖徳太子自身の個人の意思で建立するのを助ける関係を物語るからである。龍田神社が風の神を祀るのも、それが天と地を結ぶ御柱という観念がつくられていたからである。

もともと龍田神社は、天御柱神、国御柱神という、柱の神を祀っていたと『古事記』に書いてあるが、級津姫神を合祀している。いずれも風神であり、天候を司どる神々である。

一方、広瀬大忌神の神社の創建は、崇神天皇のときに広瀬の河合というところの里の神社の長に、御神託が下って一夜で沼地が陸地に変わり、橋が数多く増えたが、そのことが天皇に伝わり、この地に社殿が建てられたという。もともと、ここは大和の土地に流れる河川が、一点に集まるところで、佐保川、初瀬川、飛鳥川、曽我川、葛城川、高田川など、多数の川が合流するところであった。当然、山谷の水をこの川神が一身に集め、そこで良水に変え、また河川の氾濫を防ぎ止めるのである。この広瀬神社も法隆寺と近いところにあり、土地の神として近しい関係にあっただろう。いずれにせよ、こうした神社はすべて、国家の神祇祭祀の対象となって、国家が維持するようになったのである。今日では国家は関与していないが、「宗教法人」として相変わらず多くの参拝者を集めている。

3 日本の釈尊、聖徳太子と九重塔が聳え立つ大官大寺

仏教の日本化

こうした神道の確立は、天武天皇が仏教を国家の宗教とすることと不可分であった。日本では朝鮮からの帰化人たち（渡来人という言葉は一切、『記・紀』には出てこない。「近代史観」の新造語であるから、私はここでは使わない）の増加によって、朝鮮文化の影響が大きくなっていた。天武天皇は、その影響を統制し、日本人の一貫性を示すことを行ったのである。よくこの時代の文化が遣新羅使や遣唐使などからもたらされた唐や朝鮮の文化の影響下にあり、それらから学ぶ一方で、あたかも日本の文化ではなかったような記述がなされるが、事実は異なる。

たとえば、五世紀に朝鮮から日本に帰化した東漢氏は蘇我氏を支持して、天皇家に対しては対立的な態度をとってきたことでも知られている。推古天皇の時代以前、蘇我馬子の命を受けて崇峻天皇を殺害したものも東漢駒であったし、「大化改新」の折、中大兄皇子に反抗し、蘇我蝦夷を守護したのも東漢一族であった。天武天皇六年（六七七）六月、天皇に対して反抗的であったこうした朝鮮系の東漢氏らに詔を出し、《汝ら（やから）が党族、本より七つの不可（あしきこと）を犯せり》と、《小墾田の御世より近江の朝に至るまで》の罪状を指摘し、これからはそのようなことがあれば処罰する、と厳命している。

それまでの帰化人たちは、それぞれ仏教寺院を造っていた。東漢氏は檜隈寺を、西文氏は西琳寺を、

鞍作氏は坂田寺を持っていた。そして僧侶もその国の出身僧で固めていた。そこには、日本の仏教は介入出来ないように思われた。

しかし、天武天皇の時代、それらを聖徳太子の日本的仏教に収斂していく方針が取られた。聖徳太子自身、高句麗の慧慈から学んでいたし、五世紀に日本に帰化した秦氏などの支持を受けていることも理解され、聖徳太子を「日本の釈尊」として崇める動きが高められていった。その『三経義疏』の思想は日本の仏教の根本思想をなすものとなった。

天武九年（六八〇）四月、日本の諸寺に官治（国家の行政）がなされ、次のような勅が出された。

《凡そ諸寺は今より以後、国の大寺たるもの二、三を除きて、以外は官司治むること莫れ。唯しその食封有らん者は、生後三十年を限れ。若し年を数えんに三十に満たば、除めよ。また以為うに、飛鳥寺は司の治に関るべからず。然るに元より大寺として、官司恒に治めき、またかつて有功れたり。是を以て、猶し官治むる例に入れよ》

（『日本書紀』）

ここで示されるのは、大化の改新以後、諸寺の寺主と寺司が任命され、寺は国の運営の対象となっていた。それに対しこの詔では、「国の大寺」である二、三の寺を除き、その対象から外すことを指示している。その収入源としての食封（寺領）は今後、三十年に限られる、ということになった。寺が官司によって治められるのは、大化の改新の際に、蘇我氏の崩壊に伴う混乱に対処するものであったが、ここではそれを「国の大寺」にだけに復帰させたのである。その中に飛鳥寺もまた入っていた。もともと飛鳥寺は「大寺」と呼ばれていたが、律令時代には「国の大寺」の指定を解かれたのである。

この当時の「国の大寺」は大官大寺と川原寺であった。今日ではこの両寺の名にあたる寺はないが、この二つの「大寺」が「国」にとっては最も重要な寺院であったことを示している。大官大寺には天武天皇が即位した一年目の十二月十七日に造司二人を任じている。

先ほど、龍田神社が聖徳太子と関係の深いことを述べたが、天武天皇の大官大寺の建立もまた聖徳太子と関係が深かった。というのも、その元の百済大寺が聖徳太子の発願したと伝えられる熊凝(くまごり)寺だったからである。『大安寺伽藍縁起幷流記資材帳』（天平十九年、七四五）には、推古天皇が、後に舒明天皇になる田村皇子に、病床にいる聖徳太子を見舞わせたところ、太子が熊凝村に造営した自分の道場の寺を朝廷に献じたい、という意思を伝えられ、推古天皇はそれを受理した。

田村皇子が推古天皇の後、即位すると舒明十一年に百済大寺としてそれを受け継ぎ、聖徳太子の願いであった「大寺」の名を頂いたのであった。福山敏男氏は太子信仰の強くなったこの七四五年の記述を疑っているが、熊凝寺のあったとされる額安寺跡から、焼けた若草伽藍と同じ同笵軒平瓦が出土していることからもその関連性が裏付けられるのである（福山敏男『奈良寺院の研究』高桐書院）。

壮大な法隆寺

ちなみに聖徳太子が建てられた法隆寺が、天智天皇九年（六七〇）に全焼したという『日本書紀』の記述から、天武天皇の時代に再建されたのが今日の法隆寺である、という再建説があるが、この時代にも、持続天皇の時代にも全く記録に表れていない。そのことから、もっと後の文武天皇の時代、すなわち七一〇年頃に再建されたとする説も出ている。しかし、法隆寺ほどの寺の再建が焼失後全く記録がないことは、再建はされなかったことを示し、焼失した法隆寺は若草伽藍のことで（これは焼失跡が発掘された）、現在ある法隆寺は元のままのものである、ということを示している。多くの歴史家たちは再建説に固執しているが、もうその通説は誤りである、と言わなければならない。

それは五重塔心柱が五九四年頃に伐採された木材を使用している、とする年輪年代測定法による結論だけでなく、金堂の仏像がすべて飛鳥時代に関係するものばかりであることも、その証拠であるからだ。瓦の文様が飛鳥時代につくられたもので、それが建築様式と一致していることもそれを裏付ける。つまり焼けた若草伽藍からの転用・移動では到底説明出来ないことが多すぎるのである。私の『聖徳太子虚構説を排す』（ＰＨＰ研究所）の主張は立証されている。

その法隆寺をさらに拡大した「国の大寺」として、この大官大寺が建てられた。すでにその元となった、百済大寺が焼失の憂き目に遭っていたからである。まず土地の名前をとって、高市大寺という名をつけたが、天武天皇六年（六七七）に大官大寺と変わり、まさに国の大寺となったのである。大官とはまさに天武天皇のことであった。

これまで十年にわたる発掘調査によって、この香具山南の遺跡から大寺の巨大さが分かるようになった。寺院には本尊を祀る金堂、仏舎利を祀る九重塔、仏法を講ずる講堂、これらを囲む回廊などがあり、南から中門、金堂、講堂が一直線に並び、塔はその線を外れて、金堂の左前方に配された。右前方には塔の跡はなく、東塔だけであったとされる。金堂が周囲の回廊とつながれ、講堂空間と九重塔の空間とが分断されている、重層構造になっているのも壮大な印象を与えただろうと思われる（木下正史『飛鳥幻の寺大官大寺の謎』角川選書）。

法隆寺の回廊の中の空間の、それぞれ二・三倍となり、すべてを合わせると五倍ほどの空間がつくられたのである。後に述べる、同時代の薬師寺の二倍の大きさを誇っていた。東西幅は一四四メートル、南北の長さは一九七メートルもあったのである。その規模は東大寺大仏殿の回廊に近く、当時日本最大の規模を誇っていた。金堂の建物は五三尺、四五メートル幅で、奥行き七〇尺、二一メートルである。法隆寺の一四メートル、一〇・八メートルと比べれば、三倍、今はなき川原寺の約一六・八メートル、約一二メートルと比べても二倍以上もあるのだ。発掘された藤原京の大極殿跡が、ちょうど約四五メートル、二一メートルで、ほぼ同じ規模の建物であったことが分かる。当時の最大の聖俗の中心的な建物が同じ規模で建てられたのである。天武天皇の時代がいかに大きな規模を持っていたかが分かる。当時の世界最大の寺院が建立されたと言ってよい。

九重塔も壮大なものであった。初層の一辺の長さが五〇尺、約一五メートルで、法隆寺のそれの六・三メートルと比べても二倍以上もあるのだ。高さも後の東大寺の七重塔より大きく約一〇〇メートルの高さはあったであろう、と推測される。それまで九重塔は百済大寺に唯一の例があっただけである。

造営が始まって約十一年が経過した天武天皇十一年（六八二）八月に、百四十余人が大官大寺に入って、出家している。天武天皇十四年（六八五）九月に天武天皇の病気平癒を祈願して、この大官大寺と、川原寺、飛鳥寺で誦経させ、布施として稲がそれぞれの寺に贈られた。この三寺は天皇にとって重要なもので、その筆頭に位置するのが大官大寺であった。

朱鳥元年（六八六）天皇は飛鳥浄御原宮に、大官大寺の知事を含む三綱、律師など九僧をおくって供養している。

天武天皇は同年九月に崩御されたが、すでに述べたように、天武天皇の殯（もがり）の儀式が完全に神道で行われた。その遺体が大内陵に葬られるまでの二年二カ月、殯が続いた。その殯宮に仏教の僧尼が入って、哭したのである。

仏事法会、無遮の大会が開かれたのは、百カ日経ってからであった。十二月になって初めて、僧尼や貴賤など一切の人々が供養することになった。それがこの大官大寺をはじめとして、飛鳥寺、川原寺、小墾田の豊浦・坂田の五カ寺で行われたのである。それは律令の「儀制令」で定められた国忌日の規定によったからである。

律令体制の中で、まず神祀令があり、そのあとに僧尼令が位置づけられていた。それはもともと神祇、つまり神道の儀式の優先を意味している。このことは、神祇が日本人の「共同宗教」として公的な役割を示し、仏教が日本人の「個人宗教」として、私的な役割を持っていたことを示唆しているのを見逃してはならない。しかしそのような考えが成り立つとはいえ、天武天皇にとっても、当時の人々にとっても、神仏はすでに融合していたのである。神仏融合の宗教国家が誕生していたと言ってよい。遺憾なことながら、この大官大寺は和銅四年（七一一）に焼亡した。そして寺自身、平城京遷都の後、大安寺となった。

4　薬師寺、山田寺の創建

薬師寺で行われた病気治癒

天武九年（六八〇）十一月、三十六歳の皇后の鸕野皇女が発病された。天武天皇はその病気の治癒を祈って、薬師寺の創建を発願したのであった。そのおかげで皇后は快復された。それは百人の出家者があったからだと言われる。ついで天皇自身も病気になられた。それでまた百人が出家すると、病は癒えた、という。すでに薬師如来は山田寺にあったが、この寺は山田石川麻呂の一族のものであった。天武天皇は自らの薬師寺をつくられたのである。

　薬師寺が天皇の崩御と皇后の天皇即位までに出来上がっていたかどうかは分からない。というのも朱鳥二年（六八七）になって初めて、この寺の名前が書かれ、無遮大会（むしゃだいえ）が開かれたと述べられているからであり、それは天武天皇の五百カ日の法会であった、と言われる。無遮大会とは、天皇が施主となり、国内の僧尼貴賤を問わず、供養をさせる会のことである。しかしそのときも薬師寺は建設途中で、造営が終了するのは文武二年（六九八）十月のことであった（『続日本紀』）。

　興味深いのは、病気治癒の祈禱が神道では行われないことである。神事があるのは、天候の回復とか、収穫の祭り、つまり新嘗祭など、個人のことではなく、多くの人々のためのものである。一方、共同体のための祈禱は神社で執り行われた。病気は個人のことであり、それが仏教によって治癒される、と信じられ、収穫は共同体のためであり、神道が主として共同体を基礎にしていた、と理解される。ただ両方にまたがることは、双方で行われることが多かった。たとえば天武五年の大旱魃の際は、使いを各地に遣わせ、神々に祈らせ、また多くの僧尼を招いて三宝に祈らせた、と書かれている。しかし五穀は実らず、百姓は飢えた、と続けている。神仏への祈りも叶わなかったことを正直に書いている。決して信仰だけに頼っているわけではなかったのだ。

　病気の治癒のための薬師寺は個人で建てられることが多かった。『金光明経』などのように、仏教が「鎮護国家」の理論を有する共同体の宗教として考えられることがあったにせよ、仏教自体の基本は、個人の救いを通じて、人々に教えを説くものであった、と言うことが出来る。日本人はこうして「個人宗教」を獲得し、また「共同宗教」としての神道と融合させたのである。

　仏教伝来以前は、この病気治癒でさえ、神道の中で祈禱されていたに違いない。たとえば、大国主命が病気になったとき、少彦名神（すくなひこのかみ）が、大分の速見湯（はやみゆ）を持ってきて湯浴みさせて治したと語られる（『伊予国風土記逸文』）。この道後温泉の名を記した部分では、少彦名神が治癒の神として考えられていた。しかし薬師如来のように、内から病を治すものではなく、温泉の効用によって治すという。実際的な面で助けるという意味で、その性格が異なっていたようだ。

　この薬師寺は残っておらず、現在の薬師寺は奈良時代に入って建立されたものであり、その仏像も天平仏に近くなっている。もしこの本薬師寺に仏像が残っているとすれば、山田寺の仏頭に似たものであったに違いない。この時代の大作の部分として残されているこの仏頭は、まさにおおらかな「白鳳様式」の典型を示すものであった。

山田寺の仏像

　ところで山田寺もすばらしい仏寺であったことは、後の治安三年（一〇二三）に藤原道長一行がこれを見て、《堂中、奇偉の荘厳を以て言語云黙し、心眼及ばず》（『扶桑略記』）と書いているのでも分かる。これについては、金色の壁面にはめこまれた石板の上に段をなして蓮華座に座っている塼仏（せんぶつ）（浮き彫りの仏像）に驚いたのだろう、と言われる。というのも『諸寺縁起集』（護国寺本）という寺の縁起を書いた本に《五重塔付銅板小仏、高五十六寸、広四寸、石居不思議也》と書かれ、この塼仏の「不思議」さを言っているからである。しかしその五重塔の石板の仏だけでなく、山田寺の中の見事な仏像群に圧倒され《心眼及ばず》と言わざるをえなかったのだと思われる。

「堂中」にはどんな仏像があったのだろうか。『諸寺建立次第』によると、山田寺の金堂に安置された仏像として、《立像一体、七尺許、左右金銀三尺立像》があったと記しており、『諸寺縁起集』（護国寺本）でも仏の「立像一体、七尺許」と最初に七尺の像が掲げられているので、二メートルを超えた像が金堂の中尊であったことが分かる。この像は失われてないが、講堂の仏像として、《丈六十一面、光中十躰幷形ハ躰神形、薬師丈六鋳仏、日光月光鋳仏也、今興福寺東金堂》とあるのが、まさに山田寺の仏頭のついていた仏像である。この薬師丈六鋳像は、文治三年（一一八七）三月九日に興福寺東金堂衆が勝手に押し入り、この像を奪い取り、東金堂に安置した、という曰く因縁の像である。そのことを九条兼実の『玉葉』が二年後の日記に書き記しているが、頭だけ残るこの無残な姿は、唯一その顔のゆったりとした表情で救われているのである（仏像自身は行方不明であったが、大東亜戦争前の解体修理中、須弥壇の下からこの仏頭のみが見出された）。

天武天皇五年（六七六）四月八日の釈迦誕生の日に五重塔の露盤（頂の台）が上げられた。そして七年にはこの丈六の仏像の鋳造が始められたのである。山田石川麻呂は、大化の改新の折、右大臣であったが、大化五年（六四九）に謀反の罪で自害せざるをえなかった。その孫にあたるのが天武天皇の皇后となる鸕野皇女であった。山田寺を皇室の寺とするにあたっては、この皇后の意思が強く働いたに違いない。石川麻呂の三十七回忌の天武天皇十四年（六八五）に開眼会が開かれ、同年に天武天皇も行幸されている。

建立された五重塔の内部は千仏の塼で荘厳されていた。それらは鸕野皇后の祖父母や生母などが仏の慈悲にすがり、菩薩の住むところである兜率天に上っていく場面となっており、諸仏、諸菩薩により救済の中にいるということを意味している。そのこと自体、鸕野皇后家の御霊信仰を、仏教が肩代わりしていることを示している。そして五重塔が天空に向かってそそり立つ姿は、兜率天と地上とをつなぐもので、神道で言えば山の存在に相当する。山に祖霊がおり、里人はそれを仰いで、仏舎利のように、その皇祖霊を信仰するのである。

この山田寺の仏典である『妙法蓮華経』を受持・読誦して、その意味を解するとき、それは天命の終わりに際し、千仏が手を授けて恐怖の念が起こらないようにすることだった。そして、弥勒菩薩のいるところに上るのだ、と理解されたのである。それはまさに山に御霊が上っていくという神道に符合すると言ってよい。鸕野皇后は持統天皇になり、そして崩御されると、天武天皇のように、殯の儀式の後、土葬され墳墓に納められるのと異なり、火葬されたのである。これは、まさに神道と仏教が融合した証でもあった。

第六章　日本神話の世界性

1　戦後の日本神話観の不毛さ

戦後史観における『記・紀』

日本神話『古事記』『日本書紀』に関する戦後の研究者たちの見解は、ほとんどそれが政治目的を持っていた政治文書である、という前提に立っている。つまり天武天皇の命令で『古事記』も『日本書紀』も作られたのだから、それはあくまで天皇家の正統性を主張するためのものである、と言うのである。国家事業として神話を文書化したものだから、大和朝廷を擁護することが最初から意図されたものだ、と言うのである。そうした先入観により政治性のみを前提とするために、神話の世界性も文学性も、当時の日本人の人間性の豊かさも帳消しにされてしまう。多少良心的な研究者も、『記・紀』の四つの要素、すなわち「神話、文学、神道教典、天皇神格化」を挙げながら、結論的にはこれらが、権力維持のためにつくられたとしてしまい、その謎解きばかりに終始してしまう。最近の「謎解き神話」論は、ほとんどがこの類である。この結論の貧しさが、世界で最も豊かな神話を、不毛なものにしてしまっていると言ってよい。

たとえば神野志隆光・東大教授の『古事記の世界観』（吉川弘文館）にしても、冒頭に《『古事記』はひとつの完結した作品として把握されなければならぬ》としているにもかかわらず、同じ轍に入りこんでいる。つまりこれら二書の「テキスト」によって成り立つ天皇の正統性を語るもので一般的な神話ではない、と結論づけてしまう。学界を代表する東大教授の通弊で、膨大な先行研究を参照しようとすることで、かえって持論を失ってしまうのである。一つの完結した作品であれば、そこに描かれた神話世界の純粋さ、面白さを味わい、それを造り出した人々の精神を再検討すればいいものを、そこに「天の下」という言葉が出てくるだけで、これが中国の「天下」の世界観の日本版イデオロギーであると断定してしまい、中国大帝国のミニチュア版としての「小帝国」日本のイデオロギーであり、神武天皇以来の世界を定着していったものだ、としてしまうのである。すなわち石母田正らの戦後の史観に同調してしまうことになる。しかしこの「完結した作品」の中には、一言も中国を示唆する文面はないのだ。

周知のとおり「天皇支配」を正当化する意図で創られたとする『記・紀』解釈は、津田左右吉の『古事記及日本書紀の研究』が先鞭をつけたと言ってよいであろう。

津田左右吉の議論

この書が昭和十五年（一九四〇）に発禁となり、そのことによりかえって戦後研究のある種のバイブルになったことは知られている。《神代史は我が国の統治者としての皇室の由来を語ったものに外ならない》《繰返して言って置くべきことは、皇祖神の御代であるといふ神代の物語を戴いて、それから順次、人の代の話に下ってゐる記紀の記載は、専ら皇室（もしくは皇室によって統一せられた国家）に関することであって、我々の民族の歴史を語ってゐるのではないといふことである》（『古事記及日本書紀の研究』）。はたしてそうであろうか。

津田は、「皇室とその権力の由来」を語っている「神代史の中心思想」は三つあるという。《（い）イザナギ、イザナミ二神がオホヤシマと其のオホヤシマの統治者としての日神とを生まれたといふこと。(ろ) スサノオの命がタカマノハラであばれて放逐せられ、先づイズモに降り、それからヨミの国にいったといふこと。(は) 日神の御子孫がタカマガハラから此の国に降りられるについて、其の前に此の国土を支配してゐたオホナムチの神に迫って国をゆづらせ、さうしてヒムカに降りられたといふこと》(『神代史の研究』) と語っている。

すべて政治権力の委譲の物語だと説くことによって、いかにこの神話を貧しくしているかということに気づいていない。とくに (は) の天孫降臨の物語は、天武・持統天皇の皇位継承のそれと比定し、その追認のために作られたのだとする説がまことしやかにはびこっているのも、この津田の考え方に端を発している。女性の持統天皇が孫の文武天皇へ引き継がせるため、あるいは次のやはり女帝の元明天皇が、孫の聖武天皇を即位させるために、天照大神から孫の瓊瓊杵尊に引き継がせた物語を造ったというのだ (梅原猛『水底の歌　下』新潮社、『神々の流竄』集英社他)。

しかし、女神の孫が始祖となるという神話の物語は決して珍しいものではない。第一、世界で最も有名なギリシャの神々の主神であるゼウスは、最初の大地の女神ガイアのちょうど孫にあたるではないか。こうした例は朝鮮の神話にも記されているもので、日本神話が特別の例ではない。百済の建国神話でも、始祖である温祚(おんそ)は大女神柳花の孫である。この温祚には沸流(ふつりゅう)という兄がいるが、二人は瓊瓊杵尊の子の海幸彦、山幸彦と似ており、山幸彦が兄を従えてしまうように、沸流は滅んでしまうのである。この神話が日本にも斑していのるかもしれない (荻野貞樹『歪められた日本神話』PHP新書)。

こうした発想は、「造化三神」や天照大御神の物語、高天原から葦原の中津国へ降りてこられた瓊瓊杵尊、そして山幸彦、海幸彦の物語も「皇室とその権力の由来」を直接語っていない、という理由で「遊離分子」（津田）としてしまい、日本神話の豊かさを味わうことが出来ない原因をつくってしまうのである。「皇室」が日本神話を創ったのではなく、当時の日本人共同体の記憶と思いが皇室神話をつくったことを忘れてしまったのである。人々の伝統的な敬愛の念があったからこそ、天皇神話が生まれたという大事な側面を忘却に付してしまう。戦後、このバイブル化した津田論文の論理の不毛さこそが、その後の山なす記・紀論の前提となってしまっていることを断ち切る必要があるのだ。

2　『万葉集』、鉄剣銘と日本神話

『万葉集』に見る神話

『記・紀』の作為性に対して否定的な証拠を提出しているのが『万葉集』である。人々がいかに自由に尊敬をもって自らの皇室を歌っていたかは、神を歌う和歌でよく分かる。『記・紀』が天皇の権威の由来を説くために書かれたのなら、それ以前に書かれた歌の中にそれと同趣旨の歌がうたわれていたのなら、決して神話だけがことさら皇統を称えたことにならないからである。それは、まさに万葉人の一般的な感情であった、と言うことが出来ることになる。よく引かれるものだが、持統三年の柿本人麻呂に次の歌がある。

《天地の　初の時　ひさかたの　天の河原に　八百万　千万神の　神集ひ　集ひ座して　神分　分りし
時に　天照らす　日女の尊　天をば　知らしめすと　葦原の　瑞穂の国を　天地の…明日香の　清

御原の宮に　神ながら　太敷きまして　すめろぎの　敷きます国と　天の原　岩戸を開き　神上がり　上りいましぬ　我が大君　皇子の命の…》（巻二、一六一七）

天武天皇の草壁皇子の薨去された折（西暦六八九年）のこの挽歌は、高天の原の天照大神の存在から、今日の天皇までの系譜を十分に知っていたことを示している。『記・紀』が決して孤立して新たに創造された神話でないことを示しているのだ。

《八千矛の神の御代より　百舟の　泊つる泊りと　八島国…》（巻六、一〇六九）。この八千矛の神とは国造りの神の「大国主命」のことであり、その御代より続いている八島国、日本と歌っているのである。この歌は、皇統を歌うのは、柿本人麻呂のような宮廷を知り、天武天皇や持統天皇をよく知っていた歌人だけではない、ということを明らかにしている。

さらに『記・紀』に現れる大汝少彦名の神、大穴道少御神、足日女神の尊、八百万千万神などの神々の名が歌われ、「神代」という『記・紀』の神話とつらなる世界が触れられている。「天照らす神の御代より」（巻十八、四一二五）なども見られ、『記・紀』の神々が、素直に受け入れられていることが分かる。

むろん、『記・紀』が発表されて以後の歌にはそれからの影響があるだろうが、『万葉集』を読むと、神代に触れた歌は、『記・紀』を読んだというよりも、自らの神話に対する記憶から書かれている、といった印象が強い。山上憶良の「好去好来の歌」という長歌に、《そらみつ　倭の国は　皇神の　厳しき国　言霊の　幸はふ国と　語り継ぎ　言ふ継がひけり…》（巻五、八九四）とあるように、神話は語り継いできたものだったのだ。山上憶良は民衆のことを歌った『貧窮問答歌』をつくった歌人だけに、この歌が民衆自らが口承で伝えてきたものだったことが分かるのである。
その他にも『万葉集』には「すめかみ」＝皇神を歌ったものが七例、「すめろぎ」＝天皇を歌ったものが二十三例、「とほつかみ」＝遠神を歌ったものが二例あり、皇祖霊信仰がいかに根深かったかが理解されるのである（『万葉ことば事典』大和書房、二〇〇一年）。日本神話について作為的な「権力者」の「神々の世界」を押しつけられた歌い方、描き方はそこには見出せない。「神話」の世界を「神代」の世界として正直に受け取っているると感じられるのである。

鉄剣銘文が語る信仰　『万葉集』ばかりではない。このことをよく示すのが、関東の稲荷山古墳から昭和六十二年（一九七八）に見出された「金錯銘鉄剣」である。古墳時代の金石文としては最も長い一一五文字の銘文には、次のように書かれている。これを口語文に訳して引用しよう。

《辛亥の年（四七一年のこと）七月中に書きます。（私の名は）ヲワケの臣、遠い先祖の名前はオホヒコ、その子はタカリのスクネ、その子の名前はテヨカリワケ、…（四代の名が書かれ）オワケの臣です。先祖代々杖刀人首（大王の親衛隊長）として今に至るまでお仕えしてきました。ワカタケル大王（雄略天皇のこと）の朝廷が、シキの宮に置かれているときに、私は大王が天下を治めるのを助けました。何回もたたいて鍛えたよく切れる刀を作らせて、私と一族のこれまでの大王（雄略天皇）にお仕えした由緒を書き遺しておくものです》。

ここではワカタケル大王のために刀を作らせたオワケという臣下が八代にわたって仕えてきたことの

誇りを文字に記していたのである。このワカタケルが雄略天皇であることはこの稲荷山古墳がつくられた五世紀という時代から考えても明らかで、『記・紀』の出される二五〇年ほど前からワカタケルが大王として深く敬愛されていたことが分かる。

同じように熊本県にある江田船山古墳からも、七十五文字の銀象嵌銘の鉄刀が出土し、その大王名がやはり、雄略天皇であることが判明している（斎藤忠『古代朝鮮・日本金石文資料集成』）。これはすでに五世紀に、関東から九州まで国家がこの大王の下で統一していたことを示し、いかに『記・紀』の記述が正しいかが理解されるようになったのである。天皇の名はまだないが、こうした大王が日本を支配し、同時にその下に仕えることが人民の誇りであったことを伝えている。八代の先祖たちの名が次々と書かれていることは、天皇の系譜と同じ継続観念が人々にもあったことを示している。

古墳時代の銘文が刻まれた刀剣類は全国に七点見出されているが、その中でも最も古いこの稲荷山古墳の銘文が、『記・紀』のつくられる三世紀ほど前に、すでにそれらを裏付けていたことは、日本神話の内容が人々の信じることがらであったことを推測させるのだ。

『万葉集』や鉄剣の銘文が、日本神話を人々がおおらかに信じていたことを示すことから、新たに日本神話をどのように解釈したらよいか、大きな展望が開ける。それはまず大王信仰であり、またこれまで「遊離分子」としてしか取り上げられなかった他の国々の神話との関係のことである。なぜ、日本神話に天皇信仰とともに、多くの各国の関連神話が積み重ねられているのか。そこで自ずと、日本神話の世界の中での、その総合性が特徴として論じられなければならないのだ。

3　ギリシャ神話との類似性

レヴィ・ストロースの見た日本神話

日本神話をどう見るかという問いを、これまでのように権力者が保身のために作ったものであるという津田左右吉以来の戦後の俗論を超えて、日本神話の豊穣さを取り戻して日本民族の遠い記憶そのものに立ち戻らなければならない。

二十世紀の最も注目すべき文化人類学者、レヴィ＝ストロースは次のように『記・紀』の印象を語ったことがある。

《『古事記』はより文学的ですし、『日本書紀』はより学者風です。しかしスタイルこそ違え、どちらも比類のない巧みさをもって世界の神話の重要なテーマのすべてをまとめ上げています。こうして「日本神話」は広大な大陸の末端周辺部に位置し、また長く孤立していたにも関わらず、その最も古い文献が、他の地域ではバラバラの断片になった形でしか見られないさまざまな要素の完璧なる総合を示しえたのはなぜかという、日本文化の根本問題が提起されます》。

この引用文は昭和六十一年（一九八六）にレヴィ・ストロースが霧島、高千穂など『記・紀』の舞台となった地を訪れた後の講演で語られたものである（大久保喬樹『見出された「日本」』平凡社、二〇〇一年）。

この「日本文化の根本問題」とは何か。文化人類学者であるレヴィ・ストロースは別のところで次のように言っている。《神話的思考は、観念の間に関係を設定するかわりに、天と地、地と水、光と闇、男と女、生のものと火にかけたもの、新鮮なものと腐ったものなどを対置します。こうして色彩、手ざわり、味わい、臭い、音と響きといった感覚でとらえられる質を用いた論理体系が出来上がるのです。神話的思考はこれらの質を選び、組み合わせ、対置することによって、何らかの暗号化されたメッセージを伝えるのです》(『レヴィ・ストロース講義』平凡社、二〇〇五年)。この言葉どおり、日本神話を先入観なく、何らかの「暗号のメッセージ」として受け取らなければならないのである。

さらにレヴィ・ストロースは付言する。それは神話が科学に十分に拮抗する、ということである。《科学が進歩すると同時に、時空間のスケールの拡大によって、対象となる現象は人間の知的能力を超え、それを思考によって統御することはますます困難になっていくと、私たちは思い知らされていきます》(同上)と、宇宙物理学の宇宙がニュートンの重力支配の世界と異なるもう一つの世界としてあること(ビッグバンによって始まる)を例に挙げて、宇宙科学が《知的能力を超える》ものであることを、進歩する科学の歴史の帰結として論じているのである。

《この意味では、宇宙の歴史は私たち死すべき人間にとって、ある種の大いなる神話の相貌を帯びてきます。なぜならそれは特異な出来事であり、一度限りの、繰り返しのつかないものとして、その現実性を検証することの決して出来ないものだからです》(同上)

日本神話もまた、そこに歴史に連続するメッセージを持っているのであり、それ自体の矛盾や錯綜を、この神話の作為性の破綻と見てきたことを改めなければならないのである。ありのままの神話に戻らなければならない。

むろんこれまでも各国の神話との類似性は、比較神話研究者から指摘されてきた。しかし日本神話もお隣り、中国・朝鮮からの借り物であろう、とする論法が、そのことを軽いことがらに見せたのである。たとえば、天地開闢以前の状態が、鶏卵のように混沌としていることが、そこに「牙（きざし＝兆し）」が含まれていたというだけで、中国の張衡の渾天儀に見られ、それが『晋書』天文志の真似だとされていたのである。あるいは前漢の『准南子』や、唐代当初の百科全書『芸文類聚』や『三五歴記』などから取ったのだろう、とする。

ところが、共通するのはその部分だけである。にもかかわらず今日の研究者は、他の部分は模倣であることを悟らせないための創作である、と強調したりする。しかしそれは記述者自身の記憶から造り出したものであって、一部分にすぎないのである。共通するのは、中国、朝鮮神話だけではないのである。

ギリシャ神話との共通性

『記・紀』自身の神話がいかに世界の神話の中で、豊穣な内容を持っているか。私はよく知られたギリシャ神話との関係で触れてみたいと思う。これまで比較神話学者によって指摘されてきたところでは、日本神話とギリシャ神話の親近性の例として、イザナギとイザナミの物語は、オルフェウスとエウリュディケー神話と、天照大神とスサノオノミコトの姉・弟の神話は、姉デメテールと弟ポセイドンのそれと関係づけられている。ただ興味深いことに、このような近親相姦によって異常な子、病の子が生まれることを明確に語っているのは日本神話だけである。蛭子が生まれ、《この子は三つになっても脚が立たなかった》と書かれている。女性が先に愛の言葉を吐いたのが悪かったのだ、ともう一度、求愛の方法を男の方からやり直すことになるのだが、しかしこうした事実を記していること自体、日本神話の方がより細部を語る精神があったことを示している。あるいは生の状態を示すものかもしれない。ギリシャ神話は、それを隠すことによって、神々の超越性を示そうとするのである。神もまた人間同様であるというこうした日本神話の語りは、人々の同感を得る一因をつくったであろう。

レヴィ＝ストロースは近親相姦の禁止が、人間の自然状態から文化状態に進歩することだと述べているが、これは一つの見解であって、文化状態にあっても近親相姦は必ずしも絶えることはないのである。ただ近親相姦によって生まれる子の存在を受け入れる社会と、それを抹殺して忘却に付す社会の差があることは指摘せざるをえない。

イザナギとイザナミが日本の島々十四を生み、自然神三十五柱を次々と誕生させたあと、火の神を生んだために死の憂き目に遭い、御隠れになる。イザナギはイザナミのいるその「黄泉の国」に下り、還って来るように呼びかける。しかしすでにイザナミは冥界の食べ物（ヨモツヘグヒ）を食べてしまったので、還れないという。しかし冥界の神と相談してみると言い、自分の姿を決して見てくれるな、と厳命する。しかししびれを切らしたイザナギは思わず「黄泉の国」に入って、その姿をこっそり見てしまう。イザナミの恐ろしい姿に思わす逃げ出し、イザナミも地獄の手下を使って追わせるが、やっとの思いで逃げることが出来た。

オルフェウス・エウリュディケー神話では、詩人で音楽家のオルフェウスの妻エウリュディケーが毒蛇に咬まれて死んでしまい、夫は悲しみ、「冥界」に旅に出る。しかし妻は「冥界」の食物ザクロを食べたために戻れないという。しかしその気持ちが「冥界」の神ハデスに届き、地上に出るまで絶対に振り返ってはならない、という条件でエウリュディケーを地上に返す。もう少しで地上だ、というときに、背後に妻の気配を感じられなかったので思わず振り返ってしまう。それで約束を違え、妻は永久に戻れなくなってしまった。

この二つの物語で似ていることは、妻の死とその冥府からの連れ戻そうとして失敗する、という愛の悲しみを語っていることである。それも死というものの真実を見てはいけない、という人生の掟のようなものを夫が常に破る、というある愚かさを戒めている点で東西共通な夫婦観を、生と死の対比の中で語っていると言ってよい。たしかに、文化人類学者レヴィ＝ストロースの言うように、こうした神話の中に意味や教訓を読み取ってはいけないのかもしれない。しかしオルフェウスの物語を知らなくとも、神話の口誦者、稗田阿礼は日本人の記憶の中に、遠く伝わる夫婦の悲しみの物語が、イザナギ、イザナミの中で語られていることを知っていたのである。

ギリシャの神話との連関はアマテラスとスサノオの関係にも見られる。この二神は、兄・妹のイザナギ・イザナミと異なって姉・弟の関係にある。この関係はギリシャ神話ではゼウスの姉の太陽の女神デメテールと弟の海神ポセイドンの関係と似ている。この類似性の所以は、日本神話もギリシャ神話もこのような兄妹、姉弟の関係での近親相姦に男女の自然な愛の関係を見るからであろう。ただオイディプス神話の如き母子の相姦関係が日本神話に見られないのは、姉弟の関係と異なって見ていたからであろう。

スサノオが姉アマテラスの支配する高天原から追放されると、引き返して天上に上っていこうとする。その震動に驚いて、アマテラスは戦闘の準備をするが、スサノオの尊に攻撃の意思はなく、代わりに二人で契りを結ぼうと提案する。アマテラスも弟のそれを受け入れたが、その後、スサノオの尊は勝ち誇って狼籍を働く。

アマテラスが神聖な機屋に入って機を織っているときに、スサノオは皮を剝ぎ取った馬の死体を上から投げ込んだ。これに驚いた機織りの女（またはアマテラス自身—『日本書紀』）が梭を性器に突き刺して死んでしまったので、アマテラスは恐しくなって、岩屋に閉じこもってしまう。そのため世界は暗黒になり、困った八百万の神々は、岩屋戸の前で祭りを行い、アメノウズメが神がかりになって胸や性器を出し踊り狂ったためにどっと沸き立った。不思議に思ったアマテラスが岩屋戸を細めに開いたところ、その機会を捉え引き出され、天地はまた光を取り戻した。

この話はちょうど、太陽と豊穣の女神であるデメテールが弟の海神ポセイドンに性的な暴行を受ける（女神が牝馬に変身していたときに雄馬となって交合する）物語と似ている。女神が怒って洞窟に隠れると、世界は光を失い、大地は実らなくなる。そこで侍女のマンベーが性器を見せて滑稽な仕草をしたところ、女神も笑って機嫌を直し、天地は光を取り戻したという（吉田敦彦『ギリシャ神話と日本神話』みすず書房・他）。

この共通した話は「日食」という太陽現象を説明するために東西で同様に作られた神話であるからかもしれないが、そこで性的な暴行や、性器露出が女神を社会復帰させる原因となっているのが興味深い。理性では推し測れぬ人間性を示していることが、東西共通した神話の示すことなのだ。

さらにギリシャ神話との注目すべき共通性はヤマトタケルの英雄譚にも表れている。

ヤマトタケルには双子の兄弟オホウスがおり、その兄弟を殺害したことが書かれている。一方、ギリシャ神話におけるヘラクレスにもイピクレスという名前の兄弟がいて、やはり悶死している。ヤマトタケルは《幼くして雄略しき気有します。壮も及りて容貌かい威し。身長一丈、力能く鼎を扛げたまふ》と書かれ、まさにヘラクレスを思わせる。同じように不幸な運命から難行を課せられ、それに耐えぬく、という英雄譚となっている。

同じような悲劇は、父景行天皇から命じられた難行の熊襲の征伐をようやく果たした後、出雲の国に立ち寄った際、イズモタケルと友誼を結びながら、彼を殺してしまうところにも見られる。それは、ヘラクレスが親友であったイピトスという人物が訪ねて来たとき、なぜか城壁の上から突き落としてしまったのと似ている。互いに自分の盟友としてきた友人を騙し討ちのようにして殺してしまうのである。そしてその不実を呪うかのように、最後は悲劇的な死を迎える。

一方は全身を毒に冒されて苦しんで死に、他方は氷雨に打たれて雨の毒に冒されて死ぬのである。それだけではない。ヤマトタケルがミヤズヒメとの愛欲に溺れた話は、ヘラクレスのイオレに対する愛欲がその死の原因の一つとなったことも似ている、と吉田敦彦氏は指摘している。つまり⑴肉親の殺害、⑵盟友に対する騙し討ち、⑶不倫の性愛への耽溺、という三つの要素が、二つの神話に共通するのだ（インド神話のインドラという戦神にも見られるという）。

日本神話とギリシャ神話の筋書きの一致は偶然ではなく、共通して、人間そのものの本質を語ろうとしていると考えられる。ただそれは、一定の教訓を示すためというのでなく、それ自体が人間の生の実態を暗示的に示すことにより、人々に人生の体験を実感させるのだ。私は神話の中にモラルや政治的教訓が込められているというよりも、こうしたある種の文学的な記述が、生活の実体験との関連を呼び起こし、共同体としての普遍的な男の人生の性の面白さをメッセージとして暗号化しているように見える。

そのことは、日本民族がいかに世界と共通性を持っているかを示している。時の政権の権威を守るための創作といったものではない。こうした共通性は、同時にこのようなギリシャ神話が、遠く大陸を超えて伝わってきたという事実を示すものである。時代的には、こうした西洋神話の方が早いからである。多くの神話学者が日本神話とスキタイ、ポリネシア、マオリ、メラネシア、南米などの神話との関連性も指摘している。しかし私が西洋人の神話との関連をとくに注目するのは、西洋文明と日本文明という「近代」において拮抗する両文明の共通な様相に注目するからである。

4 『旧約聖書』と日本神話

神話の創世記

ここで西洋文明の根幹となったキリスト教の神話的部分、すなわち『旧約聖書』と日本神話の共通性に眼を注いでみよう。この二つの神話の共通性は、全く運命が異なる二つの民族、一方が流浪の民となったユダヤ民族と、他方は島国という安全地帯に定住したヤマト民族の、一方が幻想の中の、他方が自然と共に生まれた、一つの統一国家としての長い歴史を記しておきたいという共同体の感情を語ったものである。これは俗説として流布する「日猶同祖論」とは別のものである。ここでは神話の中の類似性が、共通な民族の記憶の同質性を開示していることに関心を持たざるをえないのである。

まず日本神話の「神代史」が、「皇室の権威の由来を説く」というのなら、それは決して日本神話だけではないことを、『旧約聖書』が示しているのである。これこそユダヤ民族を守り、その王たちを権威づけるためには絶大な、神の子孫であるという西欧で信仰されている神話なのであるからだ。
《初めに、神は天地を創造された。地は混沌であって、闇が深淵の面にあり、神の霊が水面を動いていた。神は言われた。「光あれ」こうして光があった。…第二の日、神は…大空をつくり、これを「天」と呼んでいる。…神の言葉はたちまち現実となり、神は乾いたところを「地」と呼び、水のあつまったところを「海」と呼んだのだった》。

ここに書かれているのは、自然でさえも神が創られたとする神話である。この絶大な一神であることは、それが生み出すすべてのものを権威づけている。そしてユダヤ民族が選ばれた民であることを肯定するのに強い確信を与えている。

しかし日本の神話はどうであろう。《むかし、天と地とがまだ分かれず、陰と陽ともまだ分かれていなかったとき、この世界は混沌として卵のように決まっていなかったし、また、それはほの暗く、広くて、物のきざしはまだその中に含まれたままだった。やがて清く明るい部分はたなびいて天となり、重く濁った部分は漂って地となった、…天がまず出来上がって、地はのちに定まった。そうしてのちに、神がその中に生まれたもうた》（口語訳・井上光貞編・中央公論社）。この日本神話の方は、神より前に自然があり、それが自ずから生成し、その自然から神が生まれているのである。ここには民族の性格は語られても、その唯一性は語られていない。天地のはじめのとき、神々の国（高天原）にまず姿を見せた神の名はアメノミナカヌシノカミ（天之御中主神）であり、次にはタカミムスヒノカミ（高御産巣日神）、そして最後にカミムスヒノカミ（神産巣日神）が見えた、という。この三柱の神々が「造化の三神」と呼ばれる。

『日本書紀』ではこの「造化の三神」は現れないが、六つの異伝があったと述べられており、その一つであったことが分かる。こうした『古事記』と『日本書紀』の矛盾は、六つの異伝でも分かるように、皇室神話を支配者が勝手に作ろうとしたものでないことを示している。

そして七代の神の系譜が述べられた後、イザナギとイザナミの国生みの話に続いていく。すでに述べたように、このイザナギ、イザナミは兄・妹であり、この兄・妹の結婚という近親結婚は、アダムとエヴァが肉親であること、すなわちアダムの肋骨からエヴァが生まれたことと共通するかもしれない（これはさらに言えば、遠く世界の最も古い神話の一つとして知られるエジプトの「オシリス神話」にまで遡るのかもしれない。オシリスとイシスは兄・妹で結婚する。ここでは兄の方が、弟のセトに殺され、「冥界の王」となる。日本神話では妹の妻の方が「黄泉の国」に赴くことになっているが、「冥界」の二神の交流の試みは似た世界を感じさせる。このオシリス神話との類似性は日本神話の根の大きさを思わせる）。

日本神話の創世記である「神世七代」がちょうど「天地創造の七日間」に意味的に対応するし、イザナギから三柱の神、アマテラス、ツクヨミノミコト（月読尊）、そしてスサノオノミコトが生まれるが、それぞれ高天原、夜の食国、海原を治めるように命ぜられる。それが大洪水で残ったノアの子がやはり三人で、セム、ハム、ヤペテがそれぞれ東方の山セファル、エジプト・カナンの地、そして海沿いの国に住みついたことに対応するかもしれない。

あるいはオオクニヌシ（大国主）の尊とヤコブの似た物語である。二神とも兄弟がおり、その兄弟と常に争い、いつも狙われるが、善行を行うために誰かに守られる。オオクニヌシはスサノオに難題をふきかけられるが、それはヤコブが叔父ラバンに同様に従えさせられようとするのに似ている。しかしともに、最後には和解するのである。

神武天皇とモーゼの共通性

両神話においてとくに注目すべきは神武天皇とモーゼとの共通性である。ともに国を統一し建国しようとする。神武天皇は九州から東の大和へ向かい、モーゼもまたエジプトから東へ、イスラエル人を率いて神に約束された土地カナンに向かう。一方が、統一するまで十六年間かかり、他方が四十年以上かかる。その長さから、ともに統一が容易ではなかったことを暗示する。神武天皇の兄五瀬命（いつせのみこと）は東征中に紀の国で命を亡くす。モーゼの兄アロンも国境のホル山で死亡する。

神武天皇は大和へは直接向かわず、紀伊半島に迂回するが、モーゼもカナンに入れず荒野を流離することになる。神武は天から遣わされた八咫烏に導かれるが、モーゼも神の導きで行動する。熊野で大熊に出会い正気を失うが、アマテラスの横刀（たち）の力により回復する。モーゼの一行も蛇に襲われるが、神ヤハウェの指示に従い青銅の蛇を拝んで生き延びる。ともに東征したにもかかわらず、その統治の時代のことが述べられていない。

天皇の統治については日本神話では第十代の崇神天皇からしか、具体的に語られない。《初国知らし（はつくにしらし）》と称され、その統治下で《天の下太く平らぎ、人民富み栄き》と『古事記』には書かれている。これは『旧約聖書』では二代目のダヴィデに相当する。崇神天皇の時代に多くの民が疫病で亡くなるが、オオモノノヌシ（大物主）を祀ったところ止んだという。ダヴィデの時代も飢饉が起こり、一代目の王サウルに殺されたギブオンの人々の願いを聞きいれ飢饉はおさまる。崇神天皇は《識性聡敏し。幼くして雄略を好みたまふ》と言われ、善悪の判断する能力の高く、勇気があることを称えられている。これはダヴィデの彼を殺そうとする前王サウルを争わず、敵の巨人ゴリアテに勇敢に立ち向かう性格と共通する。崇神天皇は《壮にして寛博く謹慎みて、神祇を崇て重めたまふ》と語られるが、ダヴィデに関しても「サムエル記」に《ダヴィデは全イスラエルを治め、そのすべての民に正義と公正を行った》と書かれている。崇神天皇が神を崇える指導者であったのと同様、ダヴィデもまた神を称える指導者であったのである。

むろんこうした共通な物語は偶然的な類似と理解されることが多い。とりたてて深く関連性を追求されてこなかったかもしれない。民族を導く指導者には多かれ少なかれ同じ過程を辿るものだと判断されるのかもしれない。

しかしこの『旧約聖書』ほどの、選民性と、王の正統性を説いて初めて津田左右吉の言う「皇室の正統性」が語られるべきものであり、同時にこのような神話は、決して時の朝廷の作為でなされるものではない、ということを理解しなければならない。日本の絶対神の不在は、まさに日本民族の民主性、平和性を示すものに他ならない。

ギリシャ神話との関連性が断片的なものであるのに比べると、日本神話と『旧約聖書』の類似性は大きく、他方でその相違がそれぞれの民族の特質を際立たせる。それは王の系譜を感じさせるものであるとともに、両民族の歴史の異質性も理解させる。『旧約聖書』が西洋のキリスト教の根拠だとすれば、日本神話は日本人の神道の根拠を与えるものなのだ。この西洋と日本を形づくる二つの神話によって、近くて遠いことを認識することにより、日本人は世界に独自のメッセージを送らなければならないのである。

第Ⅱ部　奈良平城京で華開く「古典文化」

盧舎那仏坐像（東大寺蔵／飛鳥園提供）

第七章　奈良遷都と藤原不比等の役割

1　平城京への思い

平成二十二年（二〇一〇）は奈良遷都から千三百年目の年で、奈良は記念行事に沸いた。私もまたここ数年、奈良文化が日本文化の「古典」を創ったとする論考を書き続けている。この時代が日本の文化のみならず、政治、産業、軍事などあらゆる意味においても「古典」時代であることは、現代において強く認識されなければならないからである。この時代は「古典」、つまり国家日本の原型と理想を示しており、決して「古代」の名で、過去の一頁とすべき時代ではないのだ。そこにあるのは、国家共同体の確立の自信である。国家は「近代」に成立したとする観念は、西洋の「近代」史観にいたずらに影響された蒙昧な考え方である。本書ではこれまでこの時代に至るその前の時代の文化を考察してきたが、いよいよ本章から奈良とその文化を論じよう。

ところで、こうした私の天平文化に寄せる熱い態度を、よく保田與重郎や亀井勝一郎の「日本浪曼派」の動きに擬する向きもある。同じ大学の美学・美術史学科で学んでいた点も同じである、という。しかし私は彼らの「浪漫」は持ち合わせてはいない。

亀井は言う。

《すべての古典に対する真の愛情は廃墟への感傷に始まる。世の中から忘れ去られて、なかば埋もれたまま荒廃してゐるところに赴き、人しれずその生命を求める。さういふ労苦と寂寥に耐へてはじめて古典の復活はあるであらう。神社仏閣のみならず、文献もまたさうだ。現在あまねく流布してゐる万葉集も、今日のごとく整備されるまでにはどれほど先人の孤独な労苦を経たか云ふまでもなからう。殆ど一生を賭して復興をはかつたのだ。信仰が彼らを導いたのだ》（『大和古寺風物誌』一九四三年）

ここにあるのは「荒廃」に対する哀惜の念である。「古代」に対する「信仰」であり、補修・再興に対する疑義である。それは保田も共通する。《水田をあらし、土地を掘りかへすことに専心してゐる考古学に疑問を呈する。《平城宮址を買ひ上げて、掘り起し、公園にしたり、などするやうなことは、絶対やめてほしい》（「平城京址現状保存の訴へ」一九六二年）。自己の抱く「古代」への「浪漫」を汚されたくないのだ。

私の立場は考古学的な進展も、復元もそれが忠実なものであれば推し進めていくべきであると思うし、そのような懐古の情を超えて、この時代の人間的価値、普遍的価値を我々は共有すべきである、というものである。その価値観を現代の多くの人々が改めて持つことによって、素人的なものに堕した現代文化の低迷を克服する必要があるのだ。あの時代の文化の方がはるかに深く、価値がある。それが解らなくなった素人の生半可な理解の仕方が、大手をふってまかり通っているのが現代であるのだ。

2　藤原不比等の役割

マルクス主義的階級史観の影響

戦後の日本の「古代国家論」は大きく二つの見方で捉えられてきた。すなわちその一つは律令国家における天皇を「古代的専制君主」とし、「天皇絶対権力の拡大、機構化」がこの時代においてなされたものとする見解であり、もう一つは律令制の実態を専制君主制と見なさず、君主制形態を採った「貴族制的支配・貴族共和制」と見る見解である。さすがに一番目の天皇を「古代的専制君主」などと見る陋劣な見方は流行らなくなったが、二番目の「貴族制的支配」がどうやら支配的な見解となっている。

しかし共に、支配下の国民がそれに屈従するか、それに抵抗していると見るマルクス主義的階級史観であることは明らかである。階級というものが絶対的に存在する、というマルクス主義的当為は、西洋の言語だけが先行する理論の一つであり、西洋的フィクションである。日本人は現実的な社会は、それと異なって動いているのを知っている。この階級闘争史観は歴史を見誤るし、とくに日本史の中では成立しないことは、少しでも実態に近づけば明らかである。そこには、役割分担による調和的な政治への努力が見られるし、律令時代以後の政治は、その組織づくりと言うことが出来る。階級闘争史観ではなく、「和」をもって尊ぶとする、役割分担史観によって社会を描き出さねばならないのである。

たとえば藤原不比等の役割の問題がある。この人物については前記の「貴族制的支配」史観では、それを行った藤原政治の張本人であり、その階級支配を実現した人物として捉えられる。しかしマルクス主義は常に人間を物質的な欲望、権力的な野心に満ちた存在と考え、その志向に従って生きるものだ、というあさましい人間観で支えられている。それは人間の本来のあり方を取り違えていることは明らかである。歴史上の人物たちがみな品性を失っているかのように見るのがマルキストたちの見解である。つまりそれでは、不比等がなぜ天皇にならなかったか。あれほど最高権力に近づいた藤原家がその後も、決して天皇の地位を奪わなかったこと自体の説明をどうするのか、に答えられない。

藤原不比等の経歴

少し彼の経歴を見てみよう。不比等は持統天皇三年（六八九）に判事に任命されて以来、順調に出世したと言われる。判事になったことで、彼は刑罰の実態への考察を重ね、それが後の「大宝律令」、「養老律令」の編纂に大いに役立ったに違いない。持統天皇十年（六九六）には資人五十人の一人となり右大臣、大納言の次の位となった。持統天皇の孫である軽皇子が文武天皇となられ、不比等の娘、宮子がその夫人となった。これにより、不比等の政界における立場は大きいものとなる。天皇はまだ十五歳であり、その配偶者の選択には持統上皇の意志が大きかったに違いない。その上皇との仲介をしたのが不比等の妻である、県犬養三千代だったと考えられている。天武天皇の時代から宮廷に勤め、軽皇子の養育係でもあった。文武天皇は内親王の中から皇后を立てられなかったから、宮子は後宮の首位を占め、その子が天皇の地位に就かれることが決定的になった。こうして不比等は天皇の外戚となった。

この不比等の娘、宮子が文武天皇の妃になり、皇族からの皇后を取らなかったことを、不比等の策略と取る史家も多いが、病弱な草壁皇子、文武天皇の虚弱な体質を知る天皇家としては、外からの血は必須なものだったはずである。そのことは史料にあまり書かれていない。

持統上皇と文武天皇が、刑部親王・不比等らに編纂を命じた「大宝律令」は、日本の国家を確立した法律であった。令として、天武天皇の時代、「飛鳥浄御原令」が作られていた。しかしそれを完成させる事業が求められたのである。不比等の功績はその作成に求められるべきであって、彼の天皇家への接近の野心だけを際立たせるべきではない。それは結果の問題である。

文武天皇と持統上皇は、父の藤原鎌足から引き続いて天皇への補佐をしてきた不比等の功績を認めて、食封五千戸を与えると発表したが、不比等はそれを（過分なものとして）辞退したので、二千戸に減らして受理させた、という『続日本紀』の慶雲四年（七〇七）四月十五日の記述がある。それをこの権力者の偽善的態度だととる人が多いが、不比等の謙虚さを無視すべきではない。この態度はこのときだけではない。後で述べるが死の間際まで続くのである。ともかく藤原氏の氏寺である興福寺を、中央の皇宮の隣に建てるのではなく、東端の外宮に置いたことでもそれが推測出来るのである。

不比等は、自分の役割はどんなものであるかを弁えていたと見なければならない。

「東大寺献物帳」の記録

「正倉院文書」の中の「東大寺献物帳」に次のような記述がある。それは不比等が、天皇に準じる扱いであったことを示している。

《黒作懸佩刀（くろづくりかけはぎの）一口

右の刀は草壁皇子が常に佩持していたものであるが、太政大臣（藤原不比等）に賜う。大行天皇（文武天皇）が即位のときにこれを献じた。天皇が崩じたときにまた大臣に賜った。不比等が亡くなったときに、聖武天皇に献じた》

（宇治谷孟・口語訳）

天武天皇と持統皇后の子、草壁皇子は皇太子になったが病弱だった。大津皇子の自害後、二年半の後、薨ずることになる。元来は天皇になるべき皇子であったが、幸い男子が生まれ、文武天皇となられた。文武天皇の崩御の後、刀は再び不比等の元に戻り、さらに聖武天皇に献じられた。黒漆で鞘や柄を装飾した刀は、いわば天皇の男子が持つべきもので、女性天皇のときに不比等が戴いたものである。上山春平氏はそこに女性天皇の不在を指摘して、男性天皇への移行を不比等に任されたと推測した（「藤原不比等」『上山春平著作集』第四巻、法蔵館、一九九四年）。

ここに万世一系の天皇の存続に対して、常に男系を貫くために、周囲にいて補佐する役割の人物が必須であることが明確になった。しかも皇室の人間関係をよく知った、信頼できる存在が必要とされることになったのである。

何よりもその側近（不比等）にとって重要だったのは、万世一系の天皇の継続である。鎌足・不比等に下賜された「しのびごとの書」というものがある。鎌足・不比等の子孫に格別の待遇を与え、子孫を絶やさないことが明記されており、それを根拠に子孫の藤原永手が大臣に任じられている（『続日本紀』天平神護二年正月甲子条）。

《正月八日（称徳）天皇は次のように詔をした。

今、次のように仰せになる。口に出して申すのも恐れ多い近江の大津宮で、天下を統治された天皇（天智）の時代にお仕えした藤原大臣（鎌足）や、のちの藤原大臣（不比等）に天皇から賜っている「しのびごとの書（ふみ）」（誄（るい）・死者の功績をたたえ、その霊を慰めることば）に、「藤原大臣の子孫の、浄く明るい心をもって朝廷にお仕え申し上げる者を、必ず相応に処遇しよう。その跡継ぎを絶えさせることはない」とのべられているので、いま藤原永手朝臣に右大臣の官を授けよう、と仰せになる天皇のお言葉を、みな承れと申しつける》（同・口語訳）

これと同内容のことが宝亀二年（七七一）二月己酉条にも見られる。

《この永手が薨ずるに及んで、天皇は大変いたみ悲しまれた。…大臣のあなたは万の政務を総括し、怠りたるむことなく、曲げ傾けることなく、皇族や臣下たちをあれこれと差別することなく、すべて公平に奏上した。また公民の身の上についても、広く厚く慈愛をもって奏上した。…また藤原の宮では天下をお治めになった天皇（持統・文武天皇）の御世には祖父の太政大臣（藤原不比等）がまた明るく浄い心をもって、天皇の朝廷をお助けしお仕え申し上げてきた。…》（同・口語訳）

藤原鎌足や不比等のような天皇に忠実で有能な存在が、天皇の地位の継続にとって必要だったのである。単に政治的に補佐するだけでなく、天皇家の事情に通じ、男系の維持に意を注ぐ存在が必要だったのだ。《跡継ぎを絶えさせることはない》ということは、天皇が藤原家の天皇家に対する役割をよく認識していたことを意味している。とくに称徳天皇が女性天皇であるだけに、藤原永手の死は大きかった。折から道鏡の問題があったから尚更である。そのための周囲の配慮と組み立てに側近の一つの仕事が必要だったのである。

「大宝律令」に込めた不比等の思い

注目すべきは、不比等が編纂した「大宝律令」には天皇の行為に直接関わるような規定は設けられておらず、天皇が実際の政治から超越した存在とされたことである。これは日本の法律という文字による規定というものが、天皇におかれては決して有効にならないという国民の了解がすでにこの時代にあったからと見ることが出来る。畏れ多いものは文字で記すことは出来ない、という日本人の神道的心情が、この律令に表れているのである。不比等はそうした心情をよく知っていた。

むろんそれは、天皇は律令外であるので専横をふるってよい、ということを意味しない。天皇が決められることはすべて、国民―貴族（官人の五位以上は貴族となった）との合議によるものであり、それはまさに不比等のような賢明な官人を周囲に持つことの重要さに通じている。「近代」になって、明治憲法下で、天皇の統治を規定したときも、それは同じことであった。昭和の戦後憲法で、象徴とされたことも似たものであったのである。それは文字によって規定することの出来ない「空気による権力」だったのである。

平城京の北の中央に平城宮があり、その中に朱塗りの柱に白壁の朝堂院・大極殿がある。天皇がそこで政務や儀式を執り行われる公的な場所である。その北門から回廊づたいに内裏が続き、その内裏は白木の柱による檜皮葺の建物で、日常生活を営まれる私的な場所である。興味深いのは、公的な場所が唐風であり、（明治以降、洋風になる）、私的な場所が和風であることである。つまり形式的な場所に外国風の建物を使い、漢字で書かれた法律をそこで使うのである。日本人にとって律令による行政そのものが、文字言語の場所であり、日常生活が、口語と動作による口誦言語の場所であったことになる。それは、

「たてまえ」と「ほんね」の別だ、と言いかえてもよいであろう。あるいは「ハレ」と「ケ」の場所と言ってよいかもしれない。

つまりそれは中国（や近代においては西洋）から来た世界への対応としての言語世界、つまり律令世界と、書かれたものが何もない神道に基づく現実世界の二つの世界を、日本人は意識することになったということである。「律令」という文字・言葉の世界と現実の世界との分離であったとも言える。この時代、天皇が率先してその二つの世界の分離を意識され、またその共存を実践される形を作られた、と言ってよいのである。

「大宝律令」には天皇の政務のことは何の規定もないが、後宮の制度は詳しく規定している。その規定を「養老律令」の中の後宮職員令で見てみると、まず皇后（正妻）を除いて妃が二名、夫人が三名、嬪が四名の合計九人が天皇に最も近い女性として選ばれる。ついで後宮十二司と呼ばれる官女たちがこれを取り巻くのであるが、約四、五〇名の役職のある官女（尚侍典侍）だけでも相当数に上るのに、さらに一四〇人ほどの女嬬が各種のサービスに努め、別に六〇人ほどの釆女がいたという。つまりざっと二〇〇人の女性によって天皇と内裏が守られていた、と言ってよい。そこには天皇の直系を出来るだけつくる智恵がある。皇后は皇族が望ましいが、皇子がない場合は、そこから可能性をつくりだすことが出来る。

藤原不比等が後妻に迎えた橘三千代は、この二〇〇人近い官女たちの総取締役であった。このことで、不比等は天皇家の継続を私的な面まで観察することが出来たのである。天皇におかれては、誰かにこの役割を演じて欲しかったと思われる。それを単に不比等による天皇への接近の野心とだけを見てはならない。それは、想像力の欠けた歴史家の単純な見方である。

不比等が自分の特権を利用していたと決して言うべきでないのは、次のような記録でも分かる。それは不比等の子供の教育に関してである。『武智麻呂伝』によると、武智麻呂が大宝元年（七〇一）に内舎人（うどねり）になったとき、不比等の家令（家政をつかさどる者）である小治田志毘（おはりだしび）は、藤原氏の嫡子がこのような低い地位につくことに大いに不満であった。しかし不比等は、これは国家が新たに制定した制度に基づくもので、決して恥ずべきことではない、と述べたという。不比等自身が編纂に携わった「大宝律令」の前では、家柄も地位も平等でなければならないと考えているのである。律令を順守することが官人としての訓練となると考えた結果である。

不比等の謙虚な態度は左大臣石上麻呂が霊亀三年（七一七）に亡くなった後にも見られる。左大臣の死によって右大臣の不比等は、名実ともに第一人者となったが、翌年、元正天皇から任じられた太政大臣の職を受けなかった。左大臣でいいとも言わなかった。そうした行為をただ皇親とか他の氏族の反感を買うのを恐れたとか、その職の任につく能力がなかったとか、単純思考の歴史家によって常に否定的に解釈されるが、不比等自身が太政大臣がどういう地位であるか、よく知っていたのである。「律令」制定に関与した不比等は、太政大臣が《その人なければ即ち闕（か）く》という地位であり、天皇の師であり、国家の模範となるという高い人格を持つ存在であることを深く認識していたのだ。自らがそれにふさわしい者だと思われなかっただろう。自己の権威を飾ることを自ら固辞したと考えた方が理に適っている。

不比等の死後の評価

養老四年（七二〇）右大臣藤原不比等は病の床につき、八月三日六十二歳の生涯を終えた。逝去の前日に「都下四十八寺」において『薬師経』が読まれたことが伝えられている。京の全寺院が不比等の回復の奇跡を祈ったのである。ここで不比等が仏教の側からも尊敬されていたことを推測させる。死後二カ月経った十月、その葬送にあたり、元正天皇により大納言長屋王が不比等の邸宅に遣わされ、太政大臣正一位を贈られた。

不比等の一周忌の翌年八月に興福寺の北円堂が完成し、弥勒像、脇侍の菩薩像、四天王像などの塑像が安置された。不比等の妻、三千代はその追福のために興福寺金堂に弥勒浄土をつくり供養した。この興福寺は藤原氏の氏寺であるが、京の中央に建てられたのではなく、すでに述べたように外れの下京に建てられたものである。この中金堂の本尊は、丈六釈迦如来像で、脇侍四体（十一面観音像二体、薬王・薬上菩薩像）であった。これらは現存していないが、すべて寺の仏師の手になる美しい仏像であったに違いない。

不比等は戦後の歴史家によって、私欲の強い俗人政治家として見られるが、彼は仏教徒であり、同時に神道の徒であったことに注目したい。というのも父、鎌足は篤い信仰心を持っていた。山階（科）の土地に山階寺を建立し、それは、藤原京に移ってから厩坂寺となり、平城京に移ってから興福寺となったのである。そうした氏族の宗教的環境に育ったのである。不比等が平城京遷都を意図し、そこに「律令的国家仏教」を形成したというとき、その仏教自身の内容のことを考えたに違いない。ただ政治的に利用しただけではないのである。あらゆる経典が人間の個人の悟りを説いているのである。

私が学生時代その授業を聞いた井上光貞氏は、この「律令的国家仏教」の特質は、第一に国家が寺院および僧尼を統制したこと、第二にその統制の範囲内で国家が仏教を保護育成したこと、第三に国家が仏教に対して、その哲理・思想よりもむしろ呪力をもって国家の繁栄をもたらすことを期待したこと、の三点を挙げている（『日本古代の国家と仏教』）。こうした規定がいかにも無味乾燥であり、国家が常に仏教を支配し利用したことだけを強調していたことに、私は不満を持っていた。私がその後大学で、西洋学の方向に行ったのも、このような日本史家のおかげである。とにかく彼らの語る日本史は乾いて、灰色のトーンに満ちていた。

不比等一人の歴史的位置をとっても、日本の史家たちの硬直した理解の仕方が分かるであろう。政治的理解の前に、文化的理解がないといけないのである。仏教という本来の宗教の教えが存在し、それを体得しようとする人々の心情を理解しない限り、政治史など理解できないはずである。

3　平城京遷都の実態

遷都の背景

藤原京を平城京に変えた理由は何であったか。そして最も有力な左大臣の石上朝臣麻呂がなぜ藤原京に残されたか。不比等より上の左大臣が残り、右大臣が平城京遷都を進めたことに、すでに述べたように不比等の専横を指摘する史家も多いが、かえって「みやこ」にしない方がよいという、藤原京に対する別の判断があったと言ってよいのである。

慶雲四年（七〇七）二月十九日、天皇は従五位以上の諸臣に詔を下し、遷都のことを審議させており、その結果を受けて、最終的な決断は、天皇によってなされたことであった。ただ当の文武天皇が六月に崩御されたため、跡を継いだ元明天皇が断を下されたことになる。藤原京は、天皇を中心とした「百官の府」となり難い、という不比等の判断が平城京遷都を決める大きな理由となったことは前章で述べた。

これまで、よく言われるのは、藤原不比等の権力を強固にするために、遷都という手段に出たというものだ。

《古代の遷都は権力者の示威的行為である。このときの権力は藤原不比等にあった。不比等は、孫のために壮大な舞台を用意せねばならなかった。それは同時に藤原氏一族のためであった》（千田稔『平城京遷都』中公新書）というような、遷都は単に不比等の示威行為だなどと、研究者に書かれると、一般読者はそれを信じてしまいかねない。千田稔氏のような真面目な歴史家でさえもそうである。戦後の多くの「唯物論的」研究者がつくり出した政治史は、私利私欲の歴史に変わってしまったのである。

新しい「天皇の百官の府」を造るというのが平城京のテーマであった。それを元明天皇は次のように述べている（和銅元年二月十五日）。

《朕は天帝の命を承って、天下に君主として臨んでおり、徳がうすいにも拘らず、天皇という尊い位にある。遷都のことは必ずしも急がなくてもよい。ところが王公大臣はみな言う。「昔から近ごろに至るまで、太陽や星を観測して、東西南北をたしかめ、宮室の基礎を定め、世を占い地相をみて、帝皇の都を建てている。天子の証である鼎を安定させる基礎は、永く固く無窮で、天子の業もここに定まるであろう」と。衆議も無視しがたく、その詞も心情も深く切実である。そして都というものは百官の府であり、四海の人々が集まるところであって、唯自分一人が遊びたのしむだけでよかろうか。いやしくも利点があるならば、従うべきではあるまいか。昔、殷の諸王は五回遷都をして、国を中興したと称えられ、周の諸王は三度都を定めて、太平のほまれを残した。安んじてその久安の住居を遷そう。

正に今平城の青龍、朱雀、白虎、玄武の四つの動物が、陰陽の吉相に配され、三つの山が鎮護のはたらきをなし、亀甲や筮竹による占いにもかなっている。ここにも都邑を建てるべきである。その造営のための資材は、必要に応じて箇条書きにして奏上せよ。また秋の収穫の終るのを待って、路や橋を造らせよ。子が親を慕うように寄って来て、仮りにも人民に騒ぎや苦労をさせるようなことがあってはならぬ。制度を適切なものにして、後から負担を加えることがないようにせよ》（同・口語訳）

こうして同年の九月二十日、天皇は平城に巡幸され、その地形を見られた。そして造営長官や担当を任命された。十月二日には伊勢大神宮に平城京を造営することを告げ、十二月五日に地鎮祭を行っている。このことは大事なことで、平城京が皇祖霊のいる伊勢大神宮と、平城の土地の神とともにあることを示しているのである。

ここで殷や周の諸王の遷都の例を引いた後、陰陽の占いに適っている地形のことを述べているが、それぞれの四つの動物（原文・「四禽」）がどの山や川を指すか、明らかではない。東の春日山から西流する諸河川が青龍、北の平城山が玄武であろうが、他は分からないのである。つまりこの土地が北に平城山丘陵、東に春日山地、西に生駒山地が「鎮」をなして、南が開けている地形が、将来の発展を期待出来たことを指していると言ってよいであろう。それを中国のたとえで、確認しようとしたのである。ここにもよく言われる、中国の長安の模倣のことは一言も書かれていないのだ。

元明天皇の思い

元明天皇は和銅三年（七一〇）二月に建設中の新しい都に行幸され、次のように詠んでいる。

《和銅三年庚戌（かのえいぬ）の春二月、藤原京より寧楽宮遷りましし時、御輿を長屋の原に停めてはるかに古郷を望みて作らす歌

飛ぶ鳥の明日香の里を　置きて去（い）なば　君があたりは　見えずかもあらむ》

（『万葉集』巻一、七八）

遠く藤原京を眺めて、その去ってきた土地への望郷の念を詠っているが、そこにあるのはそれが「君」のおられた土地であったことである。それは単に文武天皇だけではないであろう。先代の持統天皇、天武天皇、またそこの多くの「君」が思い起こされたに違いない。

《天皇（おおきみ）の　御命（みこと）かしこみ　柔（にき）びにし　家をおき　隠国（こもりぐ）の泊瀬（はつせ）の川に　舟浮けて　わが行く河の川隈の　八十隈おちず　万度（よろずたび）　かへり見しつつ　玉鉾の　道行き暮らし　あをによし　奈良の京（みやこ）の　佐保川に　い行き至りて…》

（『万葉集』巻一、七九）

ここに詠われている意味は、天皇の御言葉を聞いて、（飛鳥・藤原京の）家を捨てて、泊瀬川（初瀬川）に舟を浮かべて（隠国の、とは泊瀬川にかかる枕言葉）、数多くの曲り角から、何度も振り返って見ながら（玉鉾とは道の枕言葉）、日が暮れるまで川筋を辿り、奈良の都の佐保川にやって来たのだ…、ということである。

多くの史家はこれを、天皇の命令で、無理して藤原京を捨てさせられ、奈良の都に遷された悲しい歌

のように解釈するが、そうではなく、飛鳥・藤原京のその聖なる姿が尊い、と拝んでいるのである。

元明天皇が平城京に移られる和銅三年の正月、平城京遷都の朝賀を受けられた。数多くの五位以上の役人、軍人だけでなく、《薩摩の隼人と蝦夷らも参列した》と『続日本紀』は伝えている。将軍と副将軍が皇城門（朱雀門）に通じている朱雀大路の東と西に分かれて騎兵を並ばせて隼人と蝦夷らを率いて前へと進めた、と書かれているのだ。

この朱雀大路は幅七四メートルのそれが、入口の羅城門まで四キロ近くの長さに及ぶ堂々たる道であった。両側には柳並木が並び、側溝と築地塀（ついじ）が走り、大路が千八百尺（約五三三メートル）ごとに開け、広々とした都市であった。

この朱雀大路が広いのは、何もそれによって中国的な規模の大きさを模倣したわけではない。また通常の交通に必要であったのではなく、まさに最初の朝賀で示された如く、それは軍事パレードに必要であったからである。西洋の都市には広場が必ず造られる。それは市民が集うためにあるのだ、と民主主義至上主義者の歴史家は言うが、実を言えば、西洋の広場は軍隊が集結する場所なのである。

日本の広い朱雀大路もまた軍事パレードのためであった。もっとも平和時には朱雀門では歌垣が開催され、男女二百四十余名が歌を掛け合うところを都の人々が見物することも行われるようになる（天平六年、七三四）。正月十六日、遷都の宴がはられた。元明天皇は朝堂院の南門である皇城門に、百官や隼人、蝦夷らを集め、楽を奏させた。その喜びは大きかったに違いない。

そして三月十日、正式に平城京に遷都したのである。四月七日には詔で、「みやこ」で文武百官の多くに、五位という位を授け、官人の活性化を図った。

長安とは似て異なる都城

東西四・三キロ、南北四・八キロの壮大な規模の都城は、朱雀大路によって左右に分けられ、東西・南北に走る大路、小路により整然と区画されていた。その北正面には宮城があり、天皇のおられる内裏、百官の政務が執行される朝堂や、多くの官衙（かんが）が並んでいた。それは決して長安の模倣ではなく、全く異なる構造を備えていた。そこには長安の高い城壁で囲まれた正方形に近い幾何的な巨大さは否定され、前章で述べたとおり、東に下京の地域が出っ張りとなって若草山、御蓋山に接していた。

長安の城壁たるや三〇メートル（小城）から、ときには四〇メートル（大郭）もあったから、それは完全に防御都市であった。平城京はそのような壁はなく、低い土壁で囲まれていたに過ぎない。羅城（城壁）も長安のように都全体を囲むものではなく、近年の調査によると、門の東側の一坊部分のみにあっただけで、東西合わせても一キロ程のものにすぎなかった。羅城門もわずか二列の掘建柱であり、それ自体に軍事的な意味はなかったのである。

また「みやこ」の路には街路樹が植えられ、それは柳が植えられていたし、槐（えんじゅ）も植えられていた。大伴家持の歌に、次のようなものがある。

《春の日に張れる　柳を取り持ちて　見れば　都の大路思ほゆ》　（『万葉集』巻十九、四一四二）

越中守となった家持が京を思い起こして、柳が大路に植わっていたことを詠んでいる。また、発掘された木簡でも《右京四條進槐花六斗》とあり、街路樹として使われていた。この植物は薬として止血薬や鎮静薬にも有用であった。夏には黄白色の花をつけ、まさに匂うが如き都を形づくっていたのである。

長安には樹木はなかった。街は高い城壁で囲まれた軍事的な街であったから、樹木は植えられなかったのである。このことは中国の古代都市が残っている例がないので、史料だけでは確認出来ないが、「困る」という字が、木が囲いの中にあったら困るという意味を持っていることからも推測出来る。樹木があっても切られるだけであるし、そこに人が隠れることが出来るので危険でもあったのである。これは西洋の城壁都市で広場に樹木が植えられなかったと同様である。フィレンツェのシニョーリア広場にはいまだに木は植えられていない。こうした都市の概念は日本の都市には初めからないのである。

平城界は長安のように城門が閉鎖され、兵士に警護されて住民が簡単に都市の外に出られなかったわけではない。羅城門周辺だけが平城京に入城する体裁が整えられたが、他は自由に出入りが出来たのである。京内には道路の側溝だけでなく、佐保川のような川も流れていたし、右京にも南北に秋篠川が流れて、水路として水運に使われていた。

4　「百官の府」平城京

中央官制の整備

整然たる市街には、多くの官人の居宅が並び、宮には上級の役人、つまり貴族が一二〇人ほど、長上官である約六〇〇人の役人、そして番上官の約六〇〇〇人ほどが住んでいた。「百官の府」にふさわしい陣容であった。藤原不比等の居宅も、宮城の東方、左京一条二坊に建てられていた。

この平城京遷都で本格的に、律令政治が行われることになった。

ここで大宝律令によって形成された中央官制について語っておくべきであろう。ここで日本の役割分担の社会が、法律で確立したのである。太政官と神祇官をはじめとする二官八省があり、太政官機構は太政大臣（適任者がいない場合は置かない）、左大臣、右大臣、大納言と続き、その事務部局があった。不比等は太政大臣になることを拒んだのであった。また諸司、諸国の間の行政機構があり、巡察使もそこに加えられた。この太政官は諸豪族の代表者である大夫（まえつきみ）との合議による体制をとっていたため、それと行政執行機関とが複合する形になっていた。

一般の官人は宮城の大門の前に六時半前に集まり、朝堂院に入って、正午前後まで政務を司ると退出した。こうしたことは、「公式令京官上下条」の外官についての規定や、遡ると『日本書紀』大化三年（六四七）の記述から変わっていないと考えられるし、下って延長五年（九二七）の『延喜式』などの規定などからも分かる。午前中だけ仕事をすることが決まりだが、《務繁くは、事を量りて還れ》という規定があり、忙しければ続けて仕事をしなければならなかった。そのときは朝堂は閉まってしまうので、曹司というところで行った。下級の役人は午前中の「日」の仕事と、午後の「夕」の仕事を行うことが多かった。

役人は給与が年に二回、現物で支給された。二月から七月までの分と八月から一月の分であった。和同開珎は発行されていたが、給与までの使用には及んでいなかった。

だが、遷都後まもない和銅三年（七一〇）七月一日には次のような詔を発せざるをえなかった。

《律令を整え設けてから年月がすでに久しい。しかし僅かに全体の一、二が行われるのみで、全部を施行することはできない。これはまことに諸司が怠慢で、職務に忠実でないからである。単に名前の員数を充てはめるだけで、空しく政務をすたれさせている。もし律令に違反して考第（勤務成績の評定等級）を正しく扱わない者があったら、相当する罪の重い方を適用し、許すことがあってはならぬ》

（『続日本紀』同・口語訳）

すでに「大宝律令」が施行されて一〇年になるのに、官人がうまく適応していないことを指している。藤原不比等を右大臣とする官僚組織が、新しい都で十分に機能していないことを語っていることになろう。

その理由としては、同年十月二十三日の勅に《品や位による俸禄の支給規定を初めて定めた》とあるように、それまでの俸禄が不安定であったからかもしれない。「百官の府」として都が運営され始めても、法が先行して実際が遅れてしまっていたと思われる。さらに言えば、律令という言葉による規律に官人たちがまだ馴染めていなかったからだと推測できる。

現在残る律令として「養老律令」があるが、その第十四条考課令に、官人の勤務評定がある。それによると、すべての官人はその直属の長官によって考課されるとある。考課にあたっては、一年間の勤務ぶり・実績を詳細に記録し、本人に読み聞かせよ、としている。つまり当人に対して納得させる評価でなければならなかった。評価は「善」（道徳的行状）と「量」（業務上の功績）を具体的に示し、その数によって上上から下下まで九通りでなされた。

評価法が細かく分かれていたが、評価基準は公表されていた。人事評価の透明性があったのである。現代でも相変わらず続く、役人や国会議員への金銭授受は少なくとも、こうした透明性のある評価法によって少なくなるはずである。

規律の不徹底は警護する衛士（えじ）にも見られたという。衛士とは諸国から集められた毎年交代する宮城や役所を守る兵士のことである。《およそ衛士は、非常の事態や予期せぬ事件のための備えである。必ず勇武で兵士として役立つ者を用いるべきである。ところが実際の衛士はみな体が弱く、武芸に励まず、名前ばかりで役に立つことができない。もし大事に直面したら、どうして重要な任務に堪えることができようか。古の書（論語）にも言っているではないか。「人を訓練しないで戦わせることは、人を棄てるようなものである」と。今後は専ら長官（国守）に委任して、勇敢で武にすぐれた者を選抜し、毎年交替させよ》。大事がなかったからいいものの、警備に就くものが軟弱で武芸を知らないで務めることはふさわしくない、ということだ。

たしかに一方で、都の造営そのものが急であったから、その労役が過剰であったことも推測できる。

《近頃つぎのようなことを聞く。諸国からの役民が、造都の労役に疲れて、逃亡する者がやはり多い。禁止しようとしても止まらない。現在平城宮の垣は未完成で、防衛が不充分である。とりあえず衛兵所を建てて、兵器庫を固く守るべきである。そこで従四位下の石上朝臣豊庭、従五位下の紀朝臣男人・粟田朝臣必登らを将軍として守らせた》（同・口語訳）

この通達は、造営の仕事に慣れず、逃げ出してしまうのを防ぐ警備兵の役割を強化しているのである。規律が徹底していないし、まだ組織が不備であることが露呈している。

健全な蓄財を奨励

面白いのは、人民が蓄財するということに慣れていない、という事実である。それは「資本主義」は日本ではもともと必要がなかったことを示唆している。

《そもそも銭の用途は、財を通じて、余ったものたちや足りないものを交換するためである。ところが今の人民は、従来の習慣に囚われて、右の理法を理解できないでいる。まれに売買するといっても、銭を蓄えるほどの者がない。そこで銭を蓄えた者には、その多少に応じて、等級を設けて位を授けよう（蓄銭叙位令）》（同年十月二十三日の勅）

人々に儲けて蓄財し物を買うことがまだ定着せず、まだ都市の市民が、西洋語でいうブルジョワとして成立していないことを示している。物々交換が基本だったからであろう。よく言われるのは、この時代は貧富の差が大きく、貧民は労役に疲れた奴隷のような状態にあったとされるが、そうではなく、貧富などが人間の差と考えられていないことを示していることが興味深い。蓄財の努力をさせるということは、経済競争をさせ、社会を活性化し、ある意味では資本主義の方向に向かわせることでもある。《蓄財の額に応じて位階を進めることをすれば、家々では銭を蓄えようという心を持ち、人々は銭差（ぜにさし）（銭の穴に紐を通して一束としたもの）をつくるたのしみを持つだろう。畏れるのは利益を貪る人民に、私（ひそ）かに銭を鋳る者が多くなるのではないかということである。私鋳の罪は（徒三年の定め）軽いように思われる。そこで仮に重刑を定めて、私鋳を未然に禁断しよう》。一方で蓄財を促進させ、位階をそれで定めるが、他方では利益を貪る者の私銭の鋳造には重い刑罰を与えるという。つまり健全な蓄財はいいことだ、というのである。

《国家の繁栄は、民を富ませることにある。民を富ませる根本は、つとめて財産を増やすことである。そのためには、男は農耕につとめ、女は機織りを修得し、家は衣食が豊かになり、人に無欲で恥を知る心が生ずれば、刑罰を必要としない政治がおこり、太平の風習をまねきよせることができよう。官人と人民は、努力しないでよいだろうか。今、諸国の人は生業の技術をきわめていないで、湿地で稲をつくることに精を出し、陸田の有益なことは知らない》（霊亀元年十月七日）

この元正天皇の詔は創意工夫により、自助努力で富を造っていくべきだ、と述べているのである。農耕、稲作という基本がすでに定着し、人々の生活が安定していることが示されるが、さらに努力して生業の技術を磨くべきだ、と言っているのである。近代の歴史家の多くは貧富の差が悪だ、という社会主義的な発想をしているが、ここには社会主義の失敗を先取りしているところがある。そうした蓄財の努力をさせ、貧富の差が生じても、無欲で恥を知る心というものは変わらぬものだ、という発想があるのである。

一方で、国より貸付けが行われたことが和銅五年五月十三日の詔で分かる。《諸国の大税（おおちから）を三年間無利息で貸し付けるのは、もともと人民の窮乏をあわれみ救うためである。ところが今、国司・郡司・里長らは、この恵みの貸付を利用して、勝手に利を得る手段としている。政治を損ない人民を害すること、これより甚だしいものはない。もし利潤を目的として、不正や利を収める者があれば、重罪をもって裁き、その罪は赦にあるときにも許されない》。役人が無利息貸付金から利益を得ていることを強く諫めている。こうした役人の不正は、すでに律令制が形骸化し始めていることを示している。しかし同時に律令制の国民への浸透が窺われる。

善政を目標とする

和同八年（七一五）五月一日の勅で次のように役人の怠慢を戒めている。《天下の人民の多くは、その本籍地を離れ、他郷に流浪して、課役をたくみに忌避している。そのように浮浪して逗留が三カ月以上になる者は、土断（現地で戸籍に登録）し、調・庸を輸納させ、その国の法に従わせよ。また人民をいつくしみ導き、農耕や養蚕を勧め働かせ、養い育てる心を持ち、飢えや寒さから救うのは、まことに国司・郡司の善政である。一方自分は公職にありながら、心は私腹を肥やすことを思い、農業を妨げ利を奪い、万民をむしばむようなことがあるならば、実に国家の大きな害虫のようなものである。そこで国司・郡司で、人民の資産を豊かに足りるようにした者を上等とし、督励を加えるけれども、衣食が足るに至らない者を中等とし、田畑が荒廃し、人民が飢えにこごえて、死亡するに至る者を下等とせよ。そして一〇人以上も死亡するようであれば、その国郡司を解任せよ。また四民（士農工商）にはそれぞれ生業がある。いまその人々が職を失って流散するのは、これまた国郡司の教え導くのに、適当な方法をとらないからで甚だ不当である。このような者があったなら必ず厳重に処罰して見せしめとせよ。これからは巡察使を派遣し、天下を手分けして廻らせ、人民の生活ぶりを観察させる。あつい仁徳の政治を行うように勧め、詩経のことばにある周行（徳が周く行きわたる）の実現に庶うようにせよ》。

国家を食いつぶす「害虫」がはびこっていることを批判している。正直に悪政を批判していることも、逆にこの時代の朝廷の公正さを感じさせる。この巡察使は「朝集使」と呼び、所管の国・郡司の勤務評定などの公文を毎年、定期的に都に報告する使いである。長文であるが、天皇は全国の国・郡司に対し善政を敷くようにと強い言葉で述べているのである。

同じ元明天皇の詔に、当時の社会の刑を受けている人々の罪状が書かれていて興味深い。天皇の即位にあたってすでに捕まっている罪人を赦免するというものである。《ただし殺人を謀議してすでに実行したもの、贋金造り・強盗・窃盗、および通常の赦で許されないものは、いずれも赦免の限りではない。親王以下百官の人々と、京・畿内の諸寺の僧尼、天下の諸社の神職たちには、その身分に応じて、物を授ける。高齢者・男女のやもめ・孤児・独居の老人・病人で生活できない者には、その状態を調べて物を恵み与える》。殺人以下の罪状は今日と同じく重く見られ、即位記念の赦免には入らないのである。赦免を許されなかった犯罪人を見ると、「通常の罪」が相当軽いものであったことが分かる。

こうして宮都の建設と律令の確立が始まった。これまでの飛鳥浄御原宮から、難波京、藤原京に次々と計画された後、この平城京によって初めて、「みやこ」という文化の揺籃がつくられたのである。「古典文化」の成熟の背景には、当然、「古典都市」の成立がある。聖徳太子以来、約一〇〇年かけて日本の国民が、唐、朝鮮などに対して、本格的な国家を示す時代がやって来たのである。次章ではその文化の特質を述べていこう。

第八章　奈良仏教と「古典文化」

1　「戦後レジーム」の終焉と「権力闘争史観」の崩壊

歴史家の奈良時代観の誤り

日本の「古典文化」を生んだ奈良時代の歴史が、戦後マルクス主義史観にとらわれ、権力争い史観のもとで、その本質を見ることが出来ない事態となった。藤原不比等の権力亡者ぶりや、長屋王の死、広嗣の乱など、その後の争いと社会の混乱ばかりが書かれることになり、なぜ文化が成熟したかは語られることがなかった。その結果、この時代の輝く文化を述べることが困難となり、奈良遷都千三百年という年も、人々が期待しているのに、いざ文化を語るとなると、学者たちは結局何も説明出来ないでいる。その文化の豊かさを語ることより、この時代の混乱を語ることが多い状態が続いているからである。また当時の経済状態の貧困さがどのようなものか、統計的な根拠がないにもかかわらず、史料から窺える当時の貧しさとか抑圧ばかりが誇張されて時代観にされている。

しかし奈良の朱雀門の再建をはじめとして、興福寺の中金堂の再建など、徐々にこの都市の復元が行われ始めると、そのような歴史観では到底捉えることが出来ない、当時の文化の充実ぶりと、人々の喜びと、創造の独自性が理解されるようになってきた。一方で、建物の修理や再建の間に、中の仏像が東京や九州で展示されるようになると、その芸術的価値がいっそう評価されるようになり、これらの歴史家たちの解説とその美しさの乖離が顕著となってきたのである。

　興福寺の「阿修羅像」の芸術的価値は人々に認識されたが、いったいなぜこのように美しく造形されたか、どのような思想的裏付けがあるのか、それを問う研究者はほとんどいなかった。また、誰によってこの傑作が造られたか、人々は問うようになったが、専門家たちは誰一人としてその作家のことを考察し、作家論まで論じる人はいなかった。多くの説明はエッセイ程度の軽いものでしかなく、旅行や趣味の雑誌でただ美しい仏像写真だけを大きく掲げるだけで、専門の歴史家のおざなりの解説がされているだけである。しかし人々の期待と、専門家の解説の乖離は大きく、したがって今後それを縮めなければならない。素人の眼の方が真実に近い観察が多いからである。したがって千三百年の記念の年を経た今、戦後七〇年以上の研究史の偏向性を解きほぐし、正常な史観から見直していく作業が取り組まれる必要がある。

藤原不比等は神話を造作したか

　これもその学界の「戦後レジーム」の終焉であって、その虚構の不毛さを崩壊させていかねばならないのである。私のこれまで書いてきたこともそれであるし、本章をまず藤原不比等の擁護論から始めるのもその意図による。一人の人間が利己主義や悪意から行動を起こすと考えるほど、現実の歴史が安易なものではないことなど、古き時代も今日も変わらないはずである。

　藤原不比等が歴史を改竄した、という説がある。日本の歴史や神話を記した『古事記』が和銅五年（七一二）に献上され、勅撰の歴史書である『日本書紀』が養老四年（七二〇）に成立したが、これらが

「時の権力者」藤原不比等によって藤原家に都合よく書かれた歴史書である、という戦後の定説（?）がある。なるほど両方の編纂に参加した太安万侶は、藤原不比等の下になる民部省の卿という地位についており、不比等からの命令に服する立場にいたかもしれない。不比等の意向を察して、藤原家に有利な形で書き改めることも可能であった、と戦後の多くの史家や評論家は考えたのであろう。

「権力者」の意志がその時代を支配する、というのが権力闘争史観の原則である。歴史や神話を捏造し、自分の権力に都合のよいように書き換えたとするのが、津田左右吉以来の唯物論主義歴史家の通弊である。あるいは上山春平氏や梅原猛氏などリベラルと呼称される思想家たちも同じことを言う。たとえば、『記・紀』の天孫降臨で天照大神の孫である瓊瓊杵尊（ににぎ）が天下ったというのは、持統天皇の孫の文武天皇が即位したことを肯定するために神話化したなどというのである。しかし孫に継承させることは、各国の神話でもあることで、それを強調する必要がないことは、すでに比較神話学者も指摘している。

しかしもし、それを主張したいのなら、それ以外の部分も、藤原家の正当性を神話で作っていたことを述べて、それが決して偶然の符合ではないことを述べなければならない。

藤原氏関係の記・紀神話の検証

たとえば、藤原氏の神話上の先祖である、天児屋根命（あめのこやねのみこと）のことがある。この神が大きな役割を果たしたかのように神話で書かせることは可能だったはずである。しかしこの神は、天孫降臨のところと、その前の天照大神の天石屋戸（あめのいわやど）ごもりのところに出てきたり、布刀（ふとの）詔戸言（りとごと）を石屋戸のそばで述べたりするだけである。天孫降臨のとき天児屋根命が五伴緒（いつとものお）の一人として、布刀玉命（ふとだまのみこと）や天宇受売命などとともに、瓊瓊杵尊に従って、日向の高千穂の峰に天下ったという話が出てくる。しかし当時の不比等のように、他の神々を抑えて活躍したわけでなく、とくにこの神が活躍した話は出てこない。

『日本書紀』の方でも中臣連の遠祖天児屋根命は、忌部首(いんべのおびと)の遠祖、天太玉命(あめのふとだまのみこと)とともに、天香山(あまのかぐやま)の五百箇の真坂樹を根ごと掘り取ったという話はあるが、これも天石窟(あめのいわや)ごもりの話のところに出てくるだけである。

その他、藤原氏といくらか関係のある話としては、建御雷神(たけみかづちのかみ)がその後、藤原氏の氏神の春日大社に祀られていることが挙げられる。たしかに出雲神話の中の国譲りのところで、建御雷神が大いに活躍して、大国主命に国譲りをさせる立役者になっているので、建御雷神を活躍させていることは藤原氏の関与した証拠だ、と言われる。だが、それにしては建御雷神と藤原氏の系譜上のつながりは不明瞭である。すなわち、伊奘諾(いざなぎ)、伊奘冉命(いざなみ)の国生みのときに、伊弉冉命が島や神々を沢山産んだ後、最後の火の神、迦具土神(かぐつちのかみ)を産んで大火傷を負って死んでしまうので、伊弉諾が怒って迦具土神を斬り殺すと、その血がほとばしり出て、樋速日神(ひはやひのかみ)が出来たという話があるが、樋速日神の子供が建御雷神だということになっている。しかし天児屋根命との関係の話は出てこないし、建御雷神が藤原氏の先祖であるという話も出てこない。

もし不比等が『古事記』の編纂に関与していれば、もっと藤原氏に関係することが出てきてもいいように思われる程だ。『古事記』や『日本書紀』で活躍する建御雷神は、もともと藤原氏とは関係がなく、春日大社との関係の中で伝えられた神であるに過ぎない。もし建御雷神を早くから藤原氏が自分の先祖にしようと思っており、まして不比等が『古事記』を作ったのであるなら、そのように『記・紀』に書き込ませればいいはずである。建御雷神が天児屋根命の父である、と付け加えることもできたはずである。

春日大社のことで言えば、藤原氏の先祖だと言われる枚岡神社の祭神の中にも、建御雷神は入っている。しかしこの神社の祭神についての記録があらわれるのは平安時代以降である。奈良時代、あるいはそれ以前から神話に出てくる建御雷神まで、藤原氏関係の神社で祀っていたかどうかはこれだけでは分からない。

たとえばこうした『記・紀』を不比等が編纂した説が疑わしいと述べている直木孝次郎氏は、上山春平氏が、摂津国の嶋上郡に児屋郷という土地があるので、児屋郷が天児屋命の元来祀られていた場所ではないかと言っていることも批判している。もし、それが中臣氏の祖先神であったならば、枚岡神社に祀られている建御雷神との関係が出てこなければならない。また摂津国武庫にも同名の郷があるが、ここでも天児屋命が祀られているわけではない。また梅原猛氏が、『古事記』の稗田阿礼は仮名であって、じつは不比等であると述べているが、なぜそのような仮名を使わなければならないのかと言っている。不比等が自分で作ったのなら、堂々と不比等著作としてもよかったのである（直木孝次郎『奈良の都』吉川弘文館）。

『日本書紀』の天智天皇九年（六七〇）の記事に、四月三十日《夜半之後に、法隆寺災けり。一屋も余ることなし》と書かれていることから、現在の法隆寺がその後再建された、という説が一般化しているようだ。しかし前述したようにそれ以後、どこにも再建されたという記録はない。それも不比等に思惑があったからであろうか。そんなことはあるまい。若草伽藍が再建されなかっただけのことである。焼けた法隆寺は若草伽藍の方で、現在の法隆寺は、最初から立っていたのである。飛鳥の建築であったことは明らかであるのに、一切史料のない再建説が主張されている。これは法隆寺怨恨説の梅原猛氏も「聖徳太子不在説」の大山誠一氏も同じことである。飛鳥時代のすべての仏像まで、後の捏造だと言っているのである。私はこの二人の説を強く批判した（拙著『聖徳太子虚構説を排す』ＰＨＰ研究所）（この拙論に対する論評として《てごわいもの》で、未だ《それほど説得力のある批判はなされていない》と在野の研究者久慈力氏は言っている）。

津田左右吉の『記・紀』が天皇による支配を正当化するために書かれたという説が、権力闘争の歴史を生み出し、戦後多くの信奉者をつくりだした。当然不比等がそれに関与したということになろうが、しかし聖徳太子がそこで捏造されたという説は、法隆寺の再建説の否定により根拠のないものになっている。いずれにせよ、不比等が『記・紀』を編纂したという説は虚構である、と言わざるをえない。

2　奈良の名の由来

従属文化史観は正しいか

戦後の多くの歴史家たちが「権力闘争史観」ばかりでなく、日本文化自体についても、朝鮮や中国の「従属文化史観」に囚われてきたことはよく知られている。「唐文化の伝播」「朝鮮文化の影響」などの言葉が、奈良の文北形成の際にほとんど常套句のように飛び交い、あたかもそれが実態であるかのように思い込まされてきた。仏教文化が朝鮮や中国からやってきたことが、その主たる理由であろうが、遣唐使に対する異常なまでの価値の重視は、その「従属文化説」を強く印象づけている。私自身はその偏重ぶりを是正しようと「遣日使の方が多かった」という論文を書き、多くの人々の関心を惹いた（『「やまとごころ」とは何か』ミネルヴァ書房、に所収）。

実を言えば仏教の発祥は別に朝鮮や中国ではない。唐の人々も朝鮮の人々も、インドのそれを輸入していたのである。それに唐の仏教文化は、九世紀武宗の弾圧ですっかり破壊され、日本の奈良文化と比較出来る建築も仏像もほとんどない。少なくとも現状では、日本の方にはるかに高い質の仏教文化が残されていることは確かである。敦煌に残るものも、日本の天平文化に比較出来る質的に高いものはほとんど見出せない。朝鮮文化も当時のものは、多少後のものは発掘されても、ほとんどない。朝鮮の人々は日本の「侵略」で破壊されてしまったというが、儒教の李王朝は、豊臣秀吉の朝鮮出兵の二百年前に成立しており、彼らによる仏教文化の破壊の方が大きいのである。人的交流はあっただろうが、「唐文化の伝播」も「朝鮮文化の影響」も、模倣や従属に直結するわけではないのである。彼らの仏教文化が破壊されていない状態を想定した、一つの予想であるにすぎない。このことについては本章の後半で述べることにしよう。

「ナラ」朝鮮語源説

ところで今でも奈良という地名でさえ、朝鮮語の「ナラ」から来たのだ、とまことしやかに言われている。別にそれが確定しているとは誰も言わないが、少なくとも「奈良」の語源の有力候補として、奈良文化が朝鮮文化の支配を受けてきたことの証のような言い方で語られている。日本語の土地を「ならす」から来たという語源が、疑われていることを示すものだというのである。

朝鮮語の「国、国家」を意味する「ナラ」が語源だとする説は松岡静雄氏などが述べているものである。しかし奈良は、国、国家ではなく都市名である。朝鮮語で都市は「ドシ」で、都は「スド」であり村は「マウル」である。「ヤマト」が国の名であっても、「奈良」が日本の国の名前であったことはない。

　当時の文献の中の「奈良」を調べてみると、たとえば、『日本書紀』欽明二十六年五月条に「奈羅」の名が出ている。そこに、筑紫に帰化した高麗人を山背国に住まわせたと書かれ、これに続けて《今の畝原、奈羅、山村の高麗人の先祖なり》と記されている。ただ、この「奈羅」は朝鮮人がいるからつけられたのではなく、高麗人をそこに「住まわせた」と書かれているのである。そこに高麗人が住んでいたと言っているだけで、そのことと「ナラ」とは結びついているわけではない。ここに見える「奈羅」は、山城国久世郡の那羅郷（『和名抄』）、今の京都府八幡市上奈良・下奈良の地のようであるが、朝鮮帰化人の居住地のことではない。その他を探しても「ナラ」＝「奈良」「奈羅」の使用例はないのである。

　『日本書紀』の欽明元年二月条には、百済人己知部（こちべ）を「倭国添上郡の山村」に置いたと書いているが、そこが「ナラ」と呼ばれたわけではない。『姓氏録』大和国諸蕃にも「山村忌寸、己知と同祖」とあり、『続日本紀』和銅七年（七一四）十一月の上にも同系と見られる。この村は、現在の奈良市山村町のことであろうが、ここで朝鮮語が使われ続けたという記録はない。そうした百済からの帰化人たちは「白村江の戦い」後数多くいたが、皆日本人として同化していったと考えられる。奈良という言葉が朝鮮語起源というなら、そうした朝鮮語を使い続けている部落なり土地にその名をつけた例がありそうなものだが、そうした事実のある村は存在しない。

「ナラ」日本語源説

　一方、「奈良」の語源が日本語の「なら」から来ている、という説については、『日本書紀』の崇神紀に見えている証拠がある。旧奈良市西郊、すなわち佐保、佐紀北方のなだらかな丘陵が「ならやま」と呼ばれているからである。崇神天皇十年九月、天皇の異母兄、武埴安彦（たけはにやすひこ）が謀反を起こして山背（山城のこと）から大和に攻め入ろうとした。天皇は大彦命と彦国葺（ひこくにぶく）にこれを迎え撃つよう命じた。二人は精兵を率い「那羅山」に登って陣を布いた。

《時に官軍屯聚（いわ）みて、草木を蹢跙（ふみなら）す。因りて以て其の山を号けて、那羅山と曰う》

（『日本書紀』崇神紀）

この《蹢跙（ふみならす）》を説明して、《此をば布瀰那羅須（ふみならず）という》と「ならす」ことが「那羅」の語源だとしている。もちろん崇神朝のこの謀反がもととなって、「ならやま」の話が起こったかどうか詳らかではないが、すでに柳田國男氏や中野文彦氏によって指摘されているように、平地より山腹に連なる緩傾斜地や平坦部の周辺が「なら」と呼ばれている例は全国に数多く、「奈良」が「ならす」という言葉から来ていることは確実と考えてよい。

『古事記』の仁徳天皇の段に、大后石之売（磐之媛）が「那良の山口」で、次の歌をうたったとある。草木を踏みならすことが、土地にとっていかに重要なことかを知っている言葉である。

《つぎねふや　山代河を　宮上り　吾がのぼれば　あをによし　那良を過ぎ　小楯　倭を過ぎ
吾が　見が欲し国は葛城　高宮　吾家のあたり》

（『古事記』仁徳紀）

奈良を過ぎ、城下郡大和郷（天理市新泉町付近）の倭を過ぎるというのだから、山代河（木津川）の木津で船を降り、奈良坂を越えて奈良を通過し、上つ道を通って倭へ行くという交通路の存在が分かるのである。この歌に見えるように、奈良は山背から大和への入口、大和側から言えば山背への出口にあたる。

直木孝次郎氏は日本語起源説を支持しているわけではないが、次の例も挙げている。『古事記』垂仁天皇の段にある記事で、奈良からの出口が「那良戸」と呼ばれ、交通上重要視されているという（直木孝次郎『奈良の都』吉川弘文館）。

垂仁天皇が皇子を従えて出雲大神のもとへ遣わそうとしたとき、占いをしてみると、

《那良戸よりは、跛盲（あしなえめしい）遭はむ、大坂戸よりも亦跛盲遭はむ、唯木戸ぞ是れ腋木戸（わきと）の吉き戸》

（『古事記』垂仁紀）

大坂戸の地名は二上山の中腹の坂を越えて行く大坂道であり、木戸は巨勢道を通って紀伊に向かう道のことで、腋木戸は主要道ではなく、脇の道を意味している。そして那良戸は奈良坂を越える道である。西国に行くには、大坂道と奈良坂越えが主要幹線とみなされていたのである。ここからも奈良という言葉が、この奈良坂の道から来たことが推測される。常に踏み「ならす」という意味合いから来ていることが分かる。

『大日本地名辞書』を開くと、この他に前記の「なら山」を『万葉集』の中で、「楢山」（巻四、五九三・巻十三、三二四〇）と記す例のあることなどから、楢の木が茂っていたことにより「なら」の地名が

生じたのはないか、という説もある（吉田東伍・同書参照）。また『奈良市史』の旧版では、オロッコ語で「な」は陸、野、国を意味し、「はら」は、村、国を意味することから、「なら」の起源が、ツングース語に基づくのではないか、とする説が紹介されている。しかしなぜオロッコ語やツングース語なのであろうか。日本語が日本で発生したものではない、と言いたいのであろうか。直木氏はこのような諸例を引いて、奈良の地名起源は、《現状ではいずれとも決め難いというべきであろう》（直木・前掲書）と言っているが、学者の慎重さというより、「朝鮮文化の影響」に気兼ねをしてこのように言っているように聞こえる。

2　春日山の神が見守る奈良

興福寺と春日大社

奈良の平城京に立って見ると、東方に春日山系の小高い山々、若草山、春日山、御蓋（みかさ）山が次々と眺望できる。若草山の下には東大寺大仏殿が、さらに右方には興福寺五重塔が見える。春日山、とくに御蓋山は古くから神奈備（かんなび）として厚く信仰されたことが知られている。これらの山に神々が宿っていると信じられてきた。現在でも御蓋山は禁足地となっている。春日大社の神職が祭事のためにごく限られた期日に山に入ることを許されるだけであるという。山そのものが神であり、山の自然そのものに神が宿るのだ。

傘のような形をしているのが御蓋山である。登ることは出来ないが、山からは平城京が一望できたに違いない。人々はこれら山の神々に平城京を守るように願い、安寧と幸せを祈ったことが分かる。その御蓋山を降りて平城京の方へ進むと興福寺がある。この藤原氏の氏寺は、平城京のはずれにあるが、しかし最も山に近いところにあるのだ。その山の側に春日大社がある。興福寺から先のこの道は、神の山へと続く聖なる通路となる。今もなお春日大社の一の鳥居から大社に至るまで、若宮祭（御祭）の御旅所があり、かつては小さな社も存在していたという。

この春日大社に、藤原氏が一族と縁の深い関東の鹿島、香取の神々を勧請して、氏の祖神である天児屋根命（あめのこやねのみこと）・同比売神（ひめかみ）も合わせて四神合祀をさせたのである。このことは第1節で述べたが、春日神社の創建こそ、神仏融合の日本人の宗教観を示す範例になったのである。興福寺は長い間、春日神社と一体と考えられてきた。春日大社の祭神である建御雷命と経津主命（ふつぬしのみこと）は、『日本書紀』によると、天孫降臨に先だって、大己貴神（おおなむちのかみ）（大国主命）に国譲りを説得した神とされる。また両神とも利根川のほとりに鎮座することから、水を司る神の性格を持つという。いずれにせよ、ここの神々が平城京を見守る山とともにあったのである。

春日大社創建前から行われた祭礼　よく春日大社は創建が奈良後期の神護景雲二年（七六八）であり、興福寺より後であったとされる。これもあたかも正確な記述のようでいて、誤りでもあると言わざるをえない。それは神社の社殿が造営された年代であって、春日の神は、社殿なしにそれよりずっと以前から存在していたのである。それはこの大社のある御蓋山にすでに「神地」があり、この山が御神体として、祭祀が執り行われていたことからも知られる。建御雷命がその山頂に祀られていたのである。

この平城京の地は、決して奈良時代になって人々が住み始めたわけではなかった。奈良市柳生下町からは縄文時代の石鏃や、縄文土器片、大柳生町からは石斧、たたき石、水間町から石鏃などが発見されている。いずれもこの大社や興福寺があった地域の東北、あるいは東南に向かう山間部である。

平城京跡の南部付近からは弥生時代の遺物・遺構が出土しており、集落跡や壺棺、炭化米、その他の遺物、奈良市窪之庄町から住居跡、溝などが見出されている。池田町広大寺池からは弥生式土器や石鏃なども出土した。いずれも著名な遺跡であるが、これらもまた平城京の外京地域の西方、あるいは南方にある。この一帯では、若草山から石鏃、高畑町（奈良教育大学構内）から弥生式土器、石包丁などが発掘されている。人々は台地の縁辺部に住居を定め、その東方の山地や傾斜部を狩猟ないし植物採集の場として生活していたと考えられる。「ならす」とはそうした傾斜部を耕地にならす、という意味があったのだろう。

御蓋山の森林中には、山頂東寄りから山麓の紀伊神社までと、北麓の水谷川までとに二筋の石敷きの広場が、それぞれ発見されている。年代や内容にはまだ不明な点が多いが、春日大社の祭祀の前身をなす古くからの祭祀遺跡ではないか、と考えられてきた。少なくとも、そこで祭祀が行われたとすると、すでに奈良時代以前から、長くこの春日山が、聖なる場所であったことが推測される。

古墳時代中期には鶯塚古墳の存在が示すように、すでに豪族が古墳を造っていた。この地域に隣接する、佐紀・佐保の地には佐紀楯列の古墳群があり、奈良市大安寺町には杉山古墳、油坂町には伝開化天皇陵古墳などがあり、古墳時代の前期末以降、有力貴族の支配する地であったことは確かである。また豪族は、おそらく五世紀以後、春日氏を名乗る氏族であり、それが大王と呼ばれた天皇家に服属するとともに、この地域が天皇の支配下に入ったのだろう。

『日本書紀』（開化紀）には、開化天皇が「春日」に遷都し、これを率川宮と称したという伝承があり、和邇氏が族長としての春日氏の本拠地でもあった。《春日の山の　高座の三笠の山に…》（『万葉集』巻三、三七二）とあるように、春日の山は「高座」すなわち「天皇の玉座」の枕詞であった。それほど尊い存在であったのである。ここには志貴皇子の宮から継承されたという春日離宮が営まれていたのである。

『記・紀』に見える神々が、仏像に代わるものだという本地垂迹説が出てきたのは、平安時代になってからであるが、しかしすでに感情としては、次のような対応が奈良時代から人々の中に生じていたと考えられる。それは春日大社が一宮から四宮、そして若宮が建立された以前から生まれていたものであろう。一宮の「鹿島建雷神」が「不空羂索観音」、二宮の「香取斎主命」が「薬師如来」、三宮の「枚岡天児屋根命」が「地蔵菩薩」、四宮の「会殿媛神」が「十一面観音」、そして若宮が「文殊師利菩薩」として祀られたのである。この記述は承安五年（一一七五）のものであるが、これほど具体的ではないにせよ、春日大社のもともとは日本の神々であり、それが「仏神」となって、初めて奈良に定着したのである。

《天の原　ふりさけみれば　春日なる　三笠の山に　出でし　月かも》

空を見ると、今、月が上ってきたところだ。あの月は奈良の三笠山に出た月と同じに見える。故国の人たちも、この月をながめているだろうか。この有名な阿倍仲麻呂の歌は、決して春日大社のことを詠ったものではなく、それ以前からの、この山の存在が、遠く長安にいて奈良の原郷として思い起こされたものであることが分かる。養老元年（七一七）に二十歳で遣唐使として唐に向かい、中国で科挙にさえ受かり、玄宗皇帝に重用された仲麻呂は、日本に帰りたくても帰れず、長安に骨を埋めた。日本に向かう彼の船が、ヴェトナムの方に漂流してしまったからである。長安にあっても奈良の三笠の山は、聖なる山であったのだ。

遷都した奈良は「百官の府」として、春日山のふもとの神に見守られていた「みやこ」となった。ただし、藤原京のように大和三山という聖なる山を都市の内部に取り込むのではなく、麓から仰ぐ都市となったために、そこに都市仏教の様々な展開が可能となった。むろん、藤原京においても仏寺は建てられていたが、平城京になって初めて仏教の自立性が顕著になっていった。神道との融合が、潜在化するようになったと言ってよい。

4　南都六宗ではなく二宗であった

仏教の興隆

こうして和銅三年（七一〇）の遷都後、この春日山（御蓋山）の麓に、真っ先に飛鳥に近い厩坂から移された藤原氏の氏寺興福寺が建てられた。それは外京と呼ばれる、左京のさらに東側の突き出た場所であったが、しかし山に一番近い地域であった。三条大路の北に接するその台地に、東西四町（約四四〇メートル）、南北三町（約三三〇メートル）の地を占め、七一四年には早くも金堂の落慶供養が行われた。

ついで霊亀二年（七一六）には蘇我馬子が創立した日本最初の大寺、飛鳥の法興寺が興福寺と谷を隔てた南の台地に移って着工された。翌養老元年（七一七）には巨大な塔（九重塔）で知られた藤原京の大官大寺が、左京の六条四坊の地に移り、東西三町、南北五町の地を占めて、大安寺と呼ばれるようになった。その翌養老二年（七一八）には藤原京内で大官大寺と東西相対していた薬師寺がここでも大安寺の真西にあたる右京六条二坊に移されたのである。さらに七二二年には平城の有力氏族であった土師氏の氏寺喜光寺（菅原寺）が右京三条三坊に創立され、前後して紀氏の紀寺、葛木氏の葛木寺、佐伯氏の佐伯院が建立されたのであった。この盛観は、新都がはやくも仏教の都にふさわしいものとなっていったことを示す。しかしこれはあくまで春日山から見おろす場所であったことを忘れてはならない。

奈良朝の仏教はすべて中国か朝鮮から来たもので、六宗あると言われてきた。六宗とは「三論」「成実」「法相」「倶舎」「戒律」「華厳」であるが、しかし六宗といっても、中国にこのような「宗」があったわけでなく、日本において初めて南都六宗として組織されたものであった。中国では五衆とか二十五衆と言われていたが、必ずしも信仰集団があったわけではなかった。これまで日本の仏教集団が、中国のそれを真似てつくられたと考える史家たちが多いが、そうではなかったのである。

中国や朝鮮の仏教は、もともとインドの仏教が伝来したものである。インド仏教は部派仏教から大乗仏教へと展開していくが、部派仏教として「倶舎宗」と「成実宗」があった。「倶舎宗」は、唯識派の世親（ヴァスヴァンドウ）の著作を中国の玄奘（六〇二〜六六四）が漢訳した『倶舎論』に基づいている。「法相宗」の属宗としてその基礎学である。また「成実宗」は「空」を説く宗派で、「三論宗」の基礎学として学ばれていたものである。もう一つは「律宗」であるが、戒律はもともと大小乗を問わず、仏教の基礎となるものであった。とくに中国では唐代に『四分律』の研究が進み、日本では七世紀末に入唐した道光のような僧がその系統だが、本格的には鑑真の渡来（七五四）を待たなければならない。

「六宗」の中で「三論宗」「成実宗」の二つは飛鳥時代に、「法相宗」「倶舎宗」は白鳳時代に伝わっている。第三のものは天平時代のもので「律宗」「華厳宗」の二宗である。この六宗のうちで「成実」と「倶舎」とは、別にインドにおいてさえも宗派をなしていたものではない。のみならず中国においても「成実」は宗派をなしていなかった。「倶舎」は小乗仏教のそれであり、まだ集団として確立していたわけではない。こうしてみると、奈良時代までに伝わったものは「三論」と「法相」であったことが分かる。

「三論宗」とは

「三論宗」とはインドで初期の大乗仏典の思想を体系化した哲学的な宗派のことで、二、三世紀の龍樹（ナーガージュナ）がそれを完成させた。その中心の思想は「空」であって、「空」とは一切の言語概念による把握の否定であり、真理はどのような言語概念によっても把握されない、と説くものである。龍樹に由来する「中観派」が、自派の説をたてるよりも他派の説の矛盾を論破することに意を注いでいた。

この派の思想を承けたのが「三論宗」で、龍樹の『中論』『十二門論』とその弟子の提婆の『百論』という三つの著作を拠り所にしようとするので三論と言われる。奈良時代には衰退していたが、それでもなお法相宗とならんで南都の教学を代表するものであった。奈良末期から平安初期へかけて法相宗と論争を繰り返し、一部は天台宗に吸収されていった。

「三論宗」は三度、日本に伝わったと言われる。まず一度目は、推古天皇三十三年（六二五）に高句麗から日本にやって来た慧灌による。彼は中国で学び、それを日本に伝えた。二度目は、その弟子である智蔵で、彼も中国に行き、それを白鳳期に日本にもたらしたと言われる。日本は朝鮮から仏教を学んだと言われるが、朝鮮の僧侶そのものも中国に行って学んでいるのである。その中国の僧侶たちはインドに行って学んでいる。三度目は、その智蔵の弟子の道慈がまた中国に行ってこの「三論」を日本に伝えたのであった。

「法相宗」とは

インドでは龍樹以後、さらに仏教の哲学化が進んだ。四、五世紀には弥勒（マイトレーヤ）・無着（アサンガ）と、世親によって唯識派の思想を確立した。これによって世親系の思想が翻訳紹介され、この三人の確立した「法相宗」を、玄奘が中国に移入したのであった。それが法相の教学であり、日本にも七世紀半ばに早速導入されている。ただし最初期に伝来したのは、玄奘の前に移入されたもので、まだ法相教学の確立以前のものであった。

この「法相宗」は、四度伝わったと言われる。まず最初は玄奘以前に伝わったもので、玄奘以後、それを伝えたのが日本人の道昭（六二九～七〇〇）である。白雉四年（六五三）に中国へ行き、斉明天皇六年（六六〇）に帰国したが、それはインドから帰ってきた玄奘に学んだものである。帰国後は飛鳥寺（法興寺）の南東隅に禅院寺を建てて、法相宗を広め、のちに諸国を巡歴し、社会事業にも努めた。道昭が遺言で遺体を火葬にしたのが、日本の火葬の始まりとされる。道昭の弟子として智通、智達という二人も中国に行き、玄奘だけでなくその弟子の窺基にも学んでいる。

ここまでは白鳳時代で、第三回目は新羅の智鳳という人で、彼が中国に行ったときには、すでに玄奘も慈恩もともに歿していたので、その弟子筋の撲楊の智周という僧侶について学び、それを天平期に日本に伝えたのである。この智鳳の弟子に義淵という僧侶がおり、その弟子に玄昉や行基などがいたということになる。第四度目は玄昉で、彼は養老元年（七一七）に入唐。天平七年（七三五）に帰国し、さらに法相宗を広めた（末木文美士「奈良仏教」『日本の仏教　第一巻』新潮社参照）。

「法相宗」の根本経典は『成唯識論』であるから「唯識宗」とも言われる。眼、耳、鼻、舌、身、意の六識の他に、「末那識（まなしき）」、これは時と所に応じて、自我を自我たらしめる意識のことという。そして唯識論では、第八識の「阿頼耶識」（サンスクリット語で、アーラヤ・ビジニャーナの音写。無没識（むもつしき）、蔵識（ぞうしき）と訳されている）において、宇宙万有の展開の根元があり、万有発生の種子がある、人間から仏へ「悟り」を開くとき、「阿頼耶識」が「大円境智」に転換するとも説いている。

この「阿頼耶識」については、現代の心理学者が「無意識」の発見であるとか、「深層心理」といった概念を与えて評価することが多い。私も人間の「心」の在り方を分析したこの八識の在り方そのものに、卓抜した方法論を見る。しかしこれはフロイトの心理学や、ユングのそれよりも、まずキリスト教の「原罪意識」に通じるものであると思う。キリスト教は、『新約聖書』の方で、「愛」の救いを説くが、これは『旧約聖書』における原罪の上に語られているのである。『旧約聖書』におけるユダヤ民族の歴史物語は、まさに『新約聖書』の「愛」の救いを呼び起こすが、それは人間が共同体において必然的に持つ、罪意識をつくり出す多くの行為の代償としてのものだ。個人の救いがキリストの「愛」であるが、それが仏教では「悟り」であり「解脱」となる。この仏教の方は、そこには「悪」の意識は必ずしもないことが、決定的な相違であると思う。仏教では「苦」であり、「煩悩」と説くが、必然的に「悪」を意識させる「罪」の観念とはならない。

「阿頼耶識」を感じさせる仏像

私はこの飛鳥から天平にかけてのすぐれた仏像の中に、この「阿頼耶識」を感じることが多いのに気づいた。しかし仏像がキリスト教芸術における人間像に比べると、「苦」と「平明さ」を感じることが多いのは、まさにこの「阿頼耶識」と「原罪意識」の相違であると感じている。

たとえば、法相宗の寺である興福寺の名高い「阿修羅像」を見よう。

《ここでは最も印象的な阿修羅の眼差しを例にとろう。

それほどに阿修羅の眼が問いかけるものは不可思議であり、独特の複雑な思いを秘めるかのごとくである。例えば、それは決してなにか特定のものをみつめるのではなく、むしろみずからの内面に向けられた深い省察の意志を見ることができる。いっぽう、阿修羅自身が本来、インドのバラモン教では天上の神々に対抗する戦闘の暴虐神であり、地下もしくは海底の阿修羅宮に住んで髪を振り乱し、帝釈天などと争う姿が普通である。仏教の守護神となってもそこには、邪悪さを完全に払拭しきれない一抹の愁いをのぞかせると受け取る人もいるだろう。いずれにしてもその眼差しは、私たちのさまざまな想いすべてを受け入れてくれるかのようである。加えて、やや膨らんだ瞼にほのかな柔らかさを感じさせる頬や口元、ツンととがった鼻先など、その顔立ちはあくまで凛々しく、少年の至純なおもかげをとどめている》

（浅井和春『天平の彫刻』至文堂）

この阿修羅像の眼を見た観察文は、実にこの像が、八識を体得し、とくに「末那識」「阿頼耶識」を実によく表していることを見てとっているようだ。といっても、これは「唯識論」、あるいは「阿頼耶識」を念頭に置いて書かれたものではない。実際、浅井氏はこの時代を専門とする美術史家であるのだから、この法相宗の寺の仏像がやはり、この唯識を意識して造られた、と言及していいはずである。しかし浅井氏はそうした仏教の理論と仏像の表現が、重なり合っていることなどは頓着していない。氏は別の論文では興福寺が法相宗の寺であることを述べているのだから、その言及があってしかるべきだが、それはあくまで《作者、将軍万福の非凡な才能を痛感せざるをえない》と言っているだけである。しかし、「唯識論」を、むろん、この作家の才能と手腕がなければこのような人間像は出来ないであろう。しかし、興福寺の仏師が知らないはずはないのである。

とはいえ、この浅井和春氏は私の『天平のミケランジェロ』（弓立社）を氏の本の巻頭に取り上げて、私の「様式」の観察方法に強い関心を示していた。日本の美術史家の通弊で、浅井氏も史料を重視し、「様式」の観察に信を置いていないと言いながらも、ここで「阿修羅像」の「様式」の観察を的確に行い、作家の思想まで見通しているのである。氏もまた私が主張する「古典様式」を、この天平時代に見ていることとは、そのことを知っているはずである。

私はこの飛鳥から天平の時代の傑出した美術作品が、この「法相宗」の仏寺において造られたものが多いことに注目していた。法隆寺、薬師寺、興福寺などみな法相宗関係の寺院なのである。概して他の宗派の寺には、顔や表情に複雑な表現が不足しているものが多い。中心となる興福寺が藤原氏の氏寺であったこともあって、奈良時代後期には南都の教学の最大勢力になっていった。これらの寺の僧侶たちは「三論宗」と争い、あるいは平安初期には新興の天台や真言に対する最大の批判勢力となって、論陣を張ることになる。東大寺では華厳経、金光明経が読まれるが、そうした教学も包含していくのである。

たしかにこれまで、唯識思想は独自の心の分析などに特徴があると言われてきたが、日本ではむしろそのような深層意識などは理解されず、ただ人間の能力には五種類の別があり、仏となることのできない人もいると説く五性(ごしょう)各別説や、菩薩の修行には永遠に近い年月、輪廻を繰り返して修行することが必要だ、と説くところが他宗との論争点となっていたという。しかしこのような理解より、この「唯識論」が人間の心の深みを読みとろうとする仏師の意識を喚起していたことは、十分に理解されることである。

さらに言えば、この「阿頼耶識」の中に、インド人も中国人、朝鮮人もそれぞれの地域、国家、宗教共同体の精神のありかを示していたと考えることが出来ると思う。「阿修羅像」の顔はインド人でも中国人でもなく、日本人の顔である。感じられることそのものに、日本人の共同体の「阿頼耶識」、ユングの言う「集合的無意識」が見てとれることである。それは言葉で書かれない、日本の「神道」の伝統を深くあらわしているに違いない。春日山の神々の姿も、その中に沈潜しているだろう。それが仏像をまた芸術の像にするのである。

第九章　唐美術から自立した薬師寺三尊

1　遷都千三百年記念「大遣唐使展」を見て

「大遣唐使展」の二つの仏像

日本の研究者は細分化された専門家が多く、中国と日本の関係史を研究する者は、中国への依存をことさら強調するようになる。中国とは独立した展開を示す日本の神仏儒などの融合文化、とくに日本の仏教文化の受容が、それ以前の古墳文化との密接な関係の中でなされた固有な文化史であったことを考慮しない。また『記・紀』を中心とした神道文化が、中国と全く異なった世界を持っていたことも、あまり顧みようとしない（このことは拙著『「やまとごころ」とは何か』ミネルヴァ書房、で詳しく論じている）。彼らの多くは、七、八世紀の日本の文化は唐という「大国」の「先進文化」を「学ぶ」ことに専心したかのように文化史を書こうとする。とくに「遣唐使」の役割を重視し、それによって成り立ったかのように著述するのである。

そうした観点から組織されたと思われるのが、奈良国立博物館での平城遷都千三百年記念「大遣唐使展」である。あたかも日本文化が「唐」の影響で出来あがったかのようなイメージを強く押し出そうとしていた。千三百年も経った今こそ、その独自性を高らかに謳うべきなのに、このような主題で開催さ

聖観音菩薩立像
（薬師寺蔵／飛鳥園提供）

観音菩薩立像（ペンシルヴァニア大学博物館蔵）

れたことは日本人の独立性を削ぐものとしか考えられない。

その意味で、この展覧会の入口で展示されていた二つの「菩薩立像」は、特徴的なものであった。

その一つはアメリカのペンシルヴァニア大学博物館から来た「観音菩薩立像」で、高さ二四三・八センチあり、カタログにも《本像は石窟造像以外の唐代彫刻では最大級の作で、（中略）時代を代表する名品の一つ》と書かれている、この展覧会の目玉と言うべき作品であった。私は中国に何度か行き、その石窟造像をほとんど見ているつもりだが、このアメリカにある菩薩像を実際に見たのは初めてであった。

もう一方は薬師寺のブロンズ像の「聖観音菩薩立像」である。カタログには《唐代彫刻のエッセンスを凝縮したかのような作風を示し、遣唐使を介してもたらされた美術様式が、わが国で大きく開花した傑作である》と書かれてある。つまり唐の作品が、この薬師寺の聖観音のもとであるというのだ。

こうした結論は、むろん前者が少なくとも二、三十年前に造られたものであれば、それを学んで発展させたということは言えるかもしれない。

ところが、この中国の像に台座があり、そこには銘があって、はっきりと年代が書かれている。それは《神龍二年》すなわち七〇六年である。この年代は、日本では藤原京時代で奈良遷都の四年前ということになる。

一方の薬師寺の像は白鳳時代の清新な様式を示しており、薬師寺自身が七〇〇年以前に建立され、彫刻も藤原京薬師寺から移転されたものである（この論を述べることが本論の主旨の一つであるが）。つまり飛鳥で薬師寺が発願された六八〇年以降、文武天皇の時代までに鋳造されたものである。平城遷都の後に造られたという説も主張されているが、その間、遣唐使が行ったことがないから（七〇二年と七一七年）、影響を受ける機会はなかったはずである。すでに薬師寺の像が七〇六年以前の様式であることが濃厚であると考えると、ますますこの二つの菩薩像は無関係でなければならないことになる。いずれにせよ、ここには直接の影響はないと言ってよい。

二つの仏像の違い

どう見てもこの二つの像は質的にも異なり、その由来関係でも一方が他方の「源流」であるというものでもないということを、ここでまず指摘しておこう。材質が違うということもあるが、職人の仕事と芸術家の仕事の違いがあるということである。

まず表現の張りといったもの、ボリューム感が大きく異なる。中国のものは型通りに彫っており、衣文、天衣の自然な動きなどがない。とくに表現で違うのは下半身の衣の作り方で、薬師寺のものは肩や腕にかけられた条帛が三つ下げられ、それが中国の単純な腰巻きと袴に比べると異なっており、華麗な印象を与える。裳の上にさげられた瓔珞がその華麗さに色を添えている。腕から落ちる三本の条帛の柔らかな流れに比べ、中国のそれは向かって左に見えるように不自然に曲線を描いているのである。これはこの展覧会でも他に出品されている西安市の宝慶寺の諸像も同じで、彫りは洗練されているが、その表現に通俗性が強くストイシズムに欠けており、仏教の精神性に不足している。

とくに側面から見ると中国の像は《肩を後方に引き、腹を突き出して立つ姿勢が、隋代の仏像や七世紀前半から中葉のわが国の諸像、例えば法隆寺金堂四天王像などに見られるものに近く、薬師寺像に見られる様式の一時代前の要素を濃厚にとどめている》（同展カタログ）と指摘されているように、薬師寺の「聖観音菩薩立像」に見られるような厚い張りのある作りが欠けており、中国のそれが七世紀の様式をそれほど発展させていない古拙なものであることが分かる。

研究者たちの先入観

実を言えばすでに昭和七年の昔、内藤藤一郎氏がこのペンシルヴァニア大学博物館の像と金堂三尊像と東院堂聖観音像を挙げて比較している（『法隆寺壁画の研究』東洋美術研究会大阪支部、昭和七年）。下半身の薄い裳裾を透して両脚の肉づけを外にあらわすところに特徴があるが、聖観音像の衣文が緊勁な線であるのに対し、中国のものはそれが弱められて技巧的にやわらかみを加えているとして、聖観音像やそれと同様式の金堂三尊は法隆寺壁画と近い、和銅・養老（七〇八〜七二四）頃の制作と推定している。これは薬師寺が平城京に移ったあとに造られたものだという説を述べたものであるが、しかしここでも唐様式が常に日本に先行しているという先入観があるために、並行して様式展開していることが見てとれていない。それならその間に、則天武后の時代（六九〇〜七〇五）以後、遣唐使でも唐の仏師が来る可能性を示唆しなければならない。その間に遣唐使もなかったし唐の仏師が来ている形跡もないのである（記録になくとも来ていたと予想するのであろうか）。

またたとえば水野清一氏は次のように述べる。

《薬師寺の聖観音像は金堂三尊よりいくらか未成熟の點はあるが、要するに大差はない。正しく盛唐の形式で、はやくて高宗末年、實例でいえば則天時代（六八四〜七〇七）のものである。それにこれらが持統・文武（六八七〜七〇七）乃至元明の初期（七〇八〜）につくられていたとなると、その輸入のはやいことはとにかくとして、その消化のはやいことが、さきの飛鳥白鳳期とくらべて、その比ではないことがわかる。つまり、このころでは、大陸においてあたらしい様式ができると、ほとんど同時にわがくにでも新様式が採用されているのである。だから、ここになると影響というようなことばは不適当であるほど両國文化が緊密であったのである》

（水野清一「飛鳥白鳳佛の系譜」『佛教藝術』第四号、一九四九年）

それほど似ているのであろうか。常に様式が日本ではなく唐を出発点としているという固定観念が、日本における独自な様式発展がすでに中国より先行しているという正直な観点を閑却に付している。あるいは《彼の地の一流仏工が鋳造工が来日して直接手を下して造立したものと見做すのも、不当ではあるまい》などと、何の証拠もなく断定する研究家もいる。薬師寺の金銅諸尊がその造形表現の様式も形式もその後の天平期の遺品に全く見られないなどと言っている（杉山二郎「薬師寺金堂薬師如来三尊考」より）。しかしこれは東大寺三月堂の諸像に通じるものであり、大仏にも発展していくものと思われ、決して「全く見られない」などというものではない。

2 薬師寺は平城京へ移転された

法隆寺の再建、非再建論争とともに、薬師寺の金堂三尊と聖観音が白鳳か天平かという論争ほど美術史学界での大きな問題となっているものはない。ここでこの論争について私見を投じ、薬師寺の諸仏の理解と鑑賞に役立てよう。

薬師寺の創建

まず薬師寺の創建については、『日本書紀』の天武天皇九年の十一月十二日に書かれた有名な記事から始める。

《皇后が病気になられた。皇后のために誓願をたて、薬師寺を建立することになり、百人の僧を得度させたところ、病気は平癒された》（宇治谷孟・口語訳）

これと同じ内容が東塔の檫銘にもあり、天武天皇が即位されて八年（六八〇）に皇后の病気治癒を祈って発願されたことが明らかになっている。すぐに着工されたと考えられるのは、藤原京の発掘により天武天皇の時期に造られていた金堂の瓦の文様が出ているからである。本薬師寺跡から出土している中門、金堂の土器や使われた瓦にそれが見られるのである。藤原京の造営とともに、薬師寺の工事も進められていたのである。ただ朱鳥元年（六八六）に天武天皇が崩御されて殯（もがり）の法会が行われた折に、その開催寺院名にこの薬師寺の名が入っていないから、この頃まではまだ完成されていなかったのであろう。しかし法会は一年後にはこの薬師寺でも開催されるようになっており、そのときには主要な建物が出来あがっていたものと考えられる。朱鳥二年（六八七）のことである。

さらに持統天皇二年（六八八）正月の条で分かるように、無遮大会が行われているのである。「遮（さえぎ）り無く」施すという意味のこの法会では、施主が参加する者に分け隔てなく施しものをするという。こうした大掛かりな法会が開かれていることは、この時代に薬師寺はほぼ完成していたことになる。

金堂の仏像がはたしてこの当時に完成していたかは、史料からは分からないが、建物だけが造られたということは考えられない。百歩譲っても、制作途中であったことは確かであろう。というのも、持統天皇六年（六九二）に阿弥陀仏像および菩薩像の「繡仏」が施入されている、と書かれているのである。「繡仏」とは布地に仏像をあらわした縫い仏で平城京の講堂に安置されたものであるから、すでに講堂は出来あがっていただろう。そして仏像も搬入されていたであろう。これまで多くの研究者が、これが藤原京の薬師寺において講堂本尊ではなかったとして否定しているが、阿弥陀仏以下、天人まで百余体も表現した大「繡仏」の安置場所は、講堂以外には考えられないはずである。講堂はこの時期に完成していたと考えるのが妥当である。

そして『日本書紀』の持統天皇十一年（六九七）六月の条に、薬師寺で開眼供養が行われた仏像のことが触れられているのである。

《六月二十六日、公卿百官は天皇の病気平癒を祈り、仏像を造ることを始めた》（同訳）

そしてその翌年の八月一日に持統天皇は文武天皇に譲位された。その前の日の《七月二十九日、公卿百寮の祈願の仏像の開眼式を、薬師寺で行った》（同訳）と記されている。『続日本紀』の文武天皇二年（六九八）十月の条に《薬師寺の造営はほぼ終わったので、僧たちに詔を下してその寺に住まわせた》（同訳）と書かれ、この時期に仏像も造られていたことは確実である。この年代において、薬師寺の仏像が開眼されたのである。

さて、こうして完成された薬師寺についてまとまった記述を残しているのが、薬師寺東塔にある檫銘である。全文は百二十九字で、書き下し文で引用しておこう。

薬師寺東塔の檫銘

《維れ、清原宮に馭字しし天皇の即位の八年、庚辰の歳、建子の月、中宮の不悆を以て、此の伽藍を創む。而れども金の鋪くこと未だ遂げざるに、龍駕騰仙す。大上天皇、前緒に遵い奉り、遂に斯の業を成す。先皇の弘誓を照らし、後帝の玄功を光らす。道は群生を済い、業は曠劫に伝う。式て高躅を於聞し、敢て貞金に勅す。其の銘に曰く、巍巍蕩々たり、薬師如来。大いに誓願を発し、広く慈愛を運す。猗あ聖王、仰ぎて冥助を延ぶ。爰に霊宇を餝り、調御を荘厳す。亭亭たり宝刹、寂寂たり法城。福は億劫に崇く、慶は万齢に溢れむ》

（東野治之・書き下し文「文献史料からみた薬師寺」『薬師寺白鳳伽藍の謎を解く』冨山房、二〇〇八年）

薬師寺東塔（薬師寺境内／飛鳥園提供）

ここでは持統天皇が、天武天皇の遺志を継いで本薬師寺を完成したことが述べられている。

この銘は誤字やメクレが見られ、藤原京の薬師寺のために書かれていたものを、平城京の遷都とともに移った薬師寺東塔のために写したと東野氏は指摘している。いずれにせよ、塔が完成してから自由のきかない塔上で、下書きがなされたうえで刻まれたものであろう。

『日本書紀』と異なり、天武天皇の壬申年在位を認めない「即位八年庚辰」という紀年も、たとえ寺側の述作であれ『書紀』撰上後ではありえない。江戸時代以来、この銘が大友皇子の即位した根拠とされてきた銘文であるが、作成年代は七世紀末と見てよいと文献学の立場から東野氏が述べている（同論文）。

この銘文で興味深いのは、大宝律令制定（七〇二年）以前に書かれたと考えられる点である。というのも、持統天皇が太上天皇となっているのに、それ以前はその表敬規定がないためにその敬意が表されていないからである（太田晶二郎氏・指摘）。またすでに古く平子鐸嶺氏が指摘しているように、この銘は長安の西明寺の鐘銘を下敷きにしているという。おそらく皇帝賛辞の例文集といったものである『広弘明集』（巻二十八）を見て書いたと考えられている。これは長谷寺の「法華説相図銅板銘」にもあるから、流布していたのであろう。

この銘文で薬師如来像について「巍巍蕩蕩」であると述べている点が興味深い。巍巍は高く大きいことだし、蕩蕩は広く大きいことで、まさにその風格の大きさを言っているのである。もともと帝王に対する言葉を薬師像に転用しているものだが、それを適用したくなるほど現在の薬師寺の如来像の「大きさ」を思わせる。

現在多くの研究家が、薬師寺の仏像は平城京に遷都後に造られたと述べている。展覧会のカタログばかりでなく、最近の『薬師寺——一三〇〇年の精華』（大橋一章・松原智美編著、里文出版、二〇〇〇年）などもそうだ。

新旧薬師寺の比較

はたしてそうであろうか。平城京へ移転したことは、これまで『薬師寺縁起』に《養老二年、戊午、伽藍於平城京》とあるから、養老二年、すなわち七一八年と書かれていることから支持されてきた。しかし発掘調査で、薬師寺東僧坊の北から《霊亀二年》（七一六）と記す習書木簡が出土した（奈良文化財研究所『薬師寺発掘調査報告』一九八七年）。すでに移転工事が遷都直後から始められたことが考えられるようになったのである。

発掘調査の結果から新旧薬師寺を比較すると、新寺の中門が一回り大きくなり、回廊が単回廊から幅のある回廊に変わっているが、他はほとんど同じ形、規模になっている。とくに金堂、塔に至っては、平面プランはほぼ同一で、全く同じ様式、規模であったことが分かる。つまり藤原京の薬師寺と同一のものを建立したのである。

ただそれならすべて解体して持ってきたかというと、『縁起』に引用された奈良時代の流記資財帳には、塔「四口」の内「二口」は「本寺」にあると書かれており、藤原京において、塔、金堂、僧坊等の院、大衆院など六坊が本寺の分として残っており、解体して移動させたのではないことが分かる。

平安時代に入っても、嘉保二年（一〇九五）に、本薬師寺の古塔跡から、仏舎利が発掘されるという出来事があったことが、『中右記』や『七大寺巡礼私記』などに記されているから、少なくともいくらかの建物は残されていたのである。それは同時にこの本薬師寺の方が使われていなかったことを述べていることにもなろう。

つまり藤原京の薬師寺の方は、独自の寺としての機能を果たしていなかったことが指摘できる。これは本薬師寺の独自の活動が、史料に全く見出せないからである。『諸寺建立次第』とか、『諸寺縁起集』などの諸寺の活動の記事に、この本薬師寺は書かれていない。これは新寺に旧寺の宗教的な仕事を完全に移行させたことを意味し、旧寺は建物はあっても機能していなかったことになる。

このことは、仏像についても重要な示唆を与える。つまり本薬師寺には、少なくとも主たる仏像がなかったということである。もし残っていたら、寺を機能させなければならないことになり、当然寺の布教活動が記される。しかしその記録がないとすると、ここには重要な仏像は残されていなかったのではないか。ゆえに、ここで造られた藤原京時代の釈迦三尊にしても聖観音像にしても、すべて平城京の薬師寺に移されたという仮定が成り立つ。

これは文献学の立場から考察した東野氏の結論とも合致する。

金堂移坐説

ここで金堂の本尊について述べておこう。

まずこの「移坐説」であるが、これは『薬師寺縁起』に書かれている。

《堂一宇（中略）、仏壇長三丈三尺、広一丈六寸、高一尺八寸。以馬脳為鬘石、以瑠璃為地敷之。黄金為縄堺道、以蘇芳造高欄。以紫檀為内殿天井隔子、以鉄縄釣天蓋。宝蓋四端、交立日耀宝珠及半満月等、不可称計。其堂中安置丈六金銅須弥座薬師像一躯。円光中、半出七仏薬師仏像、火災間、刻造無数飛天也。左右脇士、日光遍照・月光遍照菩薩像各一躰。已上、持統天皇奉造請坐。已上、流記文略抄之》

この記事は、奈良時代の「流記資財帳」を基にした記録で、本尊が持統天皇の造像、請坐と書かれている。藤原京の本薬師寺の本尊のことである。持統天皇を和風称号で述べたり漢風諡号で読んだりするので、この史料は参考にならないという研究家もいるが、この史料では本薬師寺で持統天皇の時代に造られたという以外に解釈出来ない。

この『薬師寺縁起』は長和四年（一〇一五）頃に成立したものであるが、末尾には永保二年（一〇八二）の記文や寛元元年（一二四三）の本奥書まである。元になった資料は資財帳であるが、それは神護景雲元年（七六七）の「東大寺阿弥陀悔過料資財帳」のように阿弥陀如来をはじめ、台座まで詳しい記述がある。

つまり奈良時代の「流記資財帳」では金堂三尊については、藤原京での造立とはっきり書いていた。文献研究をする東野浩之氏が結論とするのは《本尊は藤原京の寺から移されたということである。旧寺に存在した本寺に本尊がないのは不審という意見もあろうが、（中略）旧寺が独自に活動した形跡がないことである》。このように仏像は史料から言っても、藤原京で制作されたものであり、したがって当然、白鳳期の作品と言わなければならない。

記録から言うと、建物の方は新たに建てられた。養老年中（七一七～七二四）において元明天皇のために東禅院が造営され、天平二年（七三〇）には東塔が完成された。それらはほとんど白鳳時代の様式を踏襲し、内部の仏像と合わせたと考えられる。養老六年（七二二）七月に薬師寺が仏教界の最高機関である「僧綱」として指定されており、同年十二月には元明天皇一周忌法会が執り行われていることは、この頃までに新薬師寺が官寺の筆頭として活発化していたことを示している。他の寺よりも完成が早いのは、藤原京の薬師寺の仏像を含めて、そのままを踏襲したからと言わざるをえない。

薬師寺東塔の様式

かつて明治期の先駆的な建築史・美術史家の関野貞氏は、この東塔が白鳳の様式をそなえていると分析したが、藤原京の同じ塔の位置には裳階の礎石が見られないと述べ、新寺の塔は旧寺の材料を使って五重を三重に改めて裳階を付加したと推察した。旧寺から運んだ相輪の長さと調和する姿にしたと述べている。

薬師寺東塔は、三重塔であるが各重に裳階がついて屋根は六重になっている特殊な形式であるが、金堂も同じ形式の姿であったことが平安時代後期の『七大寺巡礼私記』に《金堂五間四面瓦葺、重閣各有裳層、仍其造様四蓋也》と書かれていることからも分かる。この金堂も藤原京の金堂と同じ大きさで、礎石配置も同じなのに、やはり裳階の礎石がないのである。したがって関野氏は、新寺の金堂は旧寺の金堂を移築して裳階を付け足したものであるとした。しかし、もともと裳階は礎石を必要としなかったと考えたわけではない。

いずれにせよ、この関野説は藤原京の建築が元であったというものである。これに対し、喜田貞吉氏は法隆寺論争同様、関野説に反対し、《天平二年三月廿九日、始建薬師寺東塔》（『扶桑略記』）の記事をそのままとって、天平の新築と主張した。他方、大岡実氏は本薬師寺と全く等しい建築であるから、元のものにも裳階がついていたと考えた。平城京になって塔が金堂を囲む回廊の外に建っているのに、この薬師寺だけが前の時代を踏襲していることに注目したのである。足立康氏は、新しい薬師寺は新造だが、形態は旧寺をそのまま倣ったとするものである。

ともあれ建築の方は解体して移動したのではなく、新たに旧建築を倣った形で再建したことになる。

さて薬師寺の仏像を様式論で見ると、どうしても平城京に移ってからの新造で、養老、天平期のものだとされる。この論についてさらに批判しておこう。つまりそれらの説は、記録からの、これが藤原京の薬師寺の移坐であるという結論を、覆すほどの説得力を持っているのだろうか。

3　金堂「薬師三尊像」の位置づけ

岡倉天心の見た薬師三尊像

明治の最初の美術史家、岡倉天心は彼の『日本美術史』で、次のように述べている。まず《天平時代の美術の現存せる重要なものを列挙せん》として、最初に薬師寺の諸像を挙げる。講堂の三尊を挙げ、これが金堂の薬師三尊に先行するものであるとする。《この講堂薬師三尊は天武天皇御宇の製作なれどもその法式はもって天平の魁（さきがけ）をなし、のちに金堂三尊等はこれより出でて、次第に進化せしものとなるがごとし》と語っている。《薬師寺金堂三尊は実に目を驚かすばか

薬師三尊像（薬師寺蔵／飛鳥園提供）

りにて、中尊にて八尺ぐらい、脇侍は立像にて丈二尺ぐらいなり。その銅の色合、鋳造の手際、頭部四肢等の権衡（けんこう）、容貌の品位等、ことごとく具備し、実に天平期第一と称すべきものなり。その脇侍日光、月光は東院堂の聖観音によりしかと思われ、薬師は蟠満寺釈迦の一歩進みたるものと思われる。蟠満寺釈迦は頭部やや大に失すれども、この像にいたりてはその権衡十分なり。純粋日本風の趣味を有す》とこれを絶賛している。

この絶賛の言葉と共にこれを天平期に入れてしまっているが、はたして白鳳期にこうした様式が生まれなかったのだろうか。

一方、天心は東院堂の聖観音像を年代詳らかならずと述べ、《その製作立派にして、全くわが邦のものにあらず。その感情、方法等においても外国製のごとし》と言っているのも妙だ。

私は、この天心の金堂薬師三尊が《天平期の第一》であるとか、聖観音像が《外国製のごとし》という意見に与しない。ただ様式の流れとして、この見方は先駆的なものを持っている。つまり講堂の三尊像が最初に造られ、次に金堂の薬師三尊像、そしてやや表現が個性的になり装飾性も強くなる聖観音像が、その後に造られたとする意見である。

まず講堂の薬師三尊像であるが、特徴的なことは、金堂のものと比べるとややつまっており肩幅もやや狭く、大きさはほぼ同じなのにずんぐりとした形をしていることである。唇の端があがってアルカイックな微笑を感じさせ、顔が平易になっている。金堂の三尊に比べると明るさが感じられる。

この像が白鳳様式と感じられるのは、これが山田寺の仏頭（興福寺蔵）や蟹満寺の釈迦如来像、あるいは当麻寺の弥勒菩薩像などの顔の表現にこれと近いものを見ることができるからである。いずれもおおらかで、天平時代の複雑さが見られない。形態も古典期の端正さがない。

とくに脇侍の日光、月光菩薩であるが、講堂の二像は修復が多いことを考慮しても、これを金堂の二菩薩と比べるとその相違がかなり感じられる。肩幅もやや広くなり、動きが堂々としたものになる。同じように上半身、裸形で、胸かざりも臂釧（ひせん）も腕釧（わんせん）も同じなのに印象が異なるのはその形態の張り具合である。微妙な相違に違いないが、講堂の二菩薩の方が古様であるのはそのせいである。これらの像は江戸時代の史料に、元禄十二年（一六九九）に、八条村から持ってきた薬師三尊だと書いてあるために、もともと薬師寺のものではないというが、同じ工房様式の像であることは指摘できる。

私はこれらの薬師寺の仏像が、同一仏師の工房によることは確かだと考えている。その様式はほとんど一貫しており、手として同じだからである。ブロンズの原形を同じ仏師が塑造でつくり、その鋳造の段階で工房が協力し手を加えたものと考えられる。その作家の名前は史料に記されていないが、その技術はすぐれたもので、「薬師寺の大仏師」としてその出来栄えを評価しておく他ないであろう。

この体の動きは中国の宝慶寺の十一面観音像（根津美術館所蔵）などと近い姿となっている。この宝慶寺の像の年代は、長安三年（七〇三）の銘刻があるから、日本ではまだ白鳳時代であり、この年代から言っても日本のものは中国の模倣であるという日本人学者の見解を否定せざるをえない。金堂の薬師三尊と聖観音像で、中国に先行するという事態があったことを明確にしている。それは同時に、この二像が白鳳様式から天平様式への橋渡しをしたことを示している。

表情と心理描写

内藤藤一郎氏は白鳳時代が天武天皇の時代から元正天皇までで、その天武期の山田寺の仏頭と両脇侍は白鳳時代の先駆作、元正朝の金堂三尊を白鳳時代の最高峰として位置づけているが、私もこの意見に賛成である。小林剛氏は金堂三尊について、その表現がおおらかにして力強く、形態の至る所に清新な若々しい力がみなぎっており、また少しも暗い厳しさや熟しすぎた緩みなどがなく、実に明朗にして張りの強い彫刻であると指摘している。また小林氏は、このような力強い造形は、法隆寺五重塔塑像群や東大寺法華堂の不空羂索観音像など奈良時代の盛期以降の作例には見られないと述べ、金堂三尊は持統天皇期に制作されたと主張したが、私もこれに同意する。小林氏は長谷寺法華説相図銅板や法隆寺五重塔の塑像群を金堂三尊の後に置いた。

法隆寺五重塔の塑像群はその心理表現において、確かにこの薬師寺諸像よりも進んでいる。そこには「古典時代」天平を先駆する、人間の表情、心理がよく表現されている。私はこれに当麻寺の四天王像の写実との関連を見たが、それをさらに変化させている。しかしこの中の阿修羅像と興福寺西金堂の名高い阿修羅像とを比べると、その心理描写がやや平板になっている。

薬師三尊が天平期に入ってから造られたものではないことは、史料的な裏付けからだけではない。橋渡しをしたと言っても、天平期の仏像と画然とした表現の相違があるからだ。つまりここには、おおらかさ、威厳はあっても、より深い人間的な性格表現がないということだ。薬師寺の金堂三尊が天平「古典」時代の傑作群に比べると、その前段階であり、いずれも法相宗の影響が強い寺々の作品だけにその唯識論の理解度が深まっていく過程を示しているように思われる。

これは前章で興福寺の阿修羅像の解説で述べたように、天平期の像は人間の微妙な心理表現にまで及んでいるということである。その微妙な心理表現は、興福寺の十大弟子や八部衆だけではない。東大寺の「日光・月光菩薩像」やさらに「不空羂索観音像」といった中心の像にまで及んでいるのである。そのことは前章で、これらの寺がこの時代は法相宗で、その唯識論の理解がいっそう進んだからだと説明した。実を言えばこの薬師寺もまた法相宗の寺である。しかしその深浅が違うのは、まだこの薬師寺の三尊が古典の段階に至っていないことを示している。

拙著『日本美術全史』（講談社）でも、『天平のミケランジェロ』（弓立社）でも、薬師寺の三尊について記述が少ないのは、これが天平の時代（これらの本の著述中はそれを疑わなかった）の仏像にしては古様であり、そうした心理描写よりも超越性の方が強く、複雑な芸術表現にまで至っていないという判断があったからである。

しかしこれが白鳳時代のものと認識されれば、その中では代表的な堂々とした名作であると評価することが出来る。

ここでもう一度述べておきたいのは、唐の仏教文化との関係である。岡倉天心は「印度希臘の分子」という言葉を述べ、中国の影響について触れていなかった。おそらくこの唐が常に日本に先行するという観念を与えたのは、関野貞氏であろう。彼は東京帝大教授で明治時代における権威であった。関野氏はその論文で、奈良時代の本質は「唐朝文化」を得て成立したと述べたのである。

問題なのは、氏は金堂三尊と中国の具体的な作例の関係を一切語っていなかったのである。これは明治三十四年当時は、西欧から西域探検隊の成果が日本に伝えられていたが、中国本土の仏教美術はほとんど知られていなかったことによるであろう。しかし実証主義を掲げ、形を見る鑑定眼を持っているはずの関野教授が、なぜかその具体例を挙げずに中国依存論を展開してしまった。

4　唐美術の影の薄さ

中国の仏教美術史

その後の中国美術史はどう見られたのだろうか。水野清一氏は「唐代の仏教彫刻」という論文（昭和二十四年）で、初唐を隋の伝統が残る太宗・高宗前期（六二七～六六〇）と、姿態の表現がいくぶん硬さを残しながらもようやく自由になる則天武后期（六八四～七〇四）と、凝滞が生じて沈痛となる玄宗期（七〇五～七五五）の三期に区分した。この説も、小林氏の説（昭和二十四年）も唐の美術作品の様式論ではこの則天武后期を盛唐とする見解である。さきほどのペンシルヴァニア大学博物館の観音像や宝慶寺の仏像がそれにあたるのである。これが少なくとも残された最もすぐれた仏像群とすれば、唐代の彫刻は日本のそれより劣っているとしか言いようがない。優劣の問題でないというなら、その質的な違いは一方の仏教のストイックな精神を受け取っていない唐代の仏師と、他方のそれを受け止めている日本の仏師の相違と言うべきかもしれない。同じ微笑でも一方は平俗で、他方は高貴であると言える。

中国美術史家の松原三郎氏は金堂三尊の身体や着衣の表現を唐の作例と比較し、その造形感覚が咸亨四年（六七三）造像の龍門恵簡洞三尊像などの初唐期の作例に見られず、長安三年（七〇三）から四年の旧宝慶寺仏像群などに類似するとして、金堂三尊は七〇三年から七一三年頃の盛唐前期の仏像様式を有していると述べた（昭和四十九年）。

町田甲一氏はその奉先寺本尊の盧舎那仏は白鳳仏の典型と評し、金堂三尊ほど完全に人体解剖学的な観察がなされて造形化された段階に至っていないと評した（昭和三十二年）。一方で大橋一章氏は龍門奉先寺洞盧舎那像と金堂三尊像との様式を比較し、前者が盛唐様式の始まりに位置するもので、それが則天武后の時代に広がり、法隆寺五重塔塑像群とこの金堂三尊がその頂点をきわめた作例であるとした（昭和六十三年）。これらの諸説を紹介し、コメントした林南壽氏は《いずれにせよ、金堂三尊の様式の源流は初唐様式ではなく、盛唐様式であり、したがってその制作時期は白鳳ではなく、天平であるとする説が、現在ほぼ定説になっている》と述べている（『薬師寺　千三百年の精華』）。

この中国仏教彫刻史の流れを考えると、明確に日本と別個のものであるという観点を持たざるをえない。

ただこれまで触れなかったが、金堂薬師如来の台座の不可思議な装飾意匠も一瞥しておく必要があろう。四神、異形像、華紋、葡萄唐草文が見られ、これこそ中国の影響がよく見られるものだ。中国や朝鮮には類例がないとされるが、どう見ても日本人の姿とは関係のないものである。裸形で多くは口から牙を出しているのは、邪鬼を思わせる。四天王の下に踏みつける邪鬼のように野蛮の象徴であろう。教化すべき南蛮人の姿であり、中国の雲岡石窟に見える小塔を捧げる侏儒（しゅじゅ）像や、柱を支えるインドの夜叉像に起源があるだろう（町田甲一『薬師寺』昭和三十五年）。

独自に発展を遂げた日本美術

唐の仏教美術の存在の薄さは、実を言えば九世紀半ばにおける唐十五代皇帝武宗の破壊によるものだという事実を、あたかも唐の美術が豊かで、日本を凌駕していたのだという幻想に変えてしまったのである。武宗は長安にあった五千近い仏教寺院の破壊を命じ、二十六万人もの僧侶や尼僧を強制的に還俗させ、寺院の所有地と小作農民のそれを没収したことで有名である。日本の天台宗の僧侶、円仁がこのとき唐におり、『入唐求法巡礼行記』でそれについて触れているのはよく知られている。武宗の道教好みが高じたものだが、この廃仏政策はもともと仏教が中国に根づかなかった表れと取ることも出来るのである。中国で生まれた儒教や道教が根づき、インドから来た仏教が根づかなかったのも、インド的な思弁性が中国人にはなく、世俗性が強い国民であったことによると言ってよいであろう。美術で言えば道教に基づく山水画はすばらしいが、仏教彫刻は決して高い表現力に至っていない。

「大遣唐使展」にも出たペンシルヴァニア大学博物館の神龍二年（七〇六）の観音像も、長安三年（七〇三）の宝慶寺の仏像も、その通俗性が出ており、仏教彫刻としては日本のそれと異なっていることを認識しなければならない。たとえそれが《時代を代表する名作》と認めたとしても、同時代の日本の白鳳時代彫刻と並行しており、その先行例とならず天平彫刻の前例としての質的な高さも持っていないのである。唐美術を日本の方が摸倣したに違いないとする先入観から、どうしても薬師寺美術は養老、天平時期（七一七年以後）だと主張するようなことは、やめにした方がよい。

それよりも日本の中で、独自な発展を遂げているその歴史の自立性を見た方がよい。飛鳥時代以来、法興寺の飛鳥大仏から法隆寺釈迦三尊、百済観音に至るアルカイスムの時代、そして白鳳時代のおおらかな山田寺の仏頭、それだけでなく夢違観音や当麻寺の釈迦如来と四天王像、そして蟹満寺や当麻寺などの如来像が流れとして存在し、天平期の古典美術を準備する。その白眉に薬師寺の薬師三尊が位置すると言わなければならない。

こうした美術の様式の流れについては、かつて関野氏が、「古典主義」という言葉は使わなかったが、奈良時代の写実表現を理想化し、その萌芽期の前期を白鳳時代とし、完成期として天平時代を位置づけた。私はそれを古典主義時代として、日本美術の根幹の時代として評価した（拙著『日本美術全史』『天平のミケランジェロ』参照）。町田甲一氏も同じ「古典主義」を言っていたが、その後の平安時代をバロック美術にしてしまったために混乱が生じた。

第十章　「うるわし」の奈良・大仏

1　壮麗な大極殿の復元

復元された朱雀門

平城遷都千三百年の平成二十二年（二〇一〇）に、奈良時代の大極殿と東院庭園、そして朱雀門が復元された。とくに平城京の大極殿と言えば、この時代の国の最も重要なモニュメントの一つである。正面が四四メートル、側面二〇メートル、高さ約二七メートルの巨大な朱色の建物である。直径七〇センチの朱色の柱を四十四本、屋根の瓦約九万七千枚を使った平城京最大の宮殿の復元は、この時代の壮麗さを深く人々に印象づけた。これ以後、当時の建物が数多く再建され、ここに平城京の中心が再興されることを願うものである。

ただ歴史家の立場から言えば、元の図面や絵が残っているわけではないので、これは決してオリジナルな建物の再現ではないから、細部にこだわると必ずしも納得できるものではない。それは致し方ないのであるが、発掘調査によって基壇の位置や瓦葺の建物であることは確かで、平安時代末期に描かれた『年中行事絵巻』の江戸時代の写本や、『伴大納言絵詞』の朱雀門や応天門などからも、基壇の上に建った当時の宮殿の再現は、本物に近いものと言ってもよいだろう。

太政官奏言に見る平城京

『続日本紀』神亀元年（七二四）十一月条に太政官の奏言が記されている。《大昔は人間が淳朴で、冬は土中に居室をつくり、夏は樹上をすみかとした。後の時代の聖人は、そのかわりに宮室をつくり、また京師（都）をこしらえて、帝王はそこを住居とした。万国の使者が参朝する所は壮麗でなければ、どうして帝王の徳を表すことができるだろうか。平城京に見られる板屋や草葺の家は、大昔のなごりで、造るのに難しく、こわれ易くて、人民の財を無駄に費やすことになっている。そこで五位以上の官人や、庶民の中でも造営する力のある者には、瓦葺の家を建てさせ、赤や白の色を塗らせるように、有司に命ぜられるように要望する》（『続日本紀』口語訳）。

この「奏言」は許可されて、平城京の住居の基準が出来あがった。これで瓦葺の赤と白の家並みが建ち並ぶことになったのである。これまでは仏寺は立派に造られていたが、住居までは統一されなかった。唐招提寺の修復の際に、扉板から建物の外面にも極彩色の文様があったことが発見されて、華やかな色彩の建築物が多かったことも明らかになったが、それが一般住居まで及んでいたのである。瓦屋根の頂上には、大棟の両端に鴟尾もしくは鬼瓦が飾られ、大極殿のそれは金色に輝いていたのである。

「帝王の徳」

《京師（都）をこしらえて、帝王はそこを住居とした。万国の使者が参朝する所は壮麗でなければ、どうして帝王の徳を表すことができるだろうか》と帝王の「徳」のことを述べているが、この当時の帝王とはむろん、聖武天皇である。したがって、日本の帝王がそこにおられるとなると、これは決して単純に中国の儒教の「徳」ではなく、もっと大きなものである。

現存する日本最古の漢詩集『懐風藻』には首皇子、後の聖武天皇に奉った五言の漢詩がある。

《三宝　聖徳を持ち　百霊　仙寿を扶く
寿は日月の共長く　徳は天地の興久しくあらむ》

仏法の象徴、三宝は皇太子のすぐれた「徳」を護持し、数歌の神霊は皇太子の長寿を助けられる。よって皇太子の寿命は日月と共に長く続き、その「仁徳」は天地と共に、久しからんと祈り奉る、と。これは大安寺の開基、道慈の漢詩である。この道慈は遣唐使として唐に渡り、在唐すること十六年、養老二年（七一八）に帰国した。神叡とともに、「釈門の秀」と称せられた仏門の俊秀である、ときに首皇子十八歳、道慈は心からこの未来の天皇を尊んだのである。

この「徳」が道慈の説く『金光明最勝王経』十巻に基づくものであり、決して一般的な儒教的意味でのそれではない。この『最勝王経』については、『日本書紀』にもすでに仏教が日本に伝えられたときの記事で次のように書かれていた。《是の法は諸々の法に於て、最も殊勝なり。解し難く入り難し。周公、孔子、尚ほ知ること能はず。此の法は能く無量無辺の福徳の果報を生じ、乃至無上菩提を成辦す」と》。この上表文は欽明天皇十三年（五五二）に百済の聖明王から献上された金銅の釈迦仏像に添えられたもので、日本ではこれが国家の基本経典であると位置づけられたことを示している（これは道慈が、『日本書紀』の編集に携わっていた、という推測を呼んでいる）。すでに神亀五年（七二八）に同経が諸国に頒布され、同六年には僧侶の得度要件としての暗誦が『法華経』と同じく義務づけられていたのである

実際、道慈は大極殿で、この『最勝王経』の講話を天平九年（七三七）に行っており、その「徳」の意味を説くのにふさわしい場所であった。その意味でも平城京の大極殿は、仏教的な「徳」を示すもの

で、周公や孔子の影響の強い中国的な宮殿の様相を持つものではないことになる。大極殿の再現はその意味でも中国の宮殿の真似であってはならないのだ。今回の復元にたずさわった関係者は《平城京の大極殿が中国の宮殿を模し、当時の第一級の建築であったことからすれば、堂内は極彩色で荘厳されていた可能性がある》（島田敏男「大極殿の再現と日本の古代建築」『別冊太陽　平城京』平凡社、二〇一〇年）と述べているが、日本の宮殿が異なる意味を持っていたことからも、もっと寺院に近いものであったと考えなければならない。再建された大極殿はややけばけばしい感じを与えており、これが唐の真似と捉えられかねないのが残念である。

2　奈良の大仏の意味を改めて問う

刀剣の発見

平成二十二年（二〇一〇）の十月二十五日、東大寺の大仏の膝下にあった二本の剣が発見された。これは正倉院御物の中にあったもので、「陰寳剣」と「陽寳剣」と名づけられている。二剣の存在は以前から知られていたものの、それがどこに行ったか分からず、今回、X線で剣につけられていた銘文が確認されて再認識されたのである（元興寺文化財研究所と東大寺による発表）。二剣はもともと大仏の膝の下にあったというのも、この二剣が大仏そのものを守る力として埋められたことを予想させる。宇佐神宮がこの東大寺の守り神として名乗りをあげたが、その神が八幡神という鎮護国家の神として武力をもって外敵防護する神であったから、これらはまさにその象徴として大仏の膝下に埋められていたのであろう。

この刀剣の発見は、それが大仏の慈愛に満ちた姿と対照的なある権力の力というものを印象づけるもので、聖武天皇の強い意志というものを感じざるをえない。

聖武天皇の思い

聖武天皇が大仏造顕の詔を出されたのは天平十五年（七四三）のことである。その年の正月に「像法中興」を誓われた。この意味について語っておくことは、まず大仏建立の重要さを述べるうえで必要なことである。仏教の歴史観では釈迦入滅後の時間軸が「正」「像」「末」と三区分され、釈迦の教えが守られている時期を「正法」、その後を「像法」、そして仏の教えが廃れる時期を「末法」とする。釈迦の入滅から五百年もしくは千年単位で次の時期に変わっていくとの説から、「末法」が始まるのは日本では永承七年（一〇五二）であると想定されていた。

『日本書紀』では仏教が公伝したのは欽明天皇十三年（五五二）である、と記しているが、その年が「像法」の始まりか、半ばである、という認識があった。というのも実際には、『元興寺縁起』においては、宣化天皇三年（五三八）という説が書かれており、この年代の方が事実としては近いのではないか、という説があるのである。その年よりも五五二年をとったのは、ちょうどこの年が、「像法」に入る年と予想されたからであろう。「正法五百年記」によると、ちょうど五五二年が末法元年となり、「正法千年記」では一〇五二年になる、という説もある。しかし日本では五五二年とは像法の世になるという自覚があったと見ることができる。これは『大集月蔵経』などの影響であろう。聖武天皇はその二百年後の七五二年に（この西暦で語るのははばかれることであるが）、「像法」の世の二百年目の年を「像法中興」の年とするため、この大仏を造らなければならない、という強い意志を持ったものと考えられる。

この五五二年という年の重要性は、すでに天平三年（七三一）年の頃から認識されていたと考えられる。

まず国の歴史書、『続日本紀』から見ていこう。十一月十六日の条である。

《以前のことであるが、天皇が平城京の中を巡幸の途上、獄舎の近くを通られた時、囚人たちの悲しいうめきや、大声でさけぶ声を耳にし、天皇は憐憫の情を催し、使者を遣わして犯した罪の軽重を再審させた。その結果天皇はこれらの人々に恩恵を与えて、死罪以下の罪をすべて許し、あわせて衣服を賜わり、行いを自ら改めさせた》（宇治谷孟・口語訳）

このような獄にいるものを助ける記事は、これ以後、何かの災難が起こるたびに出てくる。人民に起こる災難は、みな《朕の不徳のせいである。人民に何の罪があって、こんな甚だしく灼け萎えることであろうか》と述べて《流罪以下の罪に服している者、現に獄につながれている囚人をすべてゆるす》（天平四年七月五日の条）のように、罪人を許すことを常に心がけられるのである。天皇が獄まで行かれてこのように罪人たらの《悲しいうめきや、大声でさけぶ声》を聞くなどということが本当にあったのかと疑われるが、しかしこれはいささか誇張であろうとも、天皇の慈悲心の表れとして書かれたものであろう。刑の軽減は実際に行われたと考えてよい。

このことについて田村圓澄氏は、聖武天皇が『華厳経』を読まれたからだ、と指摘している。『華厳経』の中には、善伏太子が獄中の罪人に代わって自ら罪を受けることを、父の勝光王に申し出る話があるが、《若き日の聖武天皇が、獄中の囚人に憐れみをかけたのは、『華厳経』の善伏太子の話に関連しているように思われる》（『古代日本の国家と仏教——東大寺創建の研究』吉川弘文館、一九九九年）という。

この二カ月前の天平三年（七三一）九月八日に聖武天皇が写了された『雑集』は中国の最新の仏教思想が盛り込まれた詩文であり、天皇はこれを実に優雅な文字で写されている。その文字を見ると、この天皇は立派な書家であることが見て取れる。天皇自ら書の芸術家なのである。

そこに『鏡中集』の三十首が含まれ、釈霊実という名文家の詩文が採録されている。そこには「盧舎那像賛一首幷序」があり、のちの盧舎那大仏を思わせる記述があるのだ。盧舎那仏とは『華厳経』に説かれている仏の名であり、これを見ると、すでに聖武天皇は『華厳経』について深い知識を持たれていたことが分かる。

最近まで東大寺別当、華厳宗管長であった森本公誠氏によると、その詩文から、聖武天皇が盧舎那仏の本質を明確に認識しておられたことが分かるという（『聖武天皇　責めは我ひとりにあり』講談社、二〇一〇年）。

聖武天皇がお書きになった内容は、《そもそも法身（盧舎那仏）には、（本来）形はないが、衆生（済度）のために姿を現され、お蔭で百徳世界のいずこにおいても、みな御仏のお姿を見ることができる。（『華厳経』に説かれているように）御仏は（天上界と地上界）の七カ所において、八つの会坐をもたれて、人々と神々とをよく導かれた。…うやうやしくも亡き父君のために、盧舎那仏像一軸と天龍八部衆を画かれた。その尊い容貌は円満で、寂滅道場にいるのではないかと疑い、善財童子が、（弥勒菩薩の）虚空のごとき法界に入ったかのような心地がするほどである》（現代語抄文、同書より）というものである。

ここに聖武天皇は大仏を建立し、人民のために役立てようとする、大きな根拠を学んだのである。最後の部分には、善財童子が悟りを求めて、五十三人の善知識（高僧たち）を訪ねて歩く物語があり、次のように語られる。

《はるかかなたの過去世に宝光という世界があり、そこに勝光という、法に従って統治する王がいた。王宮の牢獄には罪を犯したために、縄や鎖で縛られ、首枷（くびかせ）や足枷（あしかせ）をはめられている千人もの罪人が閉じ込められていた。あるとき善伏という名の王子が、罪人たちのあげる恐怖の叫び声を聞き、牢獄に行ってみた。王子は、罪人たちのあまりに悲惨な様子に憐れみの心を抱き、彼らを解き放つよう王に懇願した。むろん大臣たちは反対した。そうすれば、王自身に危害が及ぶであろうと。そこで王子は、なるほどそうかもしれぬ。だが罪人たちを放免せよ。自分が彼らに代わってあらゆる苦しみを受けようと、そのように申し出た》

（現代語抄文、同書）

この文章が起点となって、聖武天皇の二カ月後の囚人の解放がなされた、と考えることができるのである。

天皇の大仏をつくる構想はこの頃から始まっており、決して七四三年の大仏造立の詔からではなかったことが理解される。

対外的威信としての大仏

私は、聖武天皇のその御意志は、そのような内政問題に立脚するだけではなく、日本が文化国であり、高い国家の威信を持った国であることを海外に示す誇りの問題もあったと見ている。遣唐使の報告には、洛陽から一六キロ離れたところにある龍門の奉先寺の盧舎那仏の存在があったに違いない。これはすでに唐の高宗が六七二年に造立したもので、一六メートルもある巨大な石仏であった。中国では五世紀前半に『華厳経』が漢訳されて以来、その思想が広がり、その教えが龍門石窟の巨大な盧舎那仏を造り出した。これは高宗の皇后であった則天武后が資金援助をして造立されたものでもある。武后は六九〇年に自ら即位すると、『華厳経』の新たな翻訳を推進し、序文まで寄せていた。

この大仏の存在が、唐をして大国たらしめた。そのような思いが、近隣諸国の唐への朝貢となって表れている、と思われたであろう。それは国の高い文化の象徴である。高い文化を持つことは、外交関係に大きな役割を演ずる。文化の重要性は、近代の政治家には思いもよらないことかもしれない。文化など為政者の関わることではない、というのが、近代政治の一般であるからだ。しかし聖武天皇にとっては、文化も政治の中に包含されていた。後に全国に建立する国分寺、国分尼寺の実現もその一環である。

聖武天皇が『雑集』により、中国の仏教政治のあり方を学んだ以上、盧舎那仏の造立は重大なことだ、と考えられたに違いない。

というのも、たとえば新羅の態度である。新羅はもともと、日本の朝貢国であった。それは歴史的には神功皇后の新羅征討以来の関係からであった。しかし唐との関係が強まった天平十七年（七三五）以後、とくに新羅は態度を改め、日本の宗主権を認めず独立傾向を強め、両国の緊張関係は高まっていた。

田村圓澄氏はこうした状況を打開し、以前の如く「宗主国＝日本と付属国＝新羅の家族関係」を再構築するために、聖武天皇は『華厳経』の世界を背景とする盧舎那仏造立を決意した、とまで言い切っている。もし、日本の天皇が発願・主導して「法界」（華厳経に基づく仏の世界）が作られ、新羅国王以下の人々がこの法界の中心にある盧舎那仏を礼拝し、仏の世界に入るならば、それは宗主国日本の天皇の権威と力と、あるいは恩恵によるものであり、そのことによって以前のような関係を再構築できる、と述べている。

一方でこの時代、日本の中国に対する《劣等感から抜け出そうという潜在的な欲求が、中国にも存在しない巨大な仏像や、壮麗につらなる無数の仏像を造るという行為の背後にひそんでいる》などという推測が、誤ったものであることは、その仏像の質の違いから見ても確かである（井上薫「東大寺大仏の造営」『新修・国分寺の研究 第五』吉川弘文館、一九八六年）。

また、田村氏の言うように聖武天皇が新羅国に対して有利に立つことを目的にしたとも思われない。というのは、その国家間の従属関係は仏教の本来のあり方ではないからである。中国の宗主国と朝貢国の関係は儒教的な家族関係に依拠しており、本来の仏教の平等観にはないからだ。事実この頃の唐の皇帝は玄宗であって、玄宗は仏教よりも儒教や道教を評価していた。聖武天皇の意図は、《もっと原理的に、大仏の前でほとけの世界のなかで、対立しあう国々が平和的に共存することをめざすものだったのではあるまいか。…華厳教学は、すべてのもろもろの存在が、自と他、あれとこれとを分かつ壁を突き抜けて透明になり、一切の対立や争いを超えるものとして現象するからだ》（磯部隆『東大寺大仏と日本思想史』大学教育出版、二〇一〇年）という解釈の方が正しいであろう。質的に見て日本の仏像の方が高いことは明らかであるからだ。田村氏は仏教美術史家であるが、仏教を勉強された天皇の思想を意外に浅く見ている権力史観に陥っている。実際、この新羅が対立関係を捨てて、この大仏開眼の時期に日本に七百人もの使節団を送って、この大仏開眼に敬意を表したことを付け加えておかねばならない。聖武天皇の意図は効を奏したのである。ただその関係を、時の孝謙天皇の政権は宗主国と朝貢国の関係と見てとってしまったが。

3　どこに盧舎那仏を建てるのか

造営地を求める旅

その盧舎那仏の構想に火をつけたのが、難波宮行幸の際、河内国大県郡、知識寺にあった盧舎那仏を、天平十二年（七四〇）二月に礼拝したことであった。《即ち朕も造り奉らむ》決意をしたと後の宣命に書かれている（この盧舎那仏は平安中期の応徳三年に顚倒して破砕してしまった）。

しかし聖武天皇は、その盧舎那仏をどこに造るかという場所の設定に腐心せざるをえなかった。藤原広嗣の乱も一段落して、天皇は大仏を造る場所を求めて新たに旅に出られた。遷都の問題もそれと絡んで出てくることになる。そこには『華厳経』による宗教都市と言ってよい構想があったと考えられるからだ。その理想を追うという点では、この東国巡幸を「彷徨の五年間」とか、「ノイローゼの帝」などという戦後歴史家の揶揄的な見方は、浅薄なものと言わなければならない。結局、平城京に戻ることから分かるように、そうした純粋な宗教都市では、すでに巨大化している国家を運営するのは困難であった。しかし聖武天皇はその理想を追求されたのである。

最初は伊勢に向かわれた。最短距離の山辺の道から伊賀の名張（なばり）、安保（あぼの）宮、伊勢の河口宮を経て、伊勢大神宮に奉幣された。まず伊勢大神宮の天照大神に報告しておかねばならない。

その後の鈴鹿赤坂宮以後の東国巡幸は、天武天皇の東国巡幸と同じ経路を辿るが、それは天武天皇の支持者の子孫に会い、壬申の乱の正当性を確認するものであった。また東国の人々の巨大大仏の建立への支持や援助を要請するものでもあった。訪問地の伊勢、美濃、近江は資源の豊かな土地であったし、大仏を造る材料の供給地でもあった。労働力だけでなく、大量の材木、粘土、銅、燃料など鋳造に必要な物資、そして運搬のための水利の調査など、引き連れた多くの役人たちの仕事は多かったのである。右大臣の橘諸兄をはじめ、五百人ほどの貴族、役人、護衛兵が従い、政府が動いたと言っていいほどである。

不破宮から琵琶湖の方に向かい、坂田郡横川宮を出発したが、『続日本紀』では、《この日、右大臣橘宿禰諸兄が先発したのは、山背国相楽郡恭仁郷の地を整備し、遷都の候補地にするためである》（天平十二年十二月六日の条）と書いており、すでに遷都先を恭仁宮に定めていた節がある。琵琶湖東岸の港は、北陸からの物資運搬にも利用しなければならなかった。その交通の関係からも、恭仁宮がよいと判断されたに違いない。天平十三年正月元旦、聖武天皇はこの恭仁宮で朝貢を受けられた。宮垣もまだ出来ておらず、帷帳を張り巡らして、その代わりにした、と書かれている。

平城京から大極殿が恭仁京に移された。大仏をつくるためには都を定めたうえで、その中か、近辺にそれが建てられなければならない。まず仏像伽藍を造ったものの、満足なものが出来なかった。杉山二郎氏はそれがこの土地の国分寺にあたる蟹満寺の「釈迦如来像」ではないかと推定しているが、いずれにせよ、天皇は大仏を目指していたから、この丈六の仏像はもともとの構想とは異なっていたのである。

紫香楽宮での大仏造営

さらに大仏にふさわしい土地を探すことになる。天平十四年（七四二）八月、天皇は紫香楽宮に行幸し、十二月から天平十五年の元旦にかけて、さらに四月、七月と、頻繁に赴かれた。この土地への関心はここが大仏の造営にふさわしいと考え、そこに離宮をもうけようとするまでに至った。恭仁京から三〇キロほどのところである。

盧舎那仏の建設地が決まった。天平十五年正月十三日、恭仁京の金光明寺で『金光明最勝王経』を読誦させるために多くの僧を招かれた。

《天皇はつつしんで四十九座（人）の諸大徳（高僧ら）に、はかりたずねる。仏弟子の朕は宿縁によって、天命を受けつぎ皇位についている。そこで仏法をこの世にのべ広め、もろもろの民を導きたいと願っている。ついては今年の正月十四日、国中の出家の人たちに要請して、その住んでいる処で七々日（四十九日）を限って、大乗金光明最勝王経を転読させたい。また天下の人々に、七々日を限って殺生を禁断し、精進潔斎を求めたい。別にまた大養徳国の金光明寺で、特にすぐれた法会を設けて、天下の模範にしたいと思う。諸大徳の方々は当代の有名な人々であり、或いは万里のかなたから渡来の賓客であり、みなあなた方を人の師といい、すべて国の宝とほめたたえている。朕の願うところはその学徳の高い方々に、朕のこの請いに従ってもらい、始めは仏の慈悲のことばをよく述べ、ついには仏の微妙な力を世の人に行きわたらせたい。どうか寺院が威厳を増し加え、皇室に慶びが重なり、国土はおごそかに浄く、人民はやすらたのしみ、それが広く諸方に及んで、永くもろもろの人々をつつみ、ひとしく菩薩の乗物に乗って、ともども如来の座にすわることを、仰ぎ願うものである。像法の中興の時は、まさに今日にある。およそこのことを知見する者は、どうしてこれを思わないでいられようか》（宇治谷孟、口語訳）

この《像法の中興の時は、今日にあり》という御詞の意味は、像法が五五二年に日本で始まり、仏像や寺院を造立することで多くの人々が悟りを得ることが出来る時代のことだ、と語っているのである。『金光明最勝王経』のことはすでに述べたが、国王がこれを信奉すれば四天王がやって来て、その「国土」が守護されると述べ、これが支配者のための経典であることを明確にしている。「王権神授説」として国王は天界の神々によって統治権を与えられている、と述べているのである。むろん同時に国王が統治の責任を果たさなければ、国内の治安が乱れ内乱が起こり、侵略を受けて国は滅亡する、といっている。すでに聖徳太子以来、この経典は知られていたが、聖武天皇はこれを大仏を建てる寺の名前にしたのである。神々は神道の神であり、天照大神以来の神々と受け取られ、それは日本の歴史に適合するのである。こうして『華厳経』とこの『金光明最勝王経』とで裏づけられた盧舎那仏が、紫香楽甲賀寺で建てられることになったのだ。

天平十六年十一月十三日、《甲賀寺に初めて盧舎那仏像の体骨柱を建てた。天皇は親しくその場に臨んで、自らの手で縄を引かれた。そのとき様々な音楽が演奏された。四大寺（大安・薬師・元興・弘福）の多くの僧がみな集まり、布施を与えられたが、身分により差があった》。

この「体骨柱」というものが、塑像自身のことなのか、文字通り塑像の骨組みの心柱のことなのか、解釈が出来かねるが、天皇が親しくその場に臨まれて、自らの手で縄を引かれたというのであるから、やはり塑像自体のことと考えられる。とすると、その翌年の天平十七年四月に仏師国中連公麻呂が一気に正七位下から従五位上まで昇進を遂げていることと対応するようだ。七位から一気に五位という貴族の地位まで上ったことは、単に大仏の骨柱を造り上げたのではなく、その原型の塑像を見事に造ったとしか考えられない。それは一般の常識を超えるようなすばらしい功績と見えたはずである。

このことからも、この制作にあたった国中連公麻呂のことがクローズアップされなければならない。公麻呂が大仏師として出世したのは彼が紫香楽の甲賀寺の盧舎那仏を制作した結果である。

紫香楽での大仏制作が決まった以上、その膨大な費用が予想され、恭仁京の首都建設は二次的なものにしなければならない。天平十五年十二月二十六日の条に、その造作を停める、とある。宗教都市として紫香楽京を造営するならば、恭仁京を必ずしも造る必要はない。天皇が難波京に関心を示すのも、ここが恭仁京のように新たに建設する必要のない都市の姿をしていたからであろう。この難波京はかつて天武天皇が飛鳥浄御原の副都心として造ろうとされたところである。聖武天皇はこれまで難波京を五度以上も訪れており、ここが宗教都市としてふさわしい、と考えていたのであろう。天平十六年一月、六度目の難波京訪問を行い、この難波京と恭仁京のどちらを都とするかを百官を集めて尋ねられた。この問いに対して、五位以下の官人が意志表示をし、ほぼ拮抗した。また同じ日に市の人々にもアンケートをして都をどこにするかを尋ね、恭仁京が多かったとしている。上級の官人にそれをしなかったのはすでに意志の疎通が出来ていたのだろう。注目すべきなのはこのように天皇が自ら下位の役人や、民の声を聞かれようとされたことである。民主主義の精神はここでもあった、と言うことが出来る。

4　「うるわし」の大仏

さてこの後、紫香楽の大仏は平城京の東大寺へと移り、天平勝宝四年（七五二）に大仏開眼となるわけだが、その経過については稿を改めて書くことにしよう。ここで私は、この大仏について、「美」の観点から論ずることにする。というのも、この大仏も、また仏像そのものも、もともと「美」のために造られたものではないというのが、日本の識者（それも美術史家までそうらしいので残念なことなのだが）の常識となっているからである。『日本霊異記』など読んでも、奈良時代の仏像について述べても、その「美」について論じたものはない、というのがその理由でもある。

盧舎那仏が「光明遍照」と解釈されたように、大仏は光り輝くものであるべきだ、という経典の教えがあった。しかしそれだけでなく、「美しく」造られるべきだという意味も込められていたのである。すでに公麻呂という仏師が、その才能を発揮していたのは、『日本霊異記』の記述から一つのヒントを得ることが出来る。

『日本霊異記』に見る大仏

《奈良の都の東の山に寺があった。その名を金鷲（こんじゅ）といった。金鷲優婆塞がこの山寺に住んだので通り名とした。いまの東大寺である。まだ東大寺を造らなかったとき、聖武天皇の世に金鷲行者がいつもこの寺に住んで仏道を修行していた。その山寺に執金剛神の攝像（しょうぞう）があった。行者は神像の脛に縄をかけて引き、昼も夜も休まなかった。そのとき神像の脛から光を放ち、皇居まで達した。天皇は不思議に思われて、使いをやって調べさせた。勅使が光のもとをたずねて寺に行くと、一人の優婆塞がいて、その神像の脛に縄をかけて引き仏をおがんで、懺悔をしていた。勅使はこの様子を見て急いでもどり、事情を申し上げた。そこで行者を召し勅して、「おまえは何を求めているのか」と仰せになった。行者は「出家して仏法を学びたいと思います」と答えた。詔して出家を許し金鷲となづけ、その修行をほめて、衣食住を与えて何不足のないようにした。世の人々はその修行をほめたたえて、金鷲菩薩といった。光を放った執金剛神の像はいまも東大寺にあって、羂索堂の北入口にたっている。ほめたたえていえば次のとおりである。よいことかな、金鷲行者は春に信仰の火だねをもみ出し、秋になってよく燃える火の手を挙げる。脛の光は感応の火を助け、天皇は慎んで奇瑞を調べさせた。実に願うところ得ざるなしというは、このことである》

（『日本霊異記』第二十一話、原田、高橋口語訳、平凡社）（この話と同じものは『扶桑略記』聖武天皇の条、『今昔物語』巻十七第四十九「金鷲優婆塞、修行執金剛神語」、『東大寺要録』巻二、七大寺巡礼私記「東大寺」などにある）

これが現在、東大寺不空羂索観音のある法華堂（三月堂）の「執金剛神像」で、この僧侶が良弁である、と言われている。ここには、在俗の仏教信者が像の脛に縄をかけ自分の体に結びつけて修行をした結果、像が光輝いたと読めるが、しかし、また「光を放った」執金剛神が立っている、という表現そのものに、この像の「光」が「美」であることを推測させる。つまり見るもの、拝むものの見方によって、像が光輝くのである。わざわざ執金剛神と特定し、それが現に羂索堂の入口に立っているということは、自ずからこの像自身の見事さを語っていることでもあるのだ。

　この『日本霊異記』には数多くの仏像についての記述があって、それらが声を出して人々を呼んだり、叫んだりすることが記されているが、それ自身、像が生きたものとして見られており、像自身の写実性、迫真性と無関係ではないだろう。

『日本霊異記』にはその他多くの仏像に関する物語がある。砂の中から《自分を取り出してくれ》という声がしたので、掘り返すと薬師仏があった。左右の耳が欠けていたので、その水難にあった像を修復し、仏堂をつくって供養をしたところ光を放ち、人々に敬われたという。《インドの優填王が作った梅檀の木の仏像は立ち上がって釈迦に礼し、丁蘭の作った母の木像は動いて生きているのと同じ様子を示したというのは、このことをいうのである》と付け加えているのは、《動いて生きているのと同じ》ほどの写実力と、そこに「気韻生動」感を感じ取ったことを、逸話風に述べている、と言ってよい。

　これは『日本霊異記』の作者が、自分の著述の仕方を謙遜して、《上手な彫刻家が彫ったところに、下手な彫刻家が手を加えるようなもの》という、仏像の上手下手を人々が見分けていたことを何気なく述べていることと対応するだろう。像にはやはり表現の良さ、悪さが判断されているのである。ともあれ、この本が中国の「冥福記」や「般若験記」といった仏教上の霊験記に対抗して書かれたものであるから、当然、信仰によるあらたかになった奇跡を述べたものであるので、仏像の美のみを探るのは無理な著作かもしれない。とはいえ東大寺の三月堂の「執金剛神像」のように像が特定されて述べられていることは、それが見事な出来栄えであったことを裏付けており、作者そのものも「インドの優填王」だと述べるように気高い者しか造れないもの、という想定もあったことが示されている。

しかしもっと直截に芸術表現を讃えたものがある。それは聖武天皇の母君であられた太皇太后藤原宮子が東大寺に行啓し、開眼したばかりの「盧舎那大仏」に献じられた和歌のことである。

「うるわし」の大仏

《ひみかしの　山辺を清み　新鋳せる　盧舎那仏に　花奉る
法の本　花咲きにけり　けふよりは　仏の御法　栄えたまはむ》
《うるはしと　我が思ふきみは　これとりて　みかど通はせ　万代までに》
（『東大寺要録』より、榊泰純「古代寺院と和歌」『文学と宗教』第一巻）

ここには中宮が盧舎那仏を「うるわし」と讃嘆し、万代まで天皇の加護を願う「御作」としてこの和歌を献じたことが分かるのである。大仏を詠ったこの「うるわし」という言葉は、「宇流波志」と書かれたこの言葉は、整った美しさ、気高さを讃嘆する言葉であり、仏教的な意味とともに、純粋な美を称讃した言葉として注目されるであろう。

この「うるわし」という言葉は『万葉集』に十九例見られるほか、『古事記』には一例あり、これは有名な《大和は　国のまほろば　畳なづく青垣　山籠れる　大和しうるわし》というヤマトタケルの歌であるが、このように「うるわし」は風景、土地の美しさを賛美している言葉としてよく使われている。それは親愛の感情を表す「うつくし」と異なり、さらに美学的な自立性を持っている。語源的には「潤ふ」が形容詞化したと言われ、濡れて光沢のある状態を表したものでもある。もともと視覚的な美を表現する語であったと考えられている（瀬間正之『万葉ことば事典』大和書房）。

大仏が信仰のためだけではなく、そこに「うるわしさ」があったことはそれが仏教自身の「光」を意味するものであったからだと言うことが出来る。私は大仏について、拙著『天平のミケランジェロ』や『日本美術全史』の記述中にはこの太皇太后宮子の歌を引用しなかった。『東大寺要録』のこの歌の存在は、当時において美的評価がなされていたことを示している。それが当然、『続日本紀』の次の国中連公麻呂の「卒伝」の記述と関連するのである。

《聖武皇帝弘願（くがん）を発し、盧舎那銅像を造り給う。その長五丈。当時鋳工敢えて手を加うる者なし。公麻呂、頗る巧思あり、竟（つい）に其の功を成し、労をもって遂に四位を授け、官、造東大寺次官、兼但馬員外介に至る》（『続日本記』寶亀五年）

ここにあるのは盧舎那銅像が《頗る巧思》によって出来あがったという事実である。それに手を下したのが国中連公麻呂であり、四位という異例の貴族の位を授けたという記事である。これが単に鋳物の技術的な工夫のことであれば、決して公麻呂の任ではない。というのは鋳造の専門家、高市連大国がおり、『東大寺要録二』でも大仏師、国中連公麻呂と大鋳師・高市真国（大国と同一人物）と分けている。大仏師の公麻呂の方はまさにその仏像を彫刻家として取り組んだことになる。《頗る巧思》があったのは、「うるわし」さを持った大仏であると評価されたから、と言うことが出来るのである。

第十一章　東大寺を創造した仏師──公麻呂

1　優れた仏像には優れた仏師がいる

天平時代の名彫刻を前にして、仏像を造った仏師の存在を指摘し、それについて論じなければ、美術史の論文とならない、と私は当然のことを述べてきた。ここ二十年、『日本美術全史』においても『天平のミケランジェロ』においても、その作者に注目すべきことを強く主張し、その名前を挙げてきた(1)。それは同時に仏教という個人宗教へのあり方としてまた当然だからである。仏教は個人の解脱を目指すものであり、個人の内面に関わるものであるからだ。

その間、沢山の仏像研究が出たし、仏像案内の類がブームとなったが、作家個人に言及した本はほとんどないというのも異常である。作者を示そうとすることが仏像鑑賞の学問的配慮であるはずだが、美術史学はこの点で本来のあり方を忘れているのである。

この学問の常識は、名を出す必要のない凡作ならともかく、長い間残されてきた彫刻や絵画にはそれだけの価値があることから発している。そこに作者の個性を感じたなら、必ず、それを造った者の名前を想定すべきなのは、見る者の当然の行為なのである。それは日本も西洋も同じことである。そもそも、創造者の名前が後世に伝わるのは、当時、知られていたがゆえに史料に残されているからで、「近代」だけに個人の芸術家がいたというわけでは決してない。どうしても氏名不詳ならその旨を記すべし、とは美術史学のイロハの問題である。

私は『写楽問題は終わっていない』という本で、いかに学界の人々が、画風の見方を間違えると、とんでもない間違いを犯すか、その内情が分かるように述べた。そこでは、仏像の作風を見るのと同じ方法で、写楽が北斎（勝川春朗）である、ということを証明している。[2]しかし専門家たちの反応はというと、沈黙だけである。それは、反論出来ないことを意味している（あればそれをすぐに行うのが通例である）。学界の人々は、これまで自分たちが言ってきたことを否定されると、その説を受け入れない、という態度をとる。彼らがグループとして固定観念にとらわれているかぎり、一般に流布される本もそれに倣うから、旧態依然たる、作者不在の美術史になってしまうことになる。

私は日本美術史家としては、これまで自説を主張するだけで、様々な先行研究を渉猟する態度をとらなかった。それが、私の説を、仏像専門家たちが無視する傾向を生んだと考えている。したがって本章は、出来るだけこれまでの学者の説を取り上げ、それについて言及し、新史料を挙げながら、その当非の判断をして、自説を述べるようにしたい。一般の読者にとって細かい史料の検討は、煩瑣に聞こえるかもしれないが、これをやっておかないと、なかなか定説にならないので、ここで改めて論じてみることにした。史料を重んじた自説の展開である。

2　仏師は日本だけの名称

中国・朝鮮にいない「仏師」

中国にも朝鮮にも「仏師・仏工」という名称はない。これは単に言葉の問題ではないのである。

よく日本は中国や朝鮮から仏教を移入し、また仏像をつくることも学んだ、と言われる。しかし中国における仏像づくりの言葉調べをすると、興味深いことに、中国には「仏師」という言葉はない。仏師という特別に仏像をつくる工人を特別視することなく、材料に応じて工人が、鋳造、塑像、石像、乾漆像、木彫像をつくり出したのである。仏師、仏工などという言葉は、仏教が盛んなときでもなかった。後代もそうで、明の宋応星に著された『天工開物』巻中、第八の冶鋳之部には「像」の一項目が立てられていて、《凡鋳仙仏銅像塑法与朝鐘同。但鐘鼎不可接而像則数接為之。故写時為力甚易。但接模之法分寸最精云》とあり、明らかに治工・鋳工の職域内の作業であることが分かる。[3]

朝鮮も同じであった。朝鮮の古い時代については、高麗王朝期につくられた『三国史記』『三国遺事』の両書と、金石文、それに『日本書紀』に載せられた若干の朝鮮関係記事を見るしかないが、こうした文献からも、仏師、仏工が存在したと考えられる資料はないのである。造寺・造像の記事はあるが、そこに仏師、仏工がいたということは書かれない。[4]

つまり日本のように、中国や朝鮮には、仏像専門の工人はいなかったと言うことが出来るのである。そのことは、仏像という仏教思想を表現するという制作を考えるうえで重要なことである。仏師という言葉が日本にだけあることは、それだけ日本は、仏像をつくることが特別なこととして認識されていた、ということになる。このことは、すでに史家の田中嗣人氏から報告されていたことであるが、美術史の方で誰もこのことを取り上げる人がいなかったことは不思議である。美術史家は、この時代の仏教美術は、すべて中国や朝鮮に由来したのであるから、そんなことはないはずだ、と思っているのである。[5]

「仏師」の名の始まり

奈良遷都千三百年記念の年、「大遣唐使展」が開かれたが、そこで展示された薬師寺の「聖観音菩薩立像」と中国の「観音菩薩立像」を比較して展示されたとき、薬師寺の像の方がはるかに質的に高く、すぐれている、と私は指摘した。[6] 展覧会の主催者は中国のものを持ってきて、それを日本の方が学んだ、と言いたかったらしいが、実際は日本の方が技術的に高く、それだけでなく、仏像の表情の深さにおいても、その威厳においても優れているのである。これだけでなく、それまでの中国と日本の仏像を比較しても、中国には日本以上の芸術性を感じさせるものはない、と言わなければならない。日本の仏像が芸術性が高く、美術史の範疇に入るものなのに、中国の方は工芸史の範疇で見るのが相応であるということは、専門の「仏師」がいなかったことと深い関係があると思われる。

日本で最初に「仏師」と名づけられたのは飛鳥時代の「止利仏師」である。それまでは「仏工」と言っていたから、そこに仏像をより深く評価する意味があったに違いない。

その後、この「仏師」の名がつけられるのは天平六年『正倉院文書』の「仏師将軍万福」である。そして『東大寺要録』では国中連公麻呂が、「大仏師」と呼ばれている。この仏工・仏師・大仏師という呼称は日本においてだけ見られるということは日本の美術史を論じるにあたって、そこに重要な美術評価の観点が入っている、ということになる。

　この指摘に対し、これらの「仏師」たちも、中国や朝鮮からの帰化人が多く、彼らの国に仏工、仏師と呼ばれる人々がいなくとも、それに匹敵する仏像づくりがいただろう、と反論する向きもあるかもしれない。しかしそれも、帰化人系、非帰化人系の工人は、もともと半々の数を示し、帰化人系の数の多さは、仏像づくりに限らないのである。工人そのものは、物部氏系、尾張氏系、秦氏系、漢氏系が占め、決して渡来系が多いわけではない。かれらが競って仏像を制作する中で、おのずから優れた「仏師」が生まれたにすぎない。朝鮮系だけが目立つわけでもないのである。(7)

　このような日本の仏像づくりがなぜ生まれたかについては、すでに述べていることであるが、「仏＝ほとけ」という日本語が最もよく解説している。元来、「ほとけ」という言葉の、「ほと」が「仏陀」のことであって、「浮図」とも「浮屠」ともシナ語で書く。そして「け」は「形」であり、「仏陀の像」という意味となる。つまり日本では、仏教が仏像と共に、百済からやって来たということが、仏像というものに、大きな意味を持たせたのである。欽明天皇は、《西蕃に献れる仏の相貌端厳し、未だ曽て有らず…》(『日本書紀』「欽明天皇」の条)と述べ、その像が「端厳」であること、つまり「ただしくおごそかな」像であることに感銘されているのである。これを「きらぎらし」と読んでいるが、この「端厳」は、もっと美学的な意味を持っているはずである。「ただしくおごそかな」という言葉は、その意味では、「美」を語った史料上最初の日本語と考えられる。(8)

　これが日本の仏像観の出発点とすれば、止利仏師の仏像を「よし」(好し)という言葉で評された推古天皇の言葉(『日本書紀』「推古天皇」の条)にも、仏像というものが天皇にとって特別なものである、という考えを見ることが出来る。「善し」でもなく、「良し」でもなく、自分にとって「好ましい」という意味である。それを制作した工人は、特別な技術と精神を持っていると考えられるのも当然である[9]。止利仏師の名前を取り上げていることは、日本だけにある「仏師」という職業は、そこに「師」という言葉がつけられる意味があったに違いない。「芸術」という言葉を使わなくても、そこに「仏」を造る特別な「師」という、ある敬称としての認識があったのである。

造像の動向

その仏師・仏工が活躍するのが奈良時代である。その造像の動向を述べてみよう。

この時代の仏寺は大官大寺や東大寺もそうであるように、主要なものは国家が計画し、建立したのであった。このことは、日本の宗教文化は、国家が主導するもの、ということを強く意識させる。官寺の造営には必ず造営司が設けられ、その中で、造像を専門とする造仏所が置かれ、仏師を中心にして、仏像制作をつかさどることになる。したがって、仏像制作には「鎮護国家」の意識が入り、国家を意識することなくしてはそれを創造することは出来ない、ということを予想させる。偉大な芸術に認められる「公」の正義、「公」の道徳観が入ることによって、仏像の美しさの一部となる、と考えられるのである。日本の仏教美術作品に、ギリシャ美術や「ルネッサンス」美術の「偉大さ」同様、「公」の意識が示されることが、この時代の芸術の「偉大さ」を基礎づける、と考えてよい。仏師の意味が、師であることは、それだけの「偉大さ」を表現する役割を負っていることを示唆している。

このような仏師として、仏教を深く知り、また「公」の意味を理解している芸術家の存在こそが、日本の天平の仏像を芸術にまで高め、同時に宗教を超えた普遍的な人間表現の域に到達させたのだ、と見ることが出来る。ドナテルロやミケランジェロが、キリスト教の図像作家の域を超えて、異教徒の東洋人まで深く感動させるその威厳、その意思的な顔貌を造り出したのと同じ意味で、普遍的な彫刻を生み出したのである。

その天平期の仏師として『続日本紀』に記され、東大寺の大仏制作に携わった国中連公麻呂に関してでさえ、彼を彫刻家仏師として認めようとしない研究が大勢を占めるので、まずそれを批判しておかねばならない。

美術史研究者の捉える仏像

もし一人の美術史家が《西欧の学問体系を受け入れて、仏像をも「彫刻」という美術のジャンルとして認識してきた近代的な美術の見方を習得したわれわれ》の一人だ、と言うなら、それを受け入れなければならない。これを言うのは京都大学教授の根立研介氏である。[10]氏は現代における奈良時代や鎌倉時代の仏教彫刻の代表的な研究家の一人である。氏の言説を読むと、反対に、西洋の近代の学問体系を受け入れたとは思えない、と言わざるをえない。「彫刻」という個人の手を中心にした作業は、たとえ共同作業であろうと、その主たる「彫刻家」の手を見出さなければ、《近代的な美術の見方》にならないのである。たとえば奈良時代の東大寺の大仏を作った彫刻家がおり、それが誰かを問わねばならないはずである。

氏はかつて拙著『天平のミケランジェロ』（弓立社、一九九五年）について、次のようなコメントを書いていた。氏の「国中連公麻呂考」という論文で、奈良時代のこの東大寺の仏師について、小林剛氏、田中嗣人氏、松山鐵夫氏らの研究を挙げた後、《この他、近年著された公麻呂論として奈良時代の主要彫刻の遺品の作者に公麻呂に比定する田中英道氏のかなり特殊な見解がある》と註に述べていた。[11]しかし、なぜ「かなり特殊」なのか述べていない。無視したとしか言えないが、次のような他の研究者のコメントがある。《最近では、彼（国中連公麻呂）の仏師としてミケランジェロにも匹敵する技量を謳う田中英道氏の著作に刺激されてか、むしろ技術にかかわる事務官僚としての側面を強調する論考が出されている[12]》として根立研介氏のこの論を挙げているのである。「かなり特殊」と氏が言ったのは、自らの見解と相違することを、このような言葉で言ったのであろう。

私は、すぐれた作品にはすぐれた作家がいる、という当たり前のことを常に美術作品に言っているのに、それが氏には気にくわず、事務官僚として側面を強調したと言う他はない。国中連公麻呂についは、すでに論じているので、ここでは繰り返さないが、私と根立氏との対立はさらに鎌倉時代の美術史にも及んでいる。氏は『運慶』の「はしがき」で、次のようなことを言う。

《西欧の学問体系を受け入れて、仏像をも「彫刻」という美術のジャンルとして認識してきた近代的な美術の見方を習得したわれわれが共感できる造形性が、運慶作品の中に存在しているのである。すなわち彼が造像に携わった代表作、例えば見るものを圧倒するような迫力のある造形で迫る巨大なモニュメント、東大寺金剛力士（仁王）像や、興福寺北円堂に安置され、まるで実在の人物を写したかのように錯覚させる無着・世親像といった遺品は、造られてから八百年ほどの時を経て向き合うわれわれ現代人にも深い感銘を与えてくれる[13]》。

しかし仏像を「彫刻」として認識する《近代的な美術》の《学問体系を受け入れ》たのなら、その学問からは、作家そのものに肉迫する美術史家の立場が導出されなければならない。ところが根立氏の論考自身には、それがほとんど見られないのである。というのも、この『運慶』には、彼の作品として確信をもって語られているものはほとんどない。その造形性を作家個人の個性として、深く論じる姿勢が見られないのだ。それは作品についての記述が、自分の目の確信から来たものではないからである。氏の作品の記述は常に「あろう」とか「ようである」とか「なお検討を要する」がほとんどであって、確実性のある言葉は、それが「定説となっている」ということでしかないのである。作品に対する判断は他の研究者の言葉を繰り返すだけで、そこに作家自身を結びつける認識がないから、運慶観が見えてこない。つまりこの研究者の歴史観は、「古代」「中世」などには、個性など乏しく、「近代」のような個人芸術家はいないない、という前提で語っているにすぎない。だが実際には、それらの時代にも、大伴家持、山上憶良、紫式部、西行、兼好法師など、個性ある歌人、文人が沢山いるのである。

何よりも、東大寺の数々の彫刻を刻んだ個人としての仏師の存在を閑却しようとするのは、まず文書史料一辺到の傾向の学者に多い。そこにとどまる限り、その態度は実証主義の名を借りた、唯物論的・機械論者とでも呼ぶべき、芸術史を貧寒とさせる態度である。

3　国中連公麻呂の記録

仏師たちの名前

しかし私もここで、史料から仏師の問題をさぐっておこう。国中連公麻呂に関する史料は、『正倉院文書』に見られる二十数件の記録と、『続日本紀』にあらわれる叙位関係の記事七件および「卒伝」、そして『東大寺要録』に収められた『大仏殿碑文』などが、その主

要なものである。(14)

『東大寺要録』に収められた「大仏殿碑文」は、『扶桑略記』や『七大寺日記』なども記録している重要なものである。本来、障子銘のようで、その内容は、大仏造像の経緯の大筋や、大仏の法量および使用した銅などの金属の用量、さらには大仏殿の大きさといったものを記し、具体的な史料となっている。ここで注目すべきは、その末尾に記された六名の人名で、「大仏師従四位下國公麿」「大鋳師従五位下高市真国」「大工従五位下猪名部百世」と、後三人書かれている。ここで明確に、大仏師は、鋳物師や大工と区別した職業名として明記されている。

また天平宝字七年（七六三）から宝亀二年（七七一）の間と記される大仏光背制作に関する箇条で、《右大仏師従四位下國中連公麿等。申云。此大仏御光不知奉造方、遂辞不造矣。…》と書かれている。これを信じれば、大仏師公麻呂が元来、所管している業務である大仏光背制作を、彼を含め関係者が造り方を知らなかったので、実忠が大工を率いて制作した、という。公麻呂を大仏師として見ていたことが分かる。(15)

まず前にも引用したが、改めてその『続日本紀』の「卒伝」全文を読んでみよう。

《散位従四位下国中連公麻呂卒す。本是れ百済国の人也。其の祖父徳率国骨富は、近江朝廷の歳次癸亥（天智二年）、本蕃の喪乱に属して帰化す。天平年中、聖武皇帝弘願を発し、盧舎那銅像を造り給う。其の長五丈。当時鋳工敢えて手を加うる者なし。公麻呂、頗る巧思あり、竟に其の功を成し、労を以って遂に四位を授け、宮、造東大寺次官、兼但馬員外介に至る。宝字二年、大和国葛下郡国中村に居るのを以って、地に因り氏に命ず焉[16]》。

ここにあるのは盧舎那銅像が《頗る巧思》によって出来あがったという事実である。それに手を下したのが国中連公麻呂であり、四位という異例の貴族の位を授けたという記事である。これが単に鋳物の技術的な工夫のことであれば、決して公麻呂の任ではない。というのは鋳造の専門家、高市連大国がおり、『東大寺要録二』でも大仏師、国中連公麻呂と大鋳師・高市真国（大国と同名）と分けている[17]。

大仏師の公麻呂の方はまさにその仏像に彫刻家として取り組んだことになる。《頗る巧思》があったことは、「うるわし」さをもった大仏である、と評価されたからだと思われる[18]。もしこれが鋳工の技術を言った言葉であれば、他に大鋳師がいることから、仏師の公麻呂が、彼らと異なる《頗る巧思》の発想をもって鋳工の出来なかったことを言ったということになる。そうだとしても、彼が鋳造の分野の職人ではもともとなかった、ということが推定できるのである。

また、帰化人の孫を抜擢するということは、彼が、技術者の伝統と環境にあったことを示していると考えられる。徳率国骨富（くにのこつふ）の帰化は、近江朝廷の天智天皇二年（六六三）のことで、白村江の戦いを機に、日本にやって来たらしい。父のことは書いていないが、おそらく仏工であっただろう。

「卒伝」をめぐる解釈

この「卒伝」に対して、浅香年木氏が、天平十六年の道慈の卒伝で「法師妙工巧」と述べられているのと比較して、「頗有巧思」を《大仏の原型製作や、鋳造技術の指導のような手法の面での彼の卓越を示すものではなく、総合的な工事全体の運営に当たっての公麻呂の手腕に対して賞したものであるとされたのである[19]》と述べているが、これに対しては、仏師としての公麻呂の存在が記されている以上、その立場からの理解が必要である。

こうした古代史学からの批判に対して、私以外にも、美術史学研究者の中で松山鐵夫氏が『東大寺大仏の研究』の中で、仏師としての公麻呂を再評価しようとする見解を提唱された。松山氏は、卒伝の「巧思」に具体的に言及し、天平十七年（七四五）四月二十五日の正七位下から外従五位下という異例と言ってもよいほどの昇進を伴った公麻呂の叙位が、紫香楽における最初の大仏の塑土による原型制作との関連性から説明できるのではないかとされ、これらのことから卒伝の「巧思」が甲賀寺における最初の造仏事業を含む大仏の塑土による原型制作に重点を置いたものに関わるものではないかと推測した。そして、こうした大仏の原型制作への関与という面に、公麻呂の指導的仏師としての役割を見出そうとしたのである。[20]

松山氏のこの解釈は、大仏制作における公麻呂の果たした役割を示唆した見解として評価できる。一方、これに対し根立氏は、《この「卒伝」の該当部分を率直に読むと、その賞賛の対象は元来鋳工が行うべき事柄に関連しているように思われる。したがって、大仏製作における鋳造技術者の作業分担がどこまで含まれているか判然としないところがあるので、公麻呂の「巧思」とは鋳造工程に関するものと考えるのがもっとも自然であろう》と述べている。[21]

これに対しては次のように反論出来る。

天平二十年（七四八）の春二月十九日、公麻呂は、外従五位下から従五位下に進んだ。新たに設けられた「金光明寺造仏司」の主任鋳造技術者として名のある高市大国とともに位が上がったのである。つまり大仏鋳造の技術者は別におり、彼が大仏師として造形の方を担当したことを明らかにしている。そのことは、彼が東大寺の諸仏をつくる立場にあったことを意味する。

天平感宝元年（七四九）四月十四日、大仏の鋳造が始まって五カ月余りで、また公麻呂は従五位上に上がっている。聖武天皇は四月一日と十四日の二度にわたって工事中の大仏前に行幸し、この二回目のときに叙位を行った。この年の十月二十四日、大仏鋳造という空前の難工事がおおむね完了する[22]。この大仏鋳了の二カ月後、鋳師たちがそろって叙位にあずかるが、公麻呂には何の沙汰もなかった。このことは、鋳造という技術を、公麻呂が負ったのではなく、その仏師としての仕事で、「巧思」を発揮したからだと考えられる。公麻呂の大仏造営初期の昇進の著しさはその原型づくりの段階で成果を上げたことに由来しており、それこそが、仏師の仕事なのであった。「巧思」の「たくみ」という言葉は、しごと、しわざの巧みさというだけでなく、それ自体、優れた技量をいう意味があったと思われる。

根立氏がおかしいのは、仏師出身の技術官僚であると言っているにもかかわらず[23]、それでも官僚としての公麻呂に拘泥していることである。《官営造営機構の責任者が、仏師という技術者としての経験を生かしながら、このような造仏の機構の管理面のみの活動に終始していたかは、もう少し検討する余地があるであろう。と言うのも、数多くの美術史研究者が述べてきたように、奈良時代に製作された仏像遺品は個々の遺品に多少の作風に違いが認められるものの、やはり全体としては他の時代、特に奈良時代の直後に位置しながらも、実に個性的な仏像を数多く生みだした平安初期といった時代に比べれば、遥かに様式的統一が認められることが指摘することができるからである[24]》というなら、まさにその背景に語るべきであるのに、ただ文書の字面を否定的にのみ取ろうとするのは、前に述べたように、私の見解に対する反論としては全く弱い。

まずこの造営工事を主掌したのは、初期においては「金光明寺造仏所」であり、天平二十年（七四八）以後「造東大寺司」がこれを担当した。公麻呂は「造仏長官」という肩書きで「金光明寺造仏所」の長となっている。これを根立氏は官職とし、役人として采配したと考えている。この二つが別の組織という説（竹内理三）や、「造仏司」の存在があり、大仏造営はそれと関係しているという説もある（小林剛、本間正義）[25]。

公麻呂の肩書の「造仏長官」というのは、天平十八年（七四六）から天平感宝元年（七四九）に至る間の四件の『正倉院文書』に見出される。いずれも公麻呂の肩書として書かれたものである。この官職が大仏造営に直接対応するものであることは疑いを入れない。公麻呂は同じ「造仏長官」の肩書で、「勅旨写一切経所牒」にも署名している。「司」の下部組織である「所」の長には「別当」の称号が与えられるのが普通で、「造仏司」という機構があったはずである。それで注目されるのは「金光明寺造仏司」の名を記す天平十九年の二件の文書である。法華寺と東大寺からの牒に書かれた宛先がそうなっている。後者は「造仏司政所」に宛てているが、ここから政所を持った上位の組織であることが分かる。したがって「造仏長官」は「金光明寺造仏司」の長官であったのであり、「造仏司」なる組織の先例としては、『続日本紀』天平九年（七三七）八月二十三日の条に巨勢奈氏麻呂が「造仏像司長官」に任ぜられた一件が認められる。《もっともこの「造仏像司」は臨時的なものであっただろう》と根立氏は述べている。

公麻呂が「造仏長官」であったときの四年間は大仏造営の最も重要な期間である。つまり、造仏工事における、大仏の設計から原型制作、そして本体鋳造という大工事である。その時期にこの公麻呂が造仏長官であった「金光明造仏司」が、それを担当した。当然、公麻呂は、その設計から原型制作、そして本体鋳造に取り組んだことになる。その山場を越えた段階で、この組織は当時すでに成立していた「造東大寺司」の機構に吸収され、その下部組織である「造仏所」あるいは「鋳所」に姿を変えている。

天平十六年（七四四）十一月には、「体骨柱」が立てられた。塑土による原型制作もある程度進んだ天平十七年（七四五）四月二十五日に叙位され、正七位下から一躍、外従五位以下に昇進している。五カ月余りが経過して叙位されたことはその間にこれが評価されたということであろう。つまり甲賀大仏の原型制作から彼は取り組んでいたのである。天平十七年五月、聖武天皇は紫香楽宮を捨てて平城京に還幸するが、放棄された紫香楽宮での大仏工事も、おそらくこのときをもって中止されたのであろう[26]。まだ鋳造の段階に至っていなかったものと判断される。

公麻呂が大仏制作を行ったと考える松山鐵夫氏でさえ、まだこんなことを言っている。《大仏造営における公麻呂の「官僚」としての立場は諸記録の語るところから明らかであるが、単に技術者乃至彫刻家としての側面、つまり「仏師」的立場をどのように読みとるかが問題である。五丈を超える大盧舎那仏金銅像という空前の「作品」を実現した制作担当者は誰であったか、伝承通り「大仏師」公麻呂であるのか、あるいは当時の造営機構（造仏司）の下部にあって具体的な作業に従事した無名の仏工たち（その全体）を作者と考えるべきなのか、――公麻呂に関する史料の不足と、造仏所の組織の複雑さから、これは簡単に割り切れない[27]》。しかしこれは慎重な意見というのではなく、「卒伝」の解釈に対してあまりにも臆病なものとなっている。無名の仏工たちが「巧思」ある仕事をしたのではないからである。公麻呂が「仏師」と当時呼ばれていたことは、彼自身が仏工と異なった技量を持っていたということであり、そのことは大仏が隅々まで、形の一貫性を持っていることでも分かる。たとえば大仏蓮弁の線刻でも、その線刻の表現の高さがあるからである。

塑形作業の初期段階は、鋳造工事には入っていないから、その点が「仏師」としての「巧思」に対応するものと言えるのである。つまり、鋳造の具体的技術ではなくて、鋳造を含めた全体的な施行計画とともに、とくに塑土による原型制作に重点が置かれていたということと考えられるのだ。

さらに「大仏殿碑文」では、仏師と鋳師とを区別して指摘しているのである。彫刻家であり、技術面の全体計画者・指導者であり、かつ上級官僚であった公麻呂の姿が浮かんでくる、と言ってよい。『正倉院文書』に公麻呂を記すとき、「仏師」と書かれないのは、それを知らなかったわけではなく、常に「造仏長官」とか「造東大寺次官」という官職を示すことによって、配下の仏工以上の位置にいたと見るべきである[28]。

《天平造像の芸術的水準は、造寺司に所属する仏工と鋳工という末端的技術者の単なる集合によって決定されるのではなく、そうした技術者集団を有機的に駆使する卓越した個性を予想せねばならず、大仏造営の場合、そこに公麻呂の名をあてはめることは、何ら不当ではないと考える》という松山鐵夫氏の考えに賛成である[29]。このように、大仏に関しては、松山氏も私も、共通して公麻呂の仏師としての仕事を認めている。この天平の東大寺大仏は、国中連公麻呂の作と認定すべきであるし、これからの大仏関係の書にもそのように書かれるべきである。

そして、もしこれを松山氏が認めるなら、この公麻呂が大仏師として、他にも多くの作品を造ったと考えなければならない。つまり東大寺の他の仕事が、彼の作品として認定できるはずだ、ということである。

4　大仏開眼の後、何をしていたか

大仏製作の開始

天平十九年（七四七）九月二十九日、第一回の溶銅が大仏の鋳型に流され、八回の大鋳造が行われて、天平勝宝元年（七四九）一二月に大仏本体が大略、鋳上がった。以下、盧舎那大仏の製作状況を見ておくと、螺髪の鋳造が天平勝宝元年頃から同三年六月にかけて行われるとともに、天平勝宝二年（七五〇）正月から同年七日正月まで大仏仏身の追加鋳造が行われ、天平勝宝四年（七五二）一月から始められたと見られる台座鋳造や同年三月から始まったと見られる鍍金作業もおおむね天平勝宝九年（七五七）の早い段階で終了したと考えられる。

天平勝宝元年から大仏像の完成までには相当の日時を要したわけだが、史料の空白が見られるのは、この頃には公麻呂の直接手を下す仕事では無くなったからだと言える。根立氏が言うように、もし彼が大仏師ではなく管理者であるのなら、七五二年の完成まで彼は管理の仕事を続けなければならなかったはずである。工程が進んだところで事務的な仕事が軽減されるわけはないからだ。このことから大仏師として公麻呂は、大仏の設計、大仏本体制作に関わったのであって、全体の仕事の管理者ではなかったことが分かる。

こうして、仏身鋳造が終わった天平勝宝元年（七四九）から天平宝字五年（七六一）に至る十二年間、公麻呂の動向は、『正倉院文書』に造仏司長官として経巻を借り出したという記述が一点あるだけで、他の史料からはまったく見えない。ただ、この経典が、「如来の三十二相八十種好」といったことに触れる教典であったことは、公麻呂が、仏像制作の新たな「様」を創出するためであったと考えられる。そのような借り出しをしばしば行っていたのである。公麻呂という大仏師と仏像の造形との関わりといった問題も、このようなことから窺うことができる。[30]

「造仏長官」という官職が解任されたかどうか明確ではないにしても、位階については従五位上のまま変わりはない。「卒伝」によると、公麻呂が国中連姓をもらったのが天平宝字二年（七五八）であるというから、この間も、位階を上げるほどの仕事がないにせよ、姓を賜るにふさわしい仕事を着々と行っていたと考えられる。

この第二期に行われた造東大寺司の作事には、大仏殿建立、大仏の鍍金、螺髪鋳造、銅座鋳造、同脇侍菩薩像、同四天王像、西塔、東塔の建立である。その中で、公麻呂が携わっていたのは建築ではなく、大仏の脇侍菩薩像、同四天王像であろう。ともに一一八〇年に焼失しているから分からないが、これに公麻呂が携わっていた可能性も大きい。[31]

『続日本紀』によると、天平宝字五年（七六一）六月七日には、光明皇太后の一周忌が法華寺阿弥陀浄土院で行われ、その月の二十六日、公麻呂は十五名の官人と共に、叙位にあずかり、爵一級を賜った。二日目には雑工将領等への勧賞が行われており、このときの公麻呂の叙位について、小林剛氏は阿弥陀浄土院の造営、とくに造像に対するものである、と指摘している。残念ながらこれらの仏像は残されていない。

造東大寺司次官に就いた公麻呂

同じ年に、公麻呂の造東大寺司次官に就任している。それ以後の記録としては、三通の『造東大寺司告朔解』の天平宝字六年（七六二）三月一日、四月一日、同七年一月三日付のものに、次官として連署がなされている。三月一日のものには、鋳所と見られる所、木工所、造瓦所、造香山薬師寺所からの報告がなされ、そして長官以下の官人の上日日数が記されているが、公麻呂の上日日数は上日十七日、夕十三日となっている。この時期からは、管理の仕事も行っていることが分かる。

この史料で「造東大寺司」の造仏に関する事柄に注目すると、造香山薬師寺所では光背に付属する飛天菩薩三十三躯や、菩薩像の宝冠の付属品（緒）、あるいは脇侍菩薩像の光背というように、仏像の荘厳具の仕事がかなり行われていたことが判明する。次に同四月一日付のものを見ると、鋳所、木工所、造瓦所、造香山薬師寺所から前月についての報告がなされ仏像の荘厳具が記されている。

公麻呂の位署にある位置には「假」と書かれ、彼はこの日休暇をとっているようである。三月一日付の署名箇所にも「假」とあるが、四月一日付のものでは、官人上日を記す箇所で公麻呂のことを触れていないところを見ると、公麻呂はこの頃、政所に出勤しないで、長期休暇をとっており、これら制作等に関わる政所の処理に、この時期は全く関与していなかったようである。最後の同七年一月三日付のものは、前年十二月に関わるものであるが、七仏薬師像を制作するための下図（様）を描いている。その他の記録では、塑像の菩薩像の天衣などの制作を行った造上山菩薩所や伊賀山作所、造瓦所、仏菩薩の荘厳具等を制作した造香山薬師寺所、また大炊厨所からの報告が記され、公麻呂は、該当月の出勤した上日日数十一、夕九日と記しており、仏師としての仕事を行っていることが分かるのである。[32]

注目されるのは、七仏薬師像を制作するための下図（様）を描いたり、塑像菩薩像の天衣などの制作を行った、という記述である。これは仏師として、仏像を造るうえで必要なプロセスである。このようにこれら三通の史料は、宝字六年の三カ月分の公麻呂の仕事を記しており、造東大寺司次官に就任した天平宝字五年（七六一）からその職を退いたとみられる神護景雲元年（七六七）に至る六年ほどの期間を見ると、『正倉院文書』から窺える十六の記録のうち、先の三通を除く十三の仕事は、主に造東大寺司の中の写経所に関わるもので、経典を読むことに意を注いでいたことが分かる。中に「公万呂」の自署が見出せるものもある。[33]

根立氏はこの間、たぶん事務官僚として大仏以後の諸工事を取りしきったであろうというが、これらの史料から、そのように推測する根拠はないと考えてよいだろう。この期間の造寺司の主な作事には、東塔の工事や、実忠による大仏光背造立、また新薬師寺や石山寺の造営などがある。やはり、それらの寺の仏像制作に携わったと考えられる。

神護景雲元年（七六七）八月、安倍朝臣毛人と入れかわって公麻呂は公務から退き、七年後の宝亀五年（七七四）十月三日に没した。不空羂索観音の制作から四十数年、紫香楽の大仏工事からちょうど三十年、東大寺の諸仏と大仏とのために尽力した公麻呂の一生であった。この時期には多くの場合「国中連公麻呂」と書かれ、『正倉院文書』では別に「国中大夫」または「公万呂」と書かれているところがあり、また三件の自署はすべて「公万呂」（正倉院文書）となっているが、いずれもその名実ともに一般に広がっていることを示している。史料からも、事務官僚であったとする理由はないはずである。

5　法華堂の仏像と公麻呂の新考察

さて史料上で、東大寺における国中連公麻呂の仏師としての活動を論じてきた。細かな史料検討であったが、公麻呂の存在は、こうした史料上で証明されている。しかしさらに問題なのは、大仏以外の作品についてである。彼がいかなる仏師であったかは、その作品解明がなされなければその全貌が解明されない。今度は、この公麻呂が、どのような「巧思」をもって、この大仏と東大寺の諸仏を造ったかを論じてみよう。

まず「山房」（羂索堂）の諸仏と公麻呂についてである。

年輪年代法での分析

平成二十三年（二〇一一）に、《東大寺の最古の仏堂建築として知られる法華堂の部材が、七二九〜七三一年に伐採されたとみられると奈良文化財研究所の光谷拓実客員研究員による年輪年代法で、判明した》ことが発表された[34]。これにより、七五二年に開眼法要が営まれた大仏を造る以前に、この不空羂索観音のある前身の寺院があった可能性が高まったのである。その法華堂の修理に伴って年輪を調査したところ、本尊を安置していた須弥壇の部材で七二九年、屋根を支える部材で七三一年の結果が得られた。

『続日本紀』には七二八年に、早世した聖武天皇の皇太子のために「山房」を建てたという記述があり、これが同寺の前身寺院とされている。また十二世紀に成立した同寺の『東大寺要録』では法華堂は七三三年創建とされているが、建築様式などから七四〇年、七五〇年の建立とする見方が多かった（栄原永遠男・大阪市立大名誉教授は、これまでの想定よりも十年以上早く建設されたことを示し、各方面に影響を与える発見と話している）。

屋根を支える部材の伐採が七三一年であることは、必ずしもこの年代に建設が始まったことを示すものではないが、法華堂が七三三年に創建されていることは、それに近いことを示しているし、内部の須弥壇が七二九年の伐採であることも、「山房」が七二八年に建てたということも、この年代が、決して年代を隔てている、とは思われない証拠といってよい。これまでの天平十二年（七四〇）頃という説から十年以上遡ることになった。ここに安置される執金剛神がすでに造られていたとすると、その像の年代が、それ以前となり、東大寺と興福寺の阿修羅像などの諸像より早いか同時に造られたことが知られるのである。

そして法華堂の須弥壇が七二九年という時期に造られたことが判明した。このことから、すでにこの時期に、上の本尊が準備されていたことが推測され、その本尊、「不空羂索観音像」がこの頃造られたとすると、これまでいつ造られたかを特定できないでいた法華堂の諸像が、この頃から制作されていたことが分かるのである。

従来の研究よりも早い時期

これまでの法華堂の研究については、現在の瓦の使用状況から、恭仁京が造営されていた天平十二年十二月から十五年（七四〇〜四三）の間の早い頃とされていた。しかし「桜会縁起」に従えば、この像の造立はそれ以前の天平の早い時期となる、と考えられてきた。(35)「東大寺華厳別供縁起」（『東大寺要録』巻五）には、天平十二年（七四〇）十月八日に金鐘山寺で行われた華厳経初講の講師を定めるとき、良弁の夢に紫の袈裟と青い裳を着た沙弥（しゃみ）が現れ、厳智を請じて「羂索菩薩」の前で『華厳経』を講じるよう告げたとあり、この年には金鐘山寺にあったと考えられていた。

しかし『正倉院文書』には、天平十九年（七四七）正月に金光明寺造物所が羂索菩薩の光背を制作していた、という記録があり、これも法華堂像のものとして、この頃に像が完成したとする見方も根強かった。しかし今回の年輪年代法の調査で、すでに天平元年の段階にまで遡ることが明らかになった。

さらに法華堂の須弥壇に仏像八体分の台座跡が発見された。それは八角二重基壇で、上壇はもともと宝殿中に不空羂索観音が祀られる形式であった。その後、宝殿は取り外され、塑像の日光・月光菩薩像が安置され、しかも下壇には戒壇院の四天王が置かれていた可能性が指摘されている。正堂天井の天蓋も二重基壇があるため梵天・帝釈天の真上から外れている。すると、不空羂索観音を中心に上壇が、日光・月光菩薩、執金剛神像、そして現在、戒壇院にある四天王像が、下壇に置かれていたことがほぼ確定された。(36)

6　「不空羂索観音像」と「執金剛神立像」

「不空羂索観音像」から分かること

「不空羂索観音像」の光背は、現在のその位置が下方にずれており、これを当初の位置まで引き上げると像とのバランスはとても美しいものになる。これは八角二重壇は当初、八本の柱が屋蓋を支える宝殿を形づくっており、下部の部材を抜いて光背の高さを低くしたのは、像をその宝殿に納めるときに、屋蓋に光背が入らなかったためであり、また二重壇は補陀落山を意味し、『不空羂索神変真言経』がそこに諸天がいると説くのに合わせ、当初はこの下段に、戒壇堂の四天王像が現在壇上にいる日光・月光菩薩像とともに置かれていた、という説が奥健夫氏によって提出された[37]。これでこの諸像が同じ作家であることがより明らかになった。たしかに「桜会縁起」はその冒頭で、《落山の宝殿を荘り、鷲峯の妙典を構ず》と、不空羂索観音像が補陀落山の宝殿にいると述べており、承和十三年（八四六）には、この像が宝殿の中にあったことが窺われる。この説により、像が他所から移されてきた可能性はより高まったというが、この年輪年代法の新発見は、これがもともとのものであることが分かる。

「不空羂索観音像」は、中央の仏像であるから、これから他の諸像がこれ以後に制作されたということが推測される。神亀五年（七二八）、聖武天皇と光明子の第一皇子、基皇子の菩提を弔うための山房が、平城京の東の地に建てられた。造山房司長官は智努王で、智行の僧九名が皇子の冥福を祈る追修を行った。まさに待望された皇子の誕生だけに、神亀四年（七二七）に生まれると、生後三十二日で皇太子に立てられた。ところが生後一歳を満たずして夭折してしまう。天皇の悲しみは大きく、三日間、政務をとれないほどであったという。智努王は天武天皇の皇子、長親王の息子で、後に紫香楽宮の造営などでは造離宮司を任された人物であった。朝廷内での地位は高く、称徳天皇の崩御後には、吉備真備に皇太子に推されたが辞退したと言われる。

山房という名がつけられていたが、単に僧坊を中心とした小さな規模の寺であったわけでなく、聖武天皇と光明皇后にとっては寺院に等しく重要なもので、この山房は、寺伝にいうように良弁僧正が創建した金鐘寺（金鷲寺、金熟寺とも言われる）も含むもので、規模も大きかったと考えられる。

その金鐘寺では、天平十二年（七四〇）、大安寺（元大官大寺）にいた、審祥大徳を招いて、南都の碩学十六人を聴衆にして、『華厳経』（『大仏広仏華厳経』）を講じさせた。主宰したのは後に東大寺初代別当

執金剛神立像（東大寺蔵／飛鳥園提供）

に就くことになる良弁僧正で、『六十巻本華厳経』を中心として年に二十巻ずつ、三年をかけて講説が行われた。審祥は新羅に留学したことのある僧侶で、華厳だけでなく法相も学んでいた。

良弁もまた華厳経や法華経などの顕教以外に、『六字咒王経』や『不空羂索咒経』『尊勝陀羅尼経』など密教系の経典も学んでいた。南都六宗というが、この時代の僧侶は、一つの宗派に偏らず、広く学んでいたと言える。東大寺は、『金光明経』や『華厳経』の寺と言われるように、興福寺系統の法相宗の寺院と異なる経典を持とうとしたのである。

「執金剛神立像」から分かること

現在、「執金剛神立像」は、不空羂索観音とともに法華堂にあるが、良弁が羂索院を創建したときに制作されたものと考えられる。これまで、天平十二年（七四〇）の藤原広嗣の乱平定のためであるとか、七四四年の大仏建立の守護神として立てられたものであると言われてきたが、しかし年輪年代法から出された法華堂の年代が七三一年となったことからも、この立像はこの年代に出来あがっていたものであろう。

『日本霊異記』（巻二十一）には、聖武天皇の御代に、平城京の東山の東大寺となっている金鷲（こんしゅ）という山寺があり、執金剛神の塑像が祀ってあった、と書かれている。この寺で修行をしていた在俗の金鷲優婆塞という修行者が、この像のふくらはぎに縄をかけて引っ張り、日夜、仏に祈っていたところ、像のふくらはぎが光を放って、宮城にまで届いた。天皇は勅使を送り、修行者の信仰心に感嘆して、彼の出家を許した、という話なのである。この行者こそ良弁僧正であったという伝説があり、それがこの山房の中に建てられた寺であったことが明らかになってきた[38]。

この「執金剛神像」は、法華堂に「不空羂索観音」とともにあるが、もともと観音と背中合わせに立つ像であったと考えられている。法華経から解釈されるもので、「観世音菩薩普門品」には、観音が現世に現れるとき、三十三の身に変化すると説いており、その中に執金剛神が含まれているからである。『日本霊異記』中巻二十一縁は、これの霊験談として有名だが、すでに指摘されているようにこれは観音の霊験を執金剛神が媒介していることをあらわす説話だという[39]。この説話は、不空羂索観音像と執金剛神像がともに法華会の本尊として存在していることが前提となっている。不空羂索観音像が、すでに天平二年（七三〇）頃に造られたと推定されるから、この法華堂が建立されたとき、「執金剛神」もまた堂の後戸に安置されたということがほぼ確かになった。観音の霊験を媒介する者として信仰されたのである。

公麻呂の作

これは私が、いずれも国中連公麻呂の作である、と言ってきたことが、まさにこの発見で裏付けられたと言ってよい。というのも、同一仏師の仏像が、一つの須弥壇に並ぶのは当然で、それらは、戒壇院の「四天王像」であることも確実である。現在の法華堂の三メートル以上の大柄な四天王像では、同じ須弥壇にあるのは、大きさからいって不似合いであり、また作風も異なるからである。

公麻呂自身の活動は、史料から言えば天平十七年（七四五）から宝亀五年（七七四）に至るものしか確認されないが、すでに述べたように、そこに記される高い位階は、すでに仏師として様々な仕事をしていなければ、理解出来ない地位である。初めての史料、天平十七年四月二十五日、正七位下から外従五位下に飛躍的な昇進が見られることから、彼がすでに経験を積んだ仏師として抜擢され、当時紫香楽で続行されていた最初の大仏造営に関係し、その公示がなされていたと思われる[40]。すでに名前は『続日本紀』において、「国君麻呂」と書かれ、『正倉院文書』では「国」あるいは「国大夫」と見られる。天平十四年（七四二）に大仏師の名があることは、大仏制作を成し遂げたから彼が大仏師になったわけではないことが分かる。つまり山房、そして「大養徳金光明寺」造営から続く羂索院、すなわち法華堂の八体の見事な仏像を造っていたことが評価されて、この地位に抜擢された、と言ってよいだろう。

大仏工事と並行して、公麻呂はその「不空羂索観音像」の光背制作のために、天平十九年（七四七）一月、鉄二十挺を請求しており、この像の制作に彼が関与していることが明らかになっている。つまり、すでに造られていたこの観音像の光背が、このときに制作されたことを意味する。この「不空羂索観音」の光背が、公麻呂に委託されたものであれば、その像そのものも公麻呂が制作したものであることは、考え易いことである。仏像を造った仏師に依頼せず、他の仏師に光背だけ依頼するなどは考えにくいからである。そうなると、公麻呂はこの天平の初め、七二九年にすでにこの像を造り始めていたことになり、それゆえに、彼が大仏の制作に抜擢された、ということが了解される。それが現在の三月堂の不空羂索観音の見事な光背だ、と考えられるのである。

東大寺はもともと大仏造立が、紫香楽宮の甲賀寺で始まったものが中断されて当地に移されたものである。甲賀寺の仏像の中には梱包され、東大寺に移ってきている像があることが、『正倉院文書』から確かめられる。これは少なくとも「不空羂索観音像」ではないことは明らかである。すでにそれ以前に法華堂にあったからである。この甲賀寺から持ってきたものは、現在ある四天王像や、梵天、帝釈天、そして吉祥天、弁財天もその可能性がある。

ここで改めて、「不空羂索観音像」について述べてみよう。

この像が、朝廷によって管理された漆を用いている点でも、聖武天皇の皇太子の死を悼んで建てられた「山房」にふさわしい像である。官営造仏所の制作になる脱乾漆像で、三メートルを超える大きさであり、八臂でありながら安定した造形を作り上げ、様々な宝玉をちりばめた銀製宝冠をかぶっている。

「不空羂索観音像」の造作

これほど豪華なものを持つ他の仏像はなく、髻・地髪部をすっぽりと覆う姿は、まるで王冠を意識するかのようであり、現存する奈良時代の仏像の中でも最も優れたものである、と言われている。[41] それほど皇室の威信がかかっている像と見ることが出来るのである。天平十二年から十五年（七四〇〜七四三）頃の平城京は、国分寺の創建や、広嗣の乱やらで、この荘厳な像を造立する目的や財政基盤はない、と思われるから、これがそれ以前の七二九年頃から造られたとする説が正しいであろう。

不空羂索観音関連の経典には、この像が大自在天（摩醯首羅天）の如しと説かれている。大自在天はヒンドゥー教の最高神シヴァが仏教の中にあるときの名であり、その住処は色究竟天（しきくきょうてん）の頂上（摩醯首羅天）である。この大自在天が一般には三目八臂の姿なのである。

承和十三年（八四六）に法華堂で行われた法華会の表白とみられる「東大寺桜会縁起」（『東大寺要録』巻八）によれば、この観音像は、天平の初めに造られたが、これは須弥壇を天平元年（七二九）制作とする年輪年代法の結果と一致する。「東大寺桜会縁起」は当初、安置場所が定まらず、数年して平城京のこの地に安置されたという経緯を述べている。法華堂の屋根の部材が天平三年（七三一）の年代であることも、これと符合する。つまり不空羂索観音が造られた後で、この法華堂が建てられたものであろう。すでに述べたように『続日本紀』には神亀五年（七二八）に、早世した聖武天皇の皇太子のために「山房」を建てたという記述があり、これが同寺の前身寺院とされていることに見事に符合する。

この「東大寺桜会縁起」には本像について、《居所をトせず》つまり、像を安置する場所が決まらず、数年経た後に、平城京の東の山麓に場所を定めたと記され、桜会（法華会）が天平十八年（七四六）三月に初めて行われたと記している。東大寺のこの縁起では、東大寺自体が、この「山房」の「羂索堂」が建っていた山麓の下に建立された関係で、早く造られていたこの堂を、東大寺に帰属させる段階で、居所を「トせず」という言い方をしたと考えられる。

「不空羂索観音」を表現している東大寺大仏殿西曼荼羅の東縁の銘文には、《ひろく衆生を愛し、必ず諸願を助ける者は観自在菩薩である。十一面、千手千眼として現れ、馬頭、不空羂索などと呼ばれるように、感応の仕方は縁に随って異なるけれども、その実はひとつである》ということが書かれている。奈良時代の人々は観音が変化していくことを知っており、しかし観音としての本質は一つだと、見ていたのである。[42]

その他に、大仏殿東側のもう一つの曼荼羅の銘文（天平勝宝六年（七五四））にも、《観音はかたちなき霊妙な存在を極楽に定め、救いの姿が補陀落山の頂に降りている》と述べている。この補陀落山とは、新訳『華厳経』「入法界品」が観音の住む場所として明かす、現世の南方にある山である。奈良時代には、観音は、本来の住処は極楽だが補陀落山に救済のために現れるという考え方があったという。したがって、「不空羂索観音像」を補陀落山の宝殿に安置したのは、像は人々の救済のために現世に現れた観音だ、とするためだったことが分かる。

良弁の夢告にもあったように、この像は『華厳経』と深い関係にあったのである。「桜会縁起」は、末尾にこの法会の御願が《遍照如来が影向し光を発すること、観音が応現し誠を証明してくれること》である、と述べている。遍照如来というのは盧舎那仏のことであり、観音への祈りを通して、盧舎那仏の霊験も同時に期待されている。『華厳経』の世界観を簡略に説いた『梵網経』は、《盧舎那仏が坐す千葉の蓮華の葉一枚一枚が一世界であり、そこに盧舎那仏の化身である釈迦が現れる》と述べている。盧舎那仏の化身としての釈迦は、現世におり十カ所で法を説くが、その最後の場所が摩醯首羅天宮である。大仏連弁の釈迦はこの摩醯首羅天宮にいる釈八迦と考えられているのである[43]。

梵網経がこの摩醯首羅天を現世の最上位に場所にいることと、「不空羂索観音像」が摩醯首羅天の姿をしていることには、やはり深い関わりがあると言われる。『華厳経』は菩提が智慧の最上の境地「法雲地」にあるときは、摩醯首羅天になると説いているのである。つまり不空は現世で菩薩の最上の境地にある者の姿となって現れた観音と位置づけられるのである。そのことは、宝玉に鏤められた銀製の宝冠には勾玉もあしらわれており、三種の神器の一つを飾ることによって、まさに天皇の冠り物であることを示唆している[44]。聖武天皇のために制作されたことが理解されるのである。

7 「日光・月光菩薩像」と「四天王像」

「日光・月光菩薩像」が語ること

東大寺彫刻の白眉とも言える「日光・月光菩薩像」が、最初から「不空羂索観音像」と共にあった、ということが明らかになった。

不空羂索観音と六体の台座が壇こそ違え、本尊が立つ八角仏壇上の左右に脇侍のように立っていた、という基壇の観察結果は、これまで日光・月光菩薩像は客仏で、いずれかから持ち込まれた像であると思われてきた推測を打ち消した。中央の「不空羂索観音」との大きさが随分と違うし、その脇持としてはバランスを欠いている、と漠然と思われてきたが、そうではなかったのである。

この法華堂の中央にある八角二重壇の構造は、補陀落山を意味し、当初八本の柱が屋蓋を支えていた宝殿があった。そこに「不空羂索観音像」が立ち、そこが補陀落山を意味し、そこは当初金色に輝いていた。それに対して下段の日光・月光菩薩も四天王も鮮やかな朱、青、緑などの極彩色の服制で、それぞれの動きも活発で、今日の「執金剛神像」でも分かるように、生気に溢れた像たちであった。

二重壇になっていて、その下段に諸天がいると説く『不空羂索神変真言経』がいうように、当初からこの下段に、戒壇堂の四天王像が現在壇上にいる日光・月光菩薩像とともに置かれていたことになる。法華堂の像の服装は菩薩像とも天部像とも異なる俗形であり、正確な名称は未詳であるとされてきたが、この名称でも間違いがない、ということになった[45]。この説は、これまで、本来の像名については梵天・帝釈天のはずだという説も否定している。これらの像を「日光・月光菩薩」とするのは元禄年間（一六八八〜一七〇四）の『東大寺諸伽藍略録』が初出であり、当初はどうであったか不明であると言われていたのである。

伝「日光菩薩像」は上半身、下半身ともに大ぶりの衣文を表すのに対し、伝「月光菩薩像」は下半身にはほとんど衣文を表さず、腰から両脚前面に垂れた、結び目のある帯を大きく表している。「日光菩薩」には鼻の下にひげが描かれており、それはこの菩薩の男性であることを示し、一方、それが見られない、「月光菩薩」が少なくともその女性的であることを表現している、と言っていいだろう。

不空羂索観音立像，日光・月光菩薩立像
（東大寺蔵／飛鳥園提供）
現在，日光・月光菩薩立像は東大寺ミュージアムに安置されている。

「日光・月光菩薩」とは、本来は薬師如来の脇侍であり、観音像の脇侍として日光・月光菩薩を安置する例は他に見ない。よく知られているのは、薬師寺の「日光・月光菩薩」であるが、それとかなり様子を異にする。むろん塑像とブロンズ像の違いはあるが、薬師寺の方は、上半身は両像とも裸身で、法華堂のものがはだけているのと異なっている。両腕の動きも異なっており、中尊側の手を肘に屈し、外側の腕は体側に下ろし、手の形も日光菩薩の方は、左腕を少し前に出して、手を下に開いて指を曲げている。右腕は肘を曲げ、手を前に開いて指で円を描いている。右脇侍の月光菩薩の方は、左腕の肘を屈し、手を上に開き、垂らした右腕は手を前方に開いて、与願印を示している。この手の動きは、そこに日輪や月輪を示しており、それで、これらの像が、日光・月光の菩薩であることが分かるのである。それに対し法華堂の方は、共に合掌をしており、その特徴を示そうとしてはいない。

一見してこの二つの像は、同じ姿をして、日光・月光の相異を示していないかに見える。しかし違いは、その衣文の襞のつくりにある。日光菩薩の方は下半身の襞が、左上りの曲線で横の線を形作っているのに対し、月光菩薩の方は、下半身が腰紐を結んだ先を長くたらし、下の方で、リボンを結んでいる。垂直線の感覚があり、日光菩薩と対照的である。

像が全体に白く見えるのは、当初の彩色が落ち、雲母を混ぜた仕上げ土が露出しているためと見られている。造像当初は、朱と緑青を主とした繧繝彩色（うんげんさいしき）や截金文様で彩られていたもので、朱は、日光菩薩の下半身の衣に残り、緑青は月光菩薩の下半身の襞に見られ、また緑青は、両像の袖の内側などにも残されている。

このわずかに当初の彩色が残っていることが貴重である。というのも、明らかに、こむらさき色や金色だけは多く語られるが、他の色彩については仏像図典にも示されていないものがある。

ここで万葉集の時代に合致することから、この時代の色彩の意味合いから分析してみよう。まず「日光菩薩」の方の朱色であるが、これは赤色であり、この赤は、冠位十二階の色彩でも、紫、青に次いで上位の色彩であった。赤玉は白玉、青玉と共に、神賀詞祝には《赤玉の御赤（みあか）らびまし》と詠われ、天皇を賛美する表現でもあった。この法華堂がもともと皇太子の夭折を悼んで建てられたものであることや、黄赤色が皇太子の礼服の色であったことが養老二年（七一八）の衣服令で決められていたこととの関連も興味深い。応神記には太陽光線を連想させる輝きから、太陽神の子孫たる日の御子賛美に用いられているのである。そのことは、この日光菩薩が、天照大御神という太陽神であることを示唆していると思われる。この天照大神は、決して人間像として神道でも表現されることがなかったが、この日光菩薩の中に色彩から込められていると考えることが出来る。

一方、緑青も、もともと青が冠位十二階でも紫に次いで尊重された色であるし、緑青は銅色として古くから使用されていた金属の色であったから尊ばれていた。執金剛神像では、青系としては、群青、緑系としては緑青が使用されていた。いずれも高貴な色であり、仏像には欠かせないものであった。有名な《あをによし寧楽（なら）の京師（みやこ）は咲く花の　薫（にほ）ふがごとく今盛りなり》(46)に見られるように、あをに（青丹）よし、が奈良の都の枕詞でもあったことは、この色が繁栄の色であったことを示唆している。

また赤と青の対照性は、赤が太陽神を表すとすれば、青が暗さを象徴し、月読尊をあらわす可能性を示唆している。仏教的な図像を持つ薬師寺の二像との違いは、『記・紀』がその間に発表され、日本神話が、当時、すでに知られていたというとき、日光、月光という菩薩を表現する際には、そのことが意識されたことであろう。

この二つの菩薩像が、色彩によって、日光・月光菩薩として当初は区別されていた、ということが理解出来るのである。月光菩薩の方が、その塑像の白に、薄い青がかかっており、それが月光にふさわしい荘厳さと、その肉つきの円満さを示しているようだ。

この二像の色彩に近いものは、「執金剛神像」で、同じように赤系には朱が、青系には群青が、緑系には緑青が使用されている。その華麗な色彩と文様は、一番残っている。

この法華堂の諸像の一貫性は、これらの仏像が、一人の仏師によって造られたことを示している。中央祭壇の彫刻を、ばらばらに仏師が分担する、ということは考えにくいからである。すでに『天平のミケランジェロ』で指摘したように、「不空羂索観音像」と、「日光・月光菩薩」の顔のつくりはほとんど同じであり、その体のプロポーションもほぼ等しいのである。[47]「不空羂索観音」の方は、堂々として森厳としており、「日光・月光菩薩」の方が、ふくよかで神々しい。しかし肉づけの類似性、造形の同質性は、同じ手を証明している。同じ作家の手になると考えなければならない。

さて『奈良六大寺大観　東大寺編[48]』でもすでに言われていたように、日光・月光菩薩の二像に対比されるものは、戒壇院四天王像において他にない。これらは形相の異なるものであるが、それぞれに均衡・調和を得た姿態、細かい配慮を伴った表情など、相通ずるものがあり、とくに広目・多聞二天の両眼の構えとその静謐な気分は、日光・月光菩薩と共通している。そしてこの両者はいわば天平塑像の最も完成された姿を示している。さらに、二像の法量、塑土の組成、彩色法なども似通っており、元来同じ堂内にあった一群の制作とする説は正しいことになる。心木の構成や切金の調子には若干の差異が認められても、その説を否定するものはない。このような考察が出来たものは、ここに同じ作家を同定しなくてはならない。こうして、優れた作品には必ずすぐれた作家があるという、あたりまえの事実を知ることになるのである。

「四天王像」が語ること

次に戒壇院の「四天王像」について述べてみよう。

この四体が、「不空羂索観音」と「日光・月光菩薩」と同じ時期につくられたことは、これらの類似性を明らかにしている。

四像は互いに相対する姿勢と動きをもって邪鬼の上に立っている。しかし「持国天」と「増長天」の方は、邪鬼の頭に一方の足を載せているために、腰をひねり、動的な姿をしているのに対し、「広目天」と「多聞天」の方は、両足を揃えて立っており、静的な姿をしている。ただそれも、やや重心を少しずらしており、ただ単純な立ち姿ではないが、その表情も、前者二像はいずれも忿怒像として阿吽の一対を示して自らの意志を外に表し、後者の二像は眉はひそめているものの口を閉じ、遠くを見て思いを鋭くし、思いをじっと内に秘めているようだ。邪鬼の表情も同じように二体ずつ、動と静を示しているようだ。その愚かな感情むき出しの顔は、知性的な四天王の忿怒の像と全く対照的なところが見応えがある。

とくに「広目天」は、よろいかぶとをつけながら、手には筆と巻物を持ち、文武両道の統一を示しているようだ。『金光明経』には、「治世の正論」が説かれ、四天王信仰が重視される[49]。『仏説四天王経』によると、四天王は月に六日、人々の行状を観察し、その結果を帝釈天に報告する、と説かれている。これに基づき、観察者としての四天王像が意識され、仏師にとってその鋭い目の表現が重視されたのであろう。四天王像のうちの広目天が必ず筆と巻子を持っているが、それは観察するだけでなく、人々の行状を記録し、帝釈天に報告するという役割を対応したものである[50]。

やや大柄な法華堂の「広目天」も筆と巻子を持っている。そして今は「梵天」とされているが、甲を

広目天

多聞天

増長天

持国天

戒壇院四天王立像（東大寺蔵／飛鳥園提供）

着けるところから本来は帝釈天だったと見なされる像もまた左手に巻子を持っているのである。二月堂本尊光背の「帝釈天」が巻き物を持っているのと同様、これは四天王からの報告書を受け取ったという意味をあらわしている、と考えていいであろう。

それなら、彼らの「忿怒」の形相は、どのように説明されるのか。金光明四天王護国之寺と称した国分寺が依拠した『金光明経最勝王経』「四天王護国品」によると、《この経を流布させない、聴聞しようとしない人王や、持経の人を尊重しない衆生がいれば、四天王と眷属は、国土を守護する無量の大善神とともに国土を捨て、無量百千の災怪と悪事を生じさせる》と説かれており、『四天王経』になかった懲罰者としての役割を彼らに与えたことによる、と見てよいであろう。天平時代の四天王像は、悪しき者を排除するという役割を担っていたのである。

四天王のうちの「持国天」の目が怒りを露わにし、「広目天」と「多聞天」が透徹した眼を持っているのは、前者が懲罰者、後者が観察者という役割を担っていたからだと考えられる。そして四天王と「帝釈天」にさらに「梵天」が加えられ、梵天・帝釈・四天王という組み合わせが重視されるようになった、という。『金光明最勝王経』には、この組み合わせがしばしば現れ、この経を持す者を擁護すると説かれている。四天王より報告を受ける帝釈天は、観察者としての意味が顕著であり、梵天はさらにその上位にいる天の主である。そのような役割を持つ法華堂の「梵天、帝釈天像」は、審判者にふさわしく、威厳があり、射すくめるような眼差しを見せている。仏敵を罰する役割の金剛力士を含めた八天像は、大養徳国金光明寺となった東大寺にふさわしい役割を負っていた、と言えよう。「不空羂索観音像」の造立時期が、すでに天平初期であるから、これらの諸像を法華堂に迎えたのは、法華堂が金光明寺の主要堂宇となり、これら八天荘と一組で安置されるようになった時であろう。

そののち、法華堂は法華会の場となる。「桜会縁起」は、この法会の始まりを天平十八年（七四六）三月としている。そして以降、「不空羂索観音像」は『法華経』とのつながりをも強く持つ像として信仰されたと考えられる[51]。

不空羂索観音像と、戒壇院の四天王が最初、法華堂で一つのグループを形成していたが、四天王像が別の所に移動させられた後、東大寺の法華堂の機能として、新たにこれらの八天像が作られたものであろう。

東大寺関係の国中連公麻呂の作品について述べてきたが、その創作活動は、光明皇后の病気平癒のために建てられた新薬師寺の「十二神将像」、東大寺戒壇院のためにやってきた鑑真を記念する唐招提寺の「鑑真像」や、法隆寺夢殿の「行信像」など、現在は東大寺以外の場所に安置されている諸像についても述べるべきであるが、ここでは、東大寺の諸像だけにとどめたい[52]。

註

（1）拙論「国中連公麻呂について」（『東北大学文学部年報』第四一号、一九九一年号）において最初に論じている。拙著『日本美術全史』（講談社、一九九五年、同社学術文庫版、二〇一二年）、同『天平のミケランジェロ――公麻呂と芸術都市・奈良』（弓立社、一九九五年）において、総合的に論じられている。
（2）拙著『写楽問題は終わっていない』祥伝社、二〇一一年。これは拙著『写楽は北斎である』（同社、二〇〇〇年）での研究に、最近の写楽展覧会の批評、とくにギリシャで発見された扇面画が、栄松斎長喜のものとする新論を加えたものである。
(3) 宋応星『天工開物』巻中、第八の治鋳之部。
(4) 朝鮮関係の文献としては、『三国史記』『三国遺事』、金石文、『日本書紀』に載せられた若干の朝鮮関係記事がある。
(5) 田中嗣人『日本古代仏師の研究』吉川弘文館、一九八三年。
(6) 本書第九章参照。
(7) 田中、前掲書。
(8) 拙著『国民の芸術』扶桑社、二〇〇二年。
(9) 拙著「止利仏師、救世観音の仏師」『天平のミケランジェロ』前掲書。
(10) 根立研介『運慶』ミネルヴァ書房、二〇〇九年。
(11) 根立研介「国中連公麻呂考」『正倉院文書研究8』吉川弘文館、二〇〇二年。
(12) 浅井和春『天平の彫刻』至文堂、二〇〇四年。
(13) 根立『運慶』前掲書。
(14) 「正倉院文書」『続日本紀』、『東大寺要録』「大仏殿碑立」など。根立研介「国中連公麻呂考」前掲論文。
(15) 根立、前掲論文、七五頁。
(16) 『続日本紀』宝亀五年十月己巳条。
(17) 拙著『天平のミケランジェロ』前掲書。
(18) 「うるわし」という言葉で大仏を詠ったことは、整った美しさ、気高さを讃嘆する言葉であり、純粋な美を語った言葉として注目される。本書第十章参照。
(19) 根立、前掲論文、七六頁。

(20) 前田泰次・西大由・松山鐵夫・戸津圭之介・平川晋吾『東大寺大仏の研究』岩波書店、一九九七年、四五、四六頁、注七。
(21) 根立、前掲論文、七六頁。
(22) 根立、前掲論文、四一頁。
(23) 根立、前掲論文、八四頁。
(24) 根立、前掲論文、八五頁。
(25) 竹内理三『日本上代寺院経済史の研究』大岡山書店、一九三四年。小林剛「国中連公麻呂」『奈良國立文化財研究所學報』三号、一九五五年、のち同著『日本彫刻作家研究』有隣堂、一九七八年、所収。本間正義「天平時代の仏師と造仏所」『仏教藝術』十六、一九五二年。
(26) 松山鐵夫「第七節　国中連公麻呂」『東大寺大仏の研究』前掲書、三八頁。
(27) 松山、前掲論文、四一頁。
(28) 松山、前掲論文、四六頁。
(29) 松山、前掲論文、四七頁。
(30) 根立、前掲論文、八六頁。
(31) 根立、前掲論文、七一頁。
(32) 根立、前掲論文、七二頁。
(33) 根立、前掲論文、七二頁。
(34) 『読売新聞』二〇一一年九月一〇日朝刊。
(35) 上原真人「東大寺法華堂の創建——大養徳国金光明寺説の再評価」『考古学の学際的研究』岸和田市教育委員会、二〇〇一年。長岡龍作「法華堂の仏像」『別冊太陽　東大寺』平凡社、二〇一〇年。

(36) 奥健夫「東大寺法華堂八角二重壇小考」『仏教芸術』三〇六号、二〇〇九年。
(37) 奥健夫、前掲論文。
(38) 濱田恒志「東大寺法華堂天平期諸像の研究――尊像構成と機能について」『仏教美術』三〇二号、二〇〇九年。
(39) 濱田、前掲論文。
(40) 松山、前掲論文、三三頁。
(41) 川瀬由照「法華堂の建立と本尊不空羂索観音像の制作」『別冊太陽　東大寺』前掲書、一七頁。
(42) 長岡、前掲論文、三四頁。
(43) 稲本泰生「東大寺二月堂本尊光背図像考――大仏連弁線刻図と参照して」『鹿園雑集』第六号、二〇〇四年。
(44) 長岡、前掲論文、三八頁。
(45) 奥健夫、前掲論文。
(46) 小野老『万葉集』巻三。
(47) 拙著『天平のミケランジェロ』前掲書。
(48) 『奈良六大寺大観　東大寺編』岩波書店、一九六八年。
(49) 森本公誠『聖武天皇――責めはわれ一人にあり』講談社、二〇一〇年、四五〜四八頁。
(50) 長岡、前掲論文、三九頁。
(51) 長岡、前掲論文、四二〜四三頁。
(52) 拙著『天平のミケランジェロ』前掲書。

第十二章　光明皇后の思想

1　民間御出身の美智子皇后陛下

美智子皇后の活動

現在の皇后陛下も皇太子妃も民間の御出身であるが、皇族以外から皇后になられたのは、天皇の歴史の中でも、例外的なことではない。美智子妃が皇族以外の民間から皇后陛下になられたことが、戦後の民主化の象徴のように言われているが、民間から皇后陛下になられた例は、近くは貞明皇后がそうであったし、古くは遠く奈良時代に光明皇后がおられたのである。この最初の皇族以外の皇妃の誕生において、どのような経過があったかを検討することと、その皇后が、いかにその地位において「しりえの政」を執り行ったか、そして、なぜこの聖武天皇、光明皇后の天平時代に、「古典」と呼ばれる文化が創造されたか、そのことについて述べることが、本章の目的である。

現代でも変わりなく日本人が天皇・皇后陛下を中心に国家を形成していることは、世界的に見てもその継続性において奇跡的であるが、その本質を理解するためには、すでに千三百年前の奈良時代から、皇室の努力と、国民の協調があったことを語らねばならない。今日でも天皇、皇后が、災害地を見舞われ、被害を受けた人々に励ましのお言葉を掛けられることは、しばしば目にすることだが、あまり知られていないことに、美智子妃殿下が、日本にあるハンセン病療養所をすべて回られるお気持ちを持たれているということがある。これはすでに、光明皇后の御行為に端を発していることを、念頭に置くべきなのだ。

美智子皇后のお歌。

《いたみつつ　なほ優しくも　人ら住む　ゆうな咲く島　坂のぼりゆく》

（「坂」沖縄、愛楽園、昭和五一年御題）

《時じくの　ゆうなの　蕾活けられて　南静園の　昼の穏しさ》

（南静園に入所者を訪ふ　平成十六年）

皇后陛下が、このようにやさしく病者を訪れることは、実を言えば、近くは貞明皇后のならいであり、遠くは光明皇后によって行われている、と言ってよいことなのだ。またこのように和歌をつくられることも、共通していることであった。

《つれづれの友となりてもなぐさめよ　ゆきことかたきわれにかはりて》。これは大正天皇の妃、貞明皇后（一八八四〜一九五一）の御歌である。この歌が彫られた石碑を持つ歌碑公園が、全国の療養所に作られている。

貞明皇后が救癩事業に尽くされたことはよく知られているが、内務大臣安達謙蔵が、貞明皇后の救癩事業への援助をし、皇后は、昭和五年（一九三〇）十一月十日、御手元金二十四万八千円を下賜されている。これが初めではなく、皇后はハンナ・リデルの回春病院にも多額の寄付を行っており、大正五年（一九一六）には年六千円、それ以降毎年三千円の寄付をされているのである。また、神山復生病院のレゼー神父の就任直後、病院経営が難しくなったときに、経済援助を行ったことも知られている。

これら、近代の皇后陛下の慈善行為の理想として、奈良時代の光明皇后の存在があるのだ。

民間出身の皇后

皇族は、日本では支配階級ではなく、一つの敬愛される社会的役割分担を持った家系であり、日本を自ら保有し、国民を自らの国家の家族の一員と考える伝統を持った家柄として、人々が認知している神話以来の存在である。このことを、神武天皇以来、共有していることを確認すべきなのである。それは神道に裏付けられた伝統と言うべきであろう。

皇后が、皇族以外の家系から入られることは、その皇族の伝統を、民間の力を吸収して、それを体現出来る、ということである。民間の皇后が、皇族とそれまでの大きな心理的な差異を克服する問題があるにせよ、それが可能であることは、これまでの民間出身の皇后が立証してきたところである。天皇家の見方を持っていなかった家柄の女性が皇室に入るためには、そのことを習得することが必要となってくる。光明皇后を調べることは、そうした皇后の努力がどんなものであったか、ということを知ることでもある。

それを光明皇后は、聖武天皇の妃となって六年間かけて学ばれたと考えられる。

これまでは、そのことは仏教の理解によって説明されてきた。光明皇后は仏教に篤く帰依され、東大寺、国分寺の設立を天皇に進言した。また貧しい人に施しをするための施設である悲田院、医療施設である施薬院を設置して慈善を行ったとされ、天皇の崩御の後四十九日に遺品などを東大寺に寄進、その宝物を収めるために正倉院が創設された。さらに、興福寺、法華寺、新薬師寺など多くの寺院の創建や整備に関わったとされ、それが仏教寺院であるために、仏教の信仰によるものとされた。

仏教の庇護者として、光明皇后が、重症の癩病（らいびょう）（ハンセン氏病）患者の膿を自ら吸ったところ、その病人が阿閦如来であったという話はよく知られている。国立ハンセン病療養所である邑久光明園はこの逸話から名付けられているのである。さらに都大路に並木を造る際に、貧しい人が飢えないよう桃と梨の木を選んで植えさせたと伝えられている。

たしかに仏教が聖徳太子が摂政をされた推古天皇の時代から、仏教の時代として、その思想の開花として、寺院の建立と、その経典に基づく福祉思想が流布した、と考えられるかもしれない。

仁徳天皇の事蹟

しかし天皇と皇后は、日本の神話から続く、仏教移入以前からの存在であったことを、念頭に置かねばならない。たとえば、仏教伝来以前の仁徳天皇の時代にこの天皇がされた行為、すなわち人家の竈（かまど）から炊煙が立ち上っていないことに気づいて租税を免除し、その間は倹約のために宮殿の屋根の茅さえ葺き替えなかったという『記・紀』の逸話（民のかまど）や、多発する河川の氾濫を防ぐために、治水工事を行い、河内平野一帯に灌漑用水の設備を整えて農地を拡大させたことなど、国民のために自らの犠牲を顧みないという御意思は、皇室の伝統に属するものである。(1)当然、厄災だけでなく病気に対しても同様であっただろう。疫病の流行の際の崇神天皇が、大物主の命の祭りを行ったことは、それを示唆している。

仁徳天皇陵が、その造成において、国民の力が結集したものであり、そのことが現代の建築技術からしても証明されることは、試算でも明らかにされている。それは、天皇が（あるいはこの祀られた為政者が）尊敬され、巨大な墳墓の必要性を感じさせた、偉大な人物であったことを予想させる。国民のために尽くす思想が、仏教以前にあったことを示す証拠となる。天皇陵と言われる墳墓が、いずれも巨大であることは、それを反映していることだ。

すでに、仏教伝来以前に、天皇の福祉思想は確立されており、聖武天皇と光明皇后も、それを踏襲した、と言わなければならない。仁徳天皇の治世は仁政として知られ、「仁徳」の漢風諡号もこれに由来するのである。また後述するが、皇族以外の家系から皇后を娶ることも、『続日本紀』でこの仁徳天皇の例を挙げていることからも、仏教以前に、その皇族の思想が、皇族以外の皇妃にも体得できるものであったことを示唆している。

仏教伝来以後の文化

この仏教伝来以後の文化もまた、それ以前の、皇室にあった思想の反映と見ることは可能となってくる。この時代の仏教彫刻のすばらしさは、天皇家の思想を反映したものであることは、十分に考えられることである。つまり、光明皇后の思想は、皇后が建立させた寺院の仏像にまで、反映しているように考えることも可能なのだ。

日本の彫刻作品で、奈良時代の興福寺の八部衆・十大弟子像ほど、美しい仏像はない。この像が造られたのは、奈良、興福寺の西金堂のためである。この御堂は天平五年（七三三）一月十一日、光明皇后によって、母の橘三千代（藤原不比等の妻）の一周忌の供養のために建てられたものであった。翌六年一月十一日に完成したが、そのときこの乾漆像が造られた諸像である。

釈迦は紀元前五世紀にインドで四十五年間にわたって各地をまわり、多くの弟子を従えた。生涯に一二五〇人の直弟子がいたと言われ、中でも優秀な一〇人が、十大弟子と呼ばれている。興福寺には、現在その六弟子の像が残っているのだ。

いずれも、法相宗や、『金光明最勝王経』の教義を、形で表現していると解釈出来る優れた像である。その中でたとえば「須菩提像」ほど、人間の清朗さ、明るさ、喜びを示している像はない。その清々しい眼、微笑みを含んだ唇。両手を胸の前に結び、さわやかに立っている。元来、十大弟子と言えば、インドの僧侶で、日本人ではないことから、形式化して描かれるものであるが、これは、当時の日本人の姿そのものを表現しているように見える。

それも決して単純な子供のようなものではなく、一人の若々しい青年の顔なのだ。おそらくこの像の表情は、仏教のいう「随喜」の念を、最もよく表現した、と言ってよいかもしれない。「随喜」とは、『金光明最勝王経』では、懺悔に続く、善を喜ぶ感情となっている。そうしたことをしっかりと理解した仏師によって造られた像である。[2]

しかし類似の仏像はインドにも、中国、朝鮮にもない。なぜ日本だけに、このような世界美術でも稀な表情を持つ像が出来たのであろう。モナ・リザが女性の微笑で最高のものなら、男性の微笑ではこれが第一だろうと思われるほどだ。奈良時代が、それだけ仏教が盛んだった、という解釈であれば、仏教国と言われる国で、こうした像が造られるはずだ。そこに、仏教の思想以外の、日本の思想があったと考えなければならないのである。

つまり、このような姿の表現が、日本人のもともとの神道の思想、つまり御霊信仰、人間存在は死すれば神となる思想、あるいは人間はもともと自然の一部としての善性を持っている、という思想であるからではないか。仏師が将軍万福であることは『正倉院文書』に記されているが、この仏師は、そのことを十分に理解しているように見える。

この彫刻師の「将軍」という奇妙な名から、『日本書紀』の六世紀の欽明天皇十五年二月の条にある「百済人将軍三貴」という名と関連がありそうだ。百済からの帰化人と思われるが、もしそうだとしても二〇〇年近く経っているので、完全に帰化した日本人と考えてよいだろう。画師は秦牛養（はたのうしかい）と書かれているが、秦氏は帰化人系であり、彼ら帰化人の一族出身者が、日本の仏像の制作を活気づけていたことが分かる。

光明皇后の活躍

しかしここでは、このような秀作をつくりえたそのプロモーターの問題を取り上げたい。この西金堂を建てられた光明皇后のことである。この光明皇后こそ、単に、興福寺が法相宗の寺であり、唯識論にその理由を求めるだけでなく、皇后の人格と道徳が、創造社会に与えたその影響があったことを論じるべきであろう。

まだ正式に皇后になられる前、聖武天皇との間に御子が生まれ、その誕生により、人々は喜びに湧き、早速、皇太子に指名された。しかしわずか一年も経たず、この皇太子は薨去（こうきょ）された。期待されていただけに、その悲しみは大きく、光明皇后は生き方を変えられたと言われる。自らの子を惜別する悲しみから、皇后として、そのまま国民の健康に目を向けた、というのである。個人の子の死が、国民の死を思う気持ちに変わったのである。

その当時の公式記録『続日本紀』に次のように書かれている。天平二年（七三〇）四月、《初めて皇后宮職に施薬院を設けた。諸国に命じて皇后宮職の封戸（一千戸の規定）と太政大臣家（不比等の家）の封戸の収入のうち、庸の品物を代価として薬草を買取り、毎年これを進上させることにした[3]》。

皇后宮職とは、初めてつくられた皇后のための役所である。その中に施薬院を設けたのは、国民の医療体制の樹立に貢献したいという皇后の意志のあらわれと言ってよいだろう。同じ頃に悲田院も置かれた。こうして皇后は社会事業を一方で推進されたのである。

その施薬院を設立した同じ月に、皇后は興福寺に行啓して五重塔を建立、そして天平五年に、興福寺に西金堂を建立されたのである。これらのことは、単に仏教の教理による仏像理解だけでなく、皇后個人の国民へのご意思が、この御堂の仏像制作にまで及んでいたと考えることの一つの根拠となる。

たしかに、天平十二年（七四〇）五月一日経で知られている六千から七千巻にのぼる経巻を、父不比等と母橘三千代の冥福を祈念するために、天平九年頃から皇后宮職内に設けられた写経所で書写された。その『金光明最勝王経』は、皇后の師であった道慈（?〜七四四）が唐から持ちかえった経典で、彼は十六年唐に行って帰国して興福寺に十年も住み、その建立にも参加している。皇后はこの経典の「除病品」をよく読まれて、それを国民の母として実行された、と指摘されている[4]。

この作者の将軍万福は、この頃の興福寺の仏像、とくにかの有名な「阿修羅像」も造っているが、これについては別の論文で述べたので繰り返さない。その諸像の中で一番人間的なのがこの「須菩提像」である。その他に羅睺羅、舎利弗、目犍連、迦旃延、富楼那の各像が残っており、いずれも乾漆像の傑作である。乾漆造で、いずれも髪を剃り、袈裟を着て、板金剛をはき、洲浜座に両足をそろえて直立している。顔の表情、手のかたち、袈裟の折り目の起伏や流れに変化を持たせ、個性的な表現をとっている。十大弟子はインド人であるが、すべて日本人の顔立ちにしているのだ。

須菩提は、コーサラ国のバラモンの家系に生を享けたと言われる人物で、叔父が祇園精舎で釈尊の説法を聞き、深く感銘して弟子になった。須菩提は、「解空第一」と称されている。「解空」とは、『般若心経』に出てくる「色即是空、空即是色」の「空」、つまり、物事にとらわれない、執着しないという教理である。また、須菩提は「無諍第一」とも称される。「無諍」とは言い争いをしないことである。穏和な性格で、教団内はもちろんのこと、在家の人々からも慕われていた、という。

この仏像の作者は、そうしたことを理解していたであろう。ただこの性格はある意味で、日本人のそのままを示しているようにも見える。あまり物事にとらわれない、言い争いはしない善性を、である。作者はこの像を日本人の姿で造ったことはそれを意味しているようなのだ。

光明皇后の事蹟

光明皇后の生涯を考えるうえで最も重要な記述は、『続日本紀』天平宝字四年（七六〇）六月七日の条の、光明皇后の崩御の記事である。口語訳で引用しておこう。

《六月七日　天平応真仁正皇太后（光明皇太后）が崩御された。皇太后の姓は藤原氏。近江朝（天智朝）の大織冠・内大臣の鎌足の孫で、平城朝（元正朝）に正一位・太政大臣を追贈された不比等の女である。母は正一位を贈られた県犬養宿禰三千代である。皇太后は幼い頃から賢く、恵み深く、早くから良い評判が高かった。

勝宝感神聖武皇帝（聖武天皇）が皇太子であったとき、光明子を宮中に迎え入れて妃とした。時に年齢は十六であった。多くの人々を迎え導き、人々は皆それを喜び満足した。常に礼の教えに親しみ、あつく仏道を崇めた。神亀元年、聖武皇帝が即位したとき、正一位を授けられ大夫人となった（宮子と混同）。高野天皇（孝謙天皇）と皇太子を産んだ。その皇太子は生後三カ月で皇太子とされたのであったが、神亀五年に幼少のまま死んだ。時に年は二歳であった。天平元年、大夫人の光明子を尊んで皇后とした。食封は湯沐（沐浴のための養育料）のほかに、さらに別封一千戸を加えた。東宮であった高野天皇にも食封一千戸を加えた。皇太后は仁慈の心が深く、人々の苦しみを救うことを心がけていた。東大寺や全国に国分寺を創建したことも、もともと皇太后が聖武天皇に勧めたことによるものである。また悲田・施薬の両院を設け、天下の飢えと病で苦しむ人々を治療し養った。天平勝宝元年、高野天皇が聖武天皇から譲位されたとき、皇后官職を紫微中台と改称し、勲功のある人や賢明な人をうまく任命し、紫微中台の官人に列した。天平宝字二年、尊号を上って天平応真仁皇太后と言い、紫微中台を改めて坤宮官と称した。崩じたとき、年齢は六十であった》(5)。

こうした皇后の生涯を記述することは、国家の歴史を記す『続日本紀』でも稀であるが、それは、初めての皇族以外の出身であることを、その業績で、その任を十分に果たされたことを強調したかったからかもしれない。というのも、この皇族以外からの女性が、なぜ皇后になられたか、ということが、『続日本紀』で次に引用するように説明されているからである。

聖武天皇の祖母である元明天皇が、《初めてこの皇后を朕に賜った日に仰せられた「女といえば皆同じであるから、自分がこのように言うかといえばそうではない。この女の父である大臣（不比等）が、助力して天皇をお助けし、敬いつつしんでお仕え申し上げつつ、夜中や暁にも休息することなく、浄く明るい心をもって敬い仕えているのを見ているので、その人の悦ばしい性格や勤勉なことを忘れることができない。わが児であるわが王よ、この娘に過ちがなく罪がなければ、お捨てになるな、お忘れになるな」と仰せられたお言葉に従って、あれこれと六年かけて試し使ってみて、この皇后の位を授けるのである。しかしながら朕のときのみではなく（皇族でない者を皇后にすること）、誰彼の高津宮（たかつのみや）にあって天下を統一された大鷦鷯（おおさざき）天皇（仁徳天皇）は、葛城の曽豆比古（そつひこ）の娘、伊波乃比売（いわのひめ）（磐之媛）命（のみこと）を皇后として結婚され、この国の天下の政（まつりごと）をお治めになり執り行われた。それゆえ、今さら新しく始める政ではなく、昔から行ってきた先例のあることであるぞ、と仰せられる言葉を皆承れと申し告げる(6)》。

皇族でない者を皇后にすることに対して、仁徳天皇の例を出して、決して初めてのことではない、と述べているものであるが、それも結婚した後、六年経っていることを挙げて、皇后になるだけの資格があるかを試した、と述べている。皇族以外から皇后をとることに慎重であったと述べているのである。

この光明皇后、すなわち藤原安宿媛（あすかべひめ）は、大宝元年（七〇一）に誕生されているが、結婚することになる首親王（後の聖武天皇）と同じ年であった。父は藤原不比等であり、母は県犬養宿禰（あがたのすくね）三千代であった。首親王の父は、文武天皇であったが、母親は、藤原宮子で、不比等の娘である。宮子は不比等の第一子、安宿媛は第三子に当たる。宮子は安宿媛とは姉妹関係であると同時に伯母にあたることになる。異例とも見える婚姻関係であったが、それだけ安宿媛が、皇后として得難い存在として周囲に映ったことになる。これは血族結婚とも言えようが、皇族同士であれば、当時として必ずしも異例とは言えないものであった。

元正天皇は神亀元年（七二四）二月甲午（四日）、天皇の位を、首親王に譲位された。先に首親王は元明天皇から元正天皇への譲位の時には、万機を委ねるには未熟であるとして皇位を譲られなかったが、養老三年（七一九）六月丁卯（十日）に初めて朝政を聴かれ、同年十月辛丑（十七日）に、元正天皇は首親王が、未だ政道に閑はず、将来皇位についても輔弼とすると述べ、舎人・新田部親王を補佐の臣と定め、首親王の帝王学教育に当たらせたのである。また養老五年（七二一）正月庚午（二十三日）には、当代のすぐれた文化人を東宮の侍講に補し、親王は帝王学が授けられ、神亀元年ようやく皇位につかれた。すでに二十四歳となっていた。首親王の即位とともに安宿媛は夫人となり、従三位を授けられている(7)。

聖武天皇の思い

しかし、結婚の段となって、ひとつの疑義が、ある方面から出された。それは、翌二月丙申（六日）に、新帝は勅して、正一位藤原夫人宮子を尊んで「大夫人」と称することにしたときのことである。

『続日本紀』神亀元年（七二四）三月辛巳（二十二日）条によると、長屋王らが、《臣等謹検公式令、云皇太夫人、欲依勅号、応失皇字、欲須令文、恐作違勅、不知所定、伏聴進止》と疑義を述べたのである。すなわち、《先月の仰せですと、藤原の夫人は「大夫人」になりました。しかし、令の規定を見ると、天皇のご生母の称号は「皇太夫人」です。仰せのままにすると、ご生母は〝皇〟の一字を失っておりまず。しかし、令の規定通りに〝皇太夫人〟とすると、仰せに反する違勅の罪になります。どうすればよいか判断に迷いまして、こうしてお尋ねいたします(8)》と言うのである。これは、新帝の勅によると令に違い、令文によると勅に違うと述べ、厳しく批判したことになる。

これに対し、天皇は勅を発し、《宜文則皇太子夫人、語則大御祖、追放先勅、頒下後号》と応える。すなわち、《彼女の称号は、文字では「皇太夫人」と書くが、これを読んで発音する時は、「大御祖」と言うのだ》と前勅を訂正したのである。

単なる名称の議論にすぎない、と思われるかもしれないが、そこに大きな問題が潜んでいたことは、これが長屋王の自死に発展することからも明らかであり、重大である。

この「大御祖」つまり「おおみおや」で思い出されるのは、大化の改新の後で、譲位した皇極天皇に与えられた「皇祖母（すめみおや）」の名称のことである。「大御祖」には「皇」の字はついていない。また「母」の字もついていないのである。「令」の規定が「皇太夫人」になっており、これには従うべきなのだが、聖武天皇は、自分の母親に「皇」の字をつけようとしなかった。彼女は皇の字に該当しない、ということを知っていたからである。

聖武天皇は、母の宮子は文武天皇の夫人であり、朕の母なのだから「皇太后」であってもいい、と主張することもできた。天皇の妻としてあるときは「后」ではなかったが、産んだ子が即位して天皇になったのだから「皇太后」と呼ぶことは、決して無理なことではなかったはずである。一つの前例とすることも出来た。(9)

しかし、聖武天皇は、それを避けたのであった。たとえ誰かから、藤原氏出身の夫人（安宿媛）を、皇后としてはどうか、と問われたとしても、聖武天皇は、納得しなかったであろう。というのも、はるか昔の仁徳天皇の妃、葛城の磐之媛（いわのひめ）以外に、「天皇の血をひかない女性」が后（皇后）になった例はないことを知っていたからである。自分の母親にさえ、皇の一字を贈らなかった聖武天皇は、自分の妻に「皇」の文字のつく「后」の地位を与えることが出来ない、と考えたことは、それを天皇が、すでに認識していた問題があったから、という他ない。

この安宿媛を光明皇后に出来たのは、他の夫人との関係からも理解出来る。聖武天皇にとっては、光明子が唯一の后だったわけではなかった。光明子と前後して入内した夫人県犬養広刀自もいたし、天平九年（七三七）二月に藤原の武智麻呂、房前兄弟の娘と、橘佐為の娘古那可智の三人が入内していた。いずれも夫人であるが、彼女らも、すべて皇族以外からの女性たちであった。しかし、それら三人には子供が生まれなかった。

すでに光明子は皇后であるから、藤原氏に遠慮することなく妃を入内させても構わなかった。それをあえてしなかったのは、皇妃になる者は、皇族の「純血性」が優先するからである。その間、聖武天皇はなぜ皇族から妃を迎えなかったか。むろんそれは、光明皇后の地位を、危うくする危険性があったからである。それだけ、光明皇后への思いが強かったという他ない。

というのも『万葉集』を読むと、聖武天皇をめぐる女性は、これら五人の妃だけではなかったことが分かる(10)。

たとえば、天皇には、天智天皇の皇子、志貴親王の娘の海上女王に賜った歌と女王からの返歌がある。皇族の女性である。

《赤駒の越ゆる馬柵の　標結ひし　妹が心は疑ひもなし》（巻四、五三〇）
《梓弓　爪引く夜音の遠音にも　君が御幸を聞かくしよしも》（巻四、五三一）

これらの相聞歌を読むと、お二人の深い関係を予想させる。

また天武天皇の皇子、穂積親王の孫娘酒人女王に聖武天皇が思いを寄せる歌もある。この女性も皇族の一人である。

《道に逢ひて　笑まししからに降る雪の　消なば消ぬがに恋ふとふ吾妹(わぎも)》（巻四、六二四）

聖武天皇の思いに触れるようだが、それ以外にも、天皇に歌を捧げた八代(やしろ)女王という女性がいる。この女王の父名は知られていない。

《君により言の繁きを故郷(ふるさと)の　明日香の川にみそぎしに行く》（巻四、六二六）

この歌から読み取れるのは、この女性は、天皇から一時的でも寵愛を受けている、ということである。そして、この女性は、天平九年二月に無位から正五位上を授けられているのである。しかし、天皇崩御後の天平宝字二年（七五八）十二月、他の男性と通じたとの咎で、従四位下の「位記を毀(こぼ)つ」、つまり位を剝奪されているのである。

不思議なことに、『万葉集』に登場する聖武天皇と恋愛関係のあると考えられる女性たちはみな皇族なのだ。これをどのように理解したらよいのであろう。つまり、正式に皇后にも、夫人にもなっていない女性たちがおり、彼女らがみな皇族たちなのである。もし、これらの皇族の女性たちを、公式に後宮の夫人として入れたなら、それは皇族出身でない、光明皇后の地位を脅かすことになる。そこに、皇后になることを願って天皇に近寄ってくる皇族女性は、拒否せざるをえない。恋愛はするが、後宮には入れない配慮があることになる。これは、何はともあれ、光明皇后をひとえに皇后陛下として優先する心理が働いていたから、という他はない。

しかし皇族の女性を選んでいたら、それは誰も非難できなかっただろう。長屋王も口を出さなかったかもしれない。多くの歴史家たちは、藤原氏がそれを許さなかったと言うが、天皇が皇族から選んだとしても、その皇后の力を抑えることも可能だし、彼らの地位を保つことは出来たはずである。それより、聖武天皇にとって、光明妃を皇后にして、その能力、その人格を活用することの方がよい、という判断と、何よりも、彼女に対する愛情が深かったことを、その理由として考えた方がよいであろう。

長屋王の変の背景

神亀四年（七二七）閏九月丁卯（二十九日）に、光明妃に待望の皇子が誕生した。基王と呼ばれたが、天皇はすぐに、同年十一月己亥（二日）、基王を皇太子に冊立した。降誕したばかりの皇子を皇太子に冊立する例は平安時代以降に見られるが、奈良時代には異例であった。しかしながら、翌年九月丙子（十三日）、皇太子は薨去し、光明妃の願いは叶わぬこととなった[11]。

というのも皇太子の薨去と同年に、天皇の配偶者の一人、県犬養宿禰広刀自に、安積親王が誕生している。藤原氏にこの後、親王の誕生がないとすると、安積親王が皇嗣になる可能性が大である。藤原氏が鎌足・不比等と尽力してきた後宮支配は、県犬養宿禰氏の側に移ることになる。しかし安積親王はその後十七歳になるまで、生きているのである。たしかに天平十年（七三八）一月十三日に光明皇后を母に持つ阿倍内親王（後の孝謙・称徳天皇）が立太子される。安積親王は、その後六年後の天平十六年（七四四）閏一月十一日、難波宮に行幸の際、その途中に桜井頓宮で脚気になり恭仁京に引き返すが、二日後の閏一月十三日に十七歳の若さで死去している[12]。

不比等の生前こそ、舅と娘婿の間柄であって関係も決して悪いわけではなかったが、不比等の死後、不比等の娘で聖武天皇の生母、藤原宮子の称号をめぐって長屋王と四兄弟が衝突する事件（辛巳事件という）によって、その対立が露になってきた。

神亀六年（七二九）二月、漆部君足（ぬりべのきみたり）と中臣宮処東人が、《長屋王は密かに左道を学びて国家を傾けんと欲す》と密告した。現実の天皇の存在が脅かされているのなら、それを排除することは、陪臣の務めである。それを受けて藤原宇合らの率いる六衛府の軍勢が長屋王の邸宅を包囲し、舎人親王などによる糾問の結果、長屋王は服毒自殺した。その妃吉備内親王と子の膳夫王らは縊り殺された。これが「長屋王の変」である[13]。

聖武天皇は病弱で事件当時には非藤原氏系の安積親王しか男子がいなかった。政治的な対立もさることながら、天皇と安積親王に何かがあった場合には天皇の叔母・吉備内親王の産んだ男子（当然、長屋王の息子でもある）である膳夫王ら三王が男系皇族での皇位継承の最有力者となるはずであったことも「長屋王排除」の理由であったという。

多くの歴史家がこれを、聖武天皇を守る藤原四兄弟の仕組んだ権力争いの結果である、としている。彼ら好みの権力争いの歴史観に適合するからだ。しかし結果的にそのような形になったとしても、聖武天皇と光明子との結びつきに、天平の理想の政治を見た、時代の趨勢を無視してはならない。長屋王は自らの身を処したが、彼と共に抗戦する支持者が少なかったがゆえの結末だったのも事実である。人々に、長屋王が天皇の位につく野心への否定精神があったから、と見るべきであろう。最も有力な皇族であった舎人親王が先頭に立っていたことにも、それが窺える。

たしかにそれは讒言であったと言えるかもしれない。『続日本紀』によると、天平十年（七三八）の七月十日、長屋王のことを「誣告」した人物の一人である中臣宮処東人が大伴子虫により斬殺された、という記事を載せている。[14] 子虫は長屋王に恩遇されていた人物の一人で、囲碁のときに話が王のことに及んだため憤激して殺したとなっている。この事件に関して大伴子虫は罪に問われていない。

『続日本紀』に「誣告」と記載されていることから、同書が成立した平安時代初期の朝廷内では、長屋王が無実の罪を着せられたことが公然の事実となっていたと想定される。それにもかかわらず、この経緯は正当化されていたのである。それはひとえに聖武天皇の光明皇后との結びつきを守ることに支持が強かったからだと思われる。

長屋王の薨去後、藤原四兄弟は妹で聖武天皇の夫人であった光明子を皇后に立て、藤原四子政権を樹立した。もともと武智麻呂ら四兄弟が台閣に同時に列することは、《同一官司に三等親の連任を禁止する選叙令同司主典条の規定》からすると、違反しているものであった。すでに大化の改新以前から、一氏族一員という原則が存在したのである。藤原家の四兄弟が同時に公職につくことは出来なかった。しかし、武智麻呂が南家、房前を北家、宇合が式家、麻呂を京家と呼んで四家に分けて、それを可能にしたのである。不比等の悪知恵と指弾する前に、当時、そのような藤原氏の参画が、宮廷政治にふさわしいと思われたことを顧慮すべきであろう。時代の動きは、肯定的に捉えなければならないのである。

たしかにその後、天然痘により天平九年（七三七）に四人とも亡くなってしまった。王を自殺に追い込んだ崇りではないかと噂されたという。しかしこの四人を悪者にしてきた歴史は、権力者の歴史を常に否定的に見るイデオロギーの偏見である。

すでに述べたように、天皇の即位からほぼ六年を経過して、ようやく皇后冊立が行われた。皇后冊立の意味については、詔の中では夫人の地位にある間に、皇后になるべく教育を受けていたのだ、と説明されている。これも事実であっただろう。皇族以外の出である光明皇后にあっては、それだけの準備が必要であったはずだからだ。また久しく氏族出身者から皇后に冊立されることはなかったが、仁徳朝の葛城襲津彦（かつらぎのそつひこ）の娘、磐之媛が皇后に冊立されている先例があると述べているところに、このときの慣例を超えた皇后冊立が当時の人々に誤解されかねない事態であったという証拠であろう。

橘諸兄の台頭

光明子の皇后冊立によって、鎌足・不比等らの願いがようやく成就したと言われるが、しかしこれはあくまで聖武天皇の意志であったと思われる。これより先、藤原氏にとって、藤原宮子が文武天皇の夫人となり、首皇子が誕生したことから、藤原氏の目指したものの一つは達成された、という藤原氏の政権支配の動きだけが語られている。しかし同時に、この二人自身の「しりえの政」（皇妃の政治）が、執り行われていたのである。それだけ光明皇后の働きの大きさがあったことを指摘しなければならない。ただ、藤原氏の権力獲得の面だけではなく、天皇の政治に大きな転換が行われ、まさに国民の目線を持っていた皇后の存在が、この時代の繁栄と文化をもたらしたという功績を見なければならないはずである。

天然痘による藤原氏四人の相次ぐ死のあと、その政治的空白を埋めたのが、皇后とは同母の橘諸兄であった。諸兄は右大臣となって、政界の首座の地位につき、光明皇后と協調しながら政策遂行を行った。

たとえば東大寺大仏の造営を発願したのは光明皇后であり、それを推進したのは、聖武天皇と橘諸兄であった。

阿倍内親王の女性皇太子冊立は、橘諸兄の配慮であっただろう。[15] 聖武天皇には県犬養宿禰広刀自との間に安積親王がいるために、それを急がねばならなかった、と言われるが、光明皇后の事業を継ぐためには、その方がよい、という天皇の御意向を無視してはならないだろう。

『続日本紀』の天平宝字六年（七六二）六月庚戌（三日）条によると、孝謙太上天皇は五位以上を朝堂院に集めたとき、即位の経緯を次のように述べている。

《朕が御祖の大皇后の御命を以て朕に告りたまひしに、岡宮に御宇しし天皇の日継はかくて絶えなむとす。女子の綱には在れども嗣がしめむと宣りたまひて、此の政行ひ給ひき[16]》。

これによると、大皇后、つまり光明皇后が女子である自分を皇位継承者に指名したのは、草壁皇子の系譜が断絶することを恐れての処置であって、それは光明皇后の判断によるものだという。あくまで正統な皇孫を維持するためである、というのである。

2　光明皇后の福祉事業

光明皇后をめぐる伝説

このように、皇室外の出身の光明皇后を守ったのは、ひとえに聖武天皇であったに違いないが、しかし皇后自身の献身的仕事が、その支えになったに違いない。ここでその光明皇后の業績とは、どのようなものであったか、それを語らなければならない。

戦前の教科書には、小学校の『修身』の中で、光明皇后が自ら千人の乞食の者の垢を洗われたという話が載っていた。奈良時代の浴室というのは、寺院に設けられていて、温室と呼ばれ、懺悔を行う前に、その日の前日にあたる月毎の十四日と二十九日に湯休して、身を浄めるもので、その温室で、貧民や病人の体を洗ったという話である。

光明皇后はある夜、夢で仏より教示を受けたという。皇后は、その教えに従って温室をつくり、貧民、窮民、病人等千人の人の垢を摺ることを発願された。皇后は、こうして建てられた温室へ、毎日行啓されては、乞食や病人等を招いて、これらの人々の体の垢を摺ることを日課とされたという。

そして幾十日かが過ぎ、満願の千人目の人が皇后の前に現れたのであるが、その人は見るもきたならしい癩（らい）を患った人であったのである。異様なる臭気が温室の中に立ちこめて、熱気にむせかえる中で、陪従の女官たちは思わず両手で顔を掩い、あるいは鼻をつまんだという。それでも光明皇后はこれをいとわず、この癩病人の体の垢を洗い、その人の願いによって全身の膿まで口で吸い取られたのである。そのとき、たちまち室内に光明が輝き、異様なる臭気は忽ち馥郁たる香気と変じ、癩病人は忽然として仏に変じた。この癩病人は阿閦佛(あしゅくぶつ)の化身であったのである。皇后は後に伽藍を建て、その寺院を阿閦寺と名付けたという。阿閦佛というのは、密教でいう金剛界五佛の一つで、東方にあって善快国で説法していると言われ、人間の病気と癒す佛とされている阿閦如来のことである[17]。

このような伝説は、光明皇后の慈悲心を喧伝するためにつくられたものであろうが、皇后のお立場を超えて、光明皇后の慈悲心の深さを象徴する物語となっている。

皇室の伝統としての福祉事業

しかし何よりも、天皇家がもともと、国民のための福祉政策を行うことは、皇室のすべき行為であり、それが国民の皇室崇拝の基礎をなすものであった。天皇のその行いが、古墳時代にあっては、巨大な墳墓を造り出す、大きな原動力になったはずである。そこに天皇の福祉事業が支えとなっていたことは仁徳天皇の記述でも理解出来ることである。文字が輸入され、律令国家としての日本が成立してから、為政者として医療活動を行うことは、ある意味で皇室の当然の行為であった。しかしそれを積極的に行うか否かは、天皇、皇后の性格や意志による。それを光明皇后が率先して行われたことが、天皇家の行為として支持されるのは自然であっただろう。

神亀元年（七二四）二月、二十四歳で即位された聖武天皇は、皇后の意向を受けて、次々と新しい政策を打ち出していった。とくに医療行政についてはこれまでの慣例を踏まえながらも、神亀三年（七二六）六月、詔を出して一つの方針を示された。

《それ、百姓、或は痼病に感染して、年を経て癒えず、或るは亦重きを得て、昼夜辛苦す。朕は父母とあり。何ぞ憐愍(あわれ)まざらむ。医・薬を左右京、四歳と六道の諸国とに遣して、この類を救い療してく安寧を得しめ、病の軽重に依りて、穀を賜ひて賑　すべし。所司懐に存して、勉めて朕が心に称へ》（庶民の中で、頑固な慢性病にかかって何年も癒えず、あるいは重病にかかって昼夜に苦しんでいる者がいる。朕は民にとって父母のような存在であり、憐れに思わないことがあろうか。よって全国に医師を派遣し、薬を与えて病人たちを救い治療させ、安寧を得させるようにさせよう。病の軽重によっては食料も支給させよう。典薬寮と諸国の医師はよく心得て朕が意にかなうよう勉めよ）[18]。

ここでまず注目されるのは、天皇は民にとって父母のような存在であると宣言したうえで、医療と栄養補給を全国に指示していることである。すでに見てきたように、これまでも疫病や飢饉が起これば、その国々に医師を派遣したり食料を支給したりしたのは聖武天皇のイニシアチブで行われた。この勅に見られる《朕は父母とあり。何ぞ憐愍（あわれ）まざらむ》という家族思想を、天皇が保持されることが、国家という「家」の基本となって、すべての国民の医療が行われることが重要なのである。それは当然、皇后の思想とも重なるからである。

施薬院と悲田院

光明皇后にとって、このような病人に対する深い慈善の心は、皇后に冊立される前、わが子、基王の死が、大きな影響を与えたであろう。個人的な母としての感情があったことは推測出来る。立后から八カ月後の天平二年（七三〇）四月辛未（十七日）条によると、《初めて皇后宮職に施薬院を設けた。諸国に命じて皇后宮職の封戸（二千戸の規定）と太政大臣家（不比等の家）の封戸の収入のうち、庸の品物を代価として薬草を買取り、毎年これを進上させることにした》[19]と、皇后宮職の中に施薬院を設けて、医療体制の樹立に貢献したいという皇后の願望を見ることができる。

同じ頃に悲田院も置かれているなど、皇后は社会事業を推進していったのである。「庸」とは律令制の貢租の一種で、封戸の持ち主は租・庸・調のうち、租の半分と庸・調の全部を自らの収入とすることができたが、そのうちの庸を費用にと皇后は申し出たのであった。

施薬院とは、文字通り病人に薬を施し、病を治療する施設のことである。興福寺にはすでに設置されていたかもしれないし、聖徳太子のときに造られていたと考えられる。しかしこの時代には公的記録に残されているのである。

病人の病を癒すには何をおいても薬物が必要である。そこで光明皇后は自らが自由にできる財源の中から薬物購入のための費用を割き、薬物の入手に乗り出された。しかも、費用の三分の二を藤原家から支出したのである。藤原家としての慈善を強調する意味もあるかもしれない。また天平二年のこの条には言及はないが、貧窮・孤独の人を収容する施設としての悲田院が設立されたのもおそらくこれと同じ時期であろう。このようなことから、聖徳太子と並んで光明皇后は日本における社会福祉事業の先駆者となった[20]。

悲田院、施薬院は聖徳太子建立の四天王寺の施設として、著名な存在となっていた。しかし光明皇后が生きた同時代の史料にそれが興福寺で復活したと書かれていることは、歴史的意義を持つものである。光明皇后による二つの院の事業は、国家の中枢にある人物の事業であるので、慈善事業であると理解されてきた。つまり社会福祉の未発達の段階に所作であるとの認識に立っている。それに対し、すでに聖徳太子からの事業であれば、れっきとした福祉事業であり、日本の社会の成熟を語っている、と言っていいであろう。それは国家の為政者が、積極的に、国民の福祉活動を推進するという意味で、「近代」

的な意味を持ってさえいるのだ[21]。

はたして光明皇后は、どのような福祉思想を持っておられたのであろうか。これまでの研究では、まず仏教思想の影響として説明されてきた。施薬院、悲田院などの一定の施設をもって福祉事業を展開する考え方は「仏説諸徳福田経」（大正蔵十八）に示される「七福田」の中に、《常に医薬を施し、衆病を療救す》「福田思想」がある。この思想が示しているように、「衆病」を対象にすること、貧困に苦しむ人々、病人等を対象に、布施が行うことを最もすぐれているとするなど、社会的な関わりを持つことにおいて、一定の意義を明示している。そこに、仏教が果たすべき役割が説かれているのである。

またこれは中国に先行事例があり、それを模倣したものだ、という説もある。斉の文恵太子が窮民病者を収容する施設を造ったこと（南斉書）、梁の武帝（四六四～五四九）が孤独園を設置し（梁書）、唐代では則天武后（六二一～七〇五）のもとでの「悲田院病坊」の存在など（全唐文）があると指摘されている[22]。

「医」と「薬」

『続日本紀』の記述で目につくことは、《…国疫す。医・薬を給ひて療さしむ》という記録である。しかも大宝律令が制定される以前から見られ、その文言も定式化しているものである。疫病の流行が起きると、当該地方の国司は中央政府に報告し、罹病者に対して、医師を派遣、薬を与えて治療に当たらせたというものだ。

このような医療行為が行われるためには、医療行政を担当する専門の医師が国ごとに存在するか、もしくは配慮されていなければならないが、そのことは和銅元年（七〇八）四月・霊亀二年（七一六）五月・神亀五年（七二八）八月の各条で窺える。つまり諸国の医師の存在が前提にあっての記述である。

ところで「大宝律令」の条文そのものは伝存していないので、「養老律令」を参照するしかないが、その職員令第八十条には、「国学」と呼ばれる諸国の学問府の官員について規定したものがある。これによると、国別は博士と医師を各々一人置き、国博士が教授する学生は大国など国のランクによって人数が異なるが、国医師が指導する医生についてはそれぞれその五分の四を置くとある。おそらく、「大宝官員令」も同文であっただろう。

時代によって多少の変遷はあるが、大国とは大和、河内、伊勢、武蔵など十三カ国、上国は山城、摂津、尾張など三十五カ国、中国は安房、若狭、能登など十一カ国、下国は和泉、伊賀、志摩など九カ国のことである。この条文によれば、医生が大国で四十人、上国で三十二人、中国で二十四人、下国で十六人配置されていたことになる(23)。

「医疾令」という法律があり、内容は二十六箇条からなり、国家の医療全般にわたっている。その前半は医療技術者の養成と任用について、後半は採薬と実際の治療について定めている。国医師はこの医疾令の第十八条に規定があって、当該国の医生に医学（医方）を教授し、典薬寮の教習法に準じて、いろいろな医事業に当たったという。

典薬寮とは、薬物や医療、薬園、乳牛などを司る宮内省所轄の役所であり、地方の医療行政にも深く関わりがある。「養老職員令」第四十四条では、典薬寮について触れられ、官員は事務官の他、医師十人、医博士一人、医生四十人、針師五人、針博士一人、針生二十人、按摩師二人、按摩博士一人、按摩生十人などとなっている。大国の医生四十人と中央の典薬療の医生とは法令上、同人数ということになる。なお各博士はそれぞれの学生の指導に当たらねばならないから、その点では典薬療は医科大学のようなものである。また二十人余の雑用係を抱え、七十五戸の薬戸、五十戸の乳戸を所轄していた。また、中央から派遣される人材は、国博士では大学寮の大学生、国医師では典薬寮の医生の、それぞれ成業者が充てられた。成業者とは修めた学業について厳しい試験を受け、及第した者のことであるという[24]。

このことから言えることは、こうした国民の医療への配慮は、日本の皇室を中心とした福祉行政の伝統であったし、決して西洋を模倣した「近代」の産物ではなかったことが認識されるのである。

医疾令で興味深いのは第十六条の女医の規定である。典薬寮とは別個に、侍医や薬生を抱えて、宮廷の医薬を司る内薬師という役所があり、中務省の所管とされているが、この条文によれば、官が所有する奴婢のうち、十五歳から二十五歳までの聡明な女性三十名を採り、内薬司の傍らに別所を設けて住まわせ、産科をはじめ、内科・外科・針灸の一応の医療をそれぞれ専門の医師が医学書を読ませることなく口述で教育する、という。そして毎月医博士が試験して、七年以内に修了させるとある。「大宝医疾令」でも同様であったろう。養老五年十月に改定の勅が出され、それが一年後、内薬司に置かれることになった。養老六年十一月の条、《始めて女医の博士を置く》とあるのはこのことを指している。要するに「大宝律令」に定める通り、奈良時代にすでに女医養成学校が実在したのである。

おそらく、これまで以上に大量の薬物が必要になったはずで、光明皇后による天平二年の施薬院の設置は、このような聖武天皇の意を体してのことだったと思われる。たとえ高度とはいえ、これまでの医療体制は実態的には支配階級が対象だったと思われるから、光明皇后による取り組みは、庶民にも恩恵が及ぶ契機となったに違いない、と森本公誠氏は指摘する[25]。

養老二年（七一八）十二月、元正天皇は元明太上天皇の病気平癒を願って恩赦の詔を出していた。その中で「癈疾」とは、一定の身体障害者を指す特殊な用語で、障害を持っているために自活できない者への対応として言及されている。賑恤(しんじゅつ)とは貧困者・羅災者救済のため、米などを支給することで、賑給(しんごう)ともいった。廃疾とされる重度の障害者には、単に米などの支給に留まらず、平城京の左京職の各長官や諸国の長官自らが赴いて慰問をし、湯薬を与えるようにと、労わりをもって当たることを指示しているのである。(26)

たしかにこれらの福祉思想は、「律令」にもある。仏教における「慈悲」の思想を想定できるものの、それは天皇の下された詔に《それ、百姓、或は痼病に感染して、年を経て癒えず、或るは亦重きを得て、昼夜辛苦す。朕は父母とあり。何ぞ憐愍(あわれ)まざらむ》とあるように、それは天皇、皇后が国民の「父母」となり、家族を基本にする共同体の思想であり、皇祖霊信仰の基本となる天皇、皇后の思想に基づくものである。ここに共同宗教としての神道の基本を見ることが出来る。

3　老人医療

さらに、天皇の詔には、老人に対する医療への配慮も含まれている。

老人への配慮　これは元正天皇が右大臣不比等の病気平癒を、天平十一年(七三九)二月に聖武天皇が光明皇后の病気平癒を祈願した詔に、よく表されている。(27)また天平八年(七三六)七月には、聖武天皇が元正太上天皇の病気平癒を願って同様の詔を出しているが、その場合には百人の得度の許可、大安寺・薬師寺他四カ寺の七日間の行道祈願、諸国の百姓(庶民)・僧尼の病者に対する湯薬と食料の支給の他、高年百歳以上に穀(籾付きの米)四石、九十以上に三石、八十以上に二石、七十以上に一石と、それぞれに対するお米の支給と、それに鰥寡惸独と廃疾・篤疾と、特殊な用語で規定される自在不能者への賑恤など、大掛かりな措置が講じられているのである。

これら高官の平癒祈願に伴う恩徳行為だけではなく、様々な機会にそれが行われていることが指摘されている。その回数は『続日本紀』に載せられたもので、文武天皇元年（六九七）以降、天平九年（七三七）五月まで十七回にも及んでいるのである。およそ二年に一回の回数となる。これらは一定の法的定義に基づいていることが分かる。

こうした配慮は、戸籍の充実が欠かせない。高年、老疾といった人民の年齢や疾病、家族状況などを国家が把握するためには、それを示す最も重要な資料は戸籍である。その作成は戸令という法律で定められ、六年一造であるが、その基礎になる戸口の異動状況は毎年各家（戸）から郡の役所（郡司）に届けられ、それはさらに国ごとの計帳という台帳に清書されることになっていた。

そこで「養老戸令」には、まず五条の戸籍の筆頭者になる戸主を規定した条文の中に、税金を負担する人とそうでない人の区別、税金を負担しない人についての注記があって、皇親（皇族）、八位以下の有位者、十六歳以下の男子、耆（六十六歳以上）、廃疾、篤疾（と認定された障害者）、妻、妾、女、それに家人（奴婢より上級の私賤民）、奴婢（賤民身分の人）が特記されている。十七歳から六十五歳までの健康な男性（年齢に区分がある）は税金を払わねばならないが、廃疾や篤疾とされた障害者は、税の負担がすべて免除されたのである。さらに、これらの法令には障害の重い廃疾、篤疾はむろんのこと、残疾を含めて、障害者には税制上の優遇措置が講じられており、障害者を保護しようとする法制上の意思が感じられる。(28)

現代の日本人は、平均寿命が世界で最も長いことを誇っているが、しかし、そうした高齢への意識の強さは、現代だけではなかったのである。

介護者への配慮

《凡そ年八十及び篤疾には、侍一人給へ。九十に二人。百歳に五人。皆先づ子孫を尽くせ。若し子孫無くば、近親を取ることを聴せ。近親無くは、外に白丁を取れ》。

この条目は「給侍条」と言われるもので、「侍」とは介護者のことである。介護に当たる者を侍丁といい、通常は丁男を充てることになっている。(29)

年齢八十歳以上および篤疾（生命に関わる病気のこと）と認定された病人は、男であれ女であれ、侍丁一人の世話を受けることができると規定されているのである。その場合、侍丁となった丁男は、「賦役令」第十九条によって税制上、徭役を免除される。つまり篤疾者本人に税負担がないだけではなく、介護者の負担であった税目のうち、徭役が免除された。介護にはふつう、子や孫が当たるであろうが、祖母もしくは母親が篤疾であれ、そのことが戸籍上明記されていれば、介護者は免税の特典を得られたのである。

さらに条文では、しかるべき近親者がいない場合、白丁を介護者に選んでもよい、としている。白丁とは、課役を負担し、公の資格を一切持たない無位無官の一般男子のことで、近親者でなくとも、介護者となれば税が軽減される、というのである。

この「給侍条」は一種の介護の優遇措置と言うべきもので、年齢の高い者ほど手厚い保護が与えられており、誰しもが迎えねばならない「老いること」に、律令の制定者が尊厳性を法として与えていることになる。このような老人への優遇措置の中に、この時代の、福祉思想の高さを感じられるのである。(30)

高年齢の人々への厚遇は、その例は以後も多く見られることで、天皇の即位や改元など慶事の際だけでなく、天災や疫病の流行時に天皇から支給の指示が出されるのである。これはより有効な恩勅だった。高齢者や疾病者ほど、災異の際に困窮状態に陥る可能性が高いからである。その点は鰥寡惸独という特殊な用語で表示される身寄りのない者も同様であった。

孤独者への配慮

天皇の配慮はこれだけにとどまらない。鰥寡（孤独者）等については、「戸令」第三十二条に規定がある。

《凡そ鰥寡、孤独、貧窮、老疾の、自存するに能はずは、近親をして収養せしめよ。若し近親無くば、坊里に付けて安賑せしめよ。如し路に在りて病患して、自勝するに能はずは、当界郡司、収りて村里に付けて安養せしめよ。よ廼りて医療を加へ、あはせて所由を勘へ問へ。具に貫属（本籍地）注せよ。患損えむ日に、前所（目的地）に移し送れ》(31)。

この「鰥寡条」と呼ばれる条文では、「戸令」第六条の年齢区分の規定も加味すると、「鰥」とは年六十一以上で妻のない者、「寡」は年五十以上で夫のない者、孤は年十六以下で父のない者のことで、『続日本紀』や古文書ではもっぱら「惸」と書かれるが、それは大宝令によったためであろう。「独」は六十一以上の子のない者で、これらはいずれも身寄りのない者を象徴する言葉となっている。現代でも多い、孤独老人たちに救済、保護があることになる。

貧窮・老疾も含めて、鰥寡惸独は社会的弱者に当たるが、これらの該当者で自活できない者について、まずは近親者が収養するように、というのがこの法令の主旨となっている。これは、社会的弱者の保護を規定したものと言える。この条文はさらに、行き倒れとなった往来者の救済を定め、当該地の郡司や村里に医療行為をも含めた対応を義務づけている。このような国民に対する福祉事業の温かさは、「近代」の範である、とさえ言えよう。

聖武天皇からの賑給

天平四年（七三二）の七月五日、旱天続きで秋の不作が予想された折、天皇は身寄りがなく自活できない者への賑給の恩勅を全国に出された。正倉院現存の「佐渡国正税帳」を見ると、同日付で、太政官からも「官符」が下されていたようで、《天平四年七月五日の官符に依り、高年及び鰥寡惸独（かんかけいどく）あわせて・拾人に賑給す。賑量参拾弐…斗》と書かれている。しかもこれに続いて《九十歳二人、別八斗、八十歳一五人、鰥四一人、寡六人・七人、獨九人》と注記が付されている。

佐渡国のどこか、郡名は不明であるが、正税帳はこのとき高年に当たる者で、賑給の対象となる九十歳以上が二人、八十歳以上が十五人で高年は小計十七人、鰥四十一人は三十一人の誤記で、鰥寡・獨（独）は合わせて五十三人、合計七十人となり、賑給した米穀は三十二石八斗であったと報告している。佐渡のような遠国ですら、生活苦にあえぐ老年や孤児に対して、天皇の勅命による米穀の賑給が行われていたのである。

さらに天平九年に天然痘が大流行したときも、聖武天皇は《四月以来、疫病と旱魃が同時に起こり、田も苗代も干乾らびてしまった。そこで除災を願って名山大川・天神地祇、つまり日本のすべての神々に祈りを捧げたが、霊験に現れず、民は今に至ってもなお苦しんでいる。実に朕の不徳がこの災禍を致している。よって寛大な仁徳の施策を行って、民の苦患を救おうと思う》（五月十九日）と詔されたと書かれている。

このような思想は「賦役令」孝子順孫条の規定にもあらわれている。

《凡そ孝子・順孫・義夫・節婦の、志行国郡に聞こえば、太政官に申して奏聞して、その門呂に表せよ。同籍は悉くに課役免せ。精誠の通感する者有らば、別に優賞加えよ》

森本氏は、これは儒教に基づく家族道徳を意識しての規定で、中国の律令をそのまま継受したためであろう、と述べている。たしかに唐令の《州県は尚書省に申して奏聞して》が、養老令では《（国郡は）太政官に申して奏聞して》となっており、役所名が違うにすぎない[32]。

ただその「唐令」の方は失われており、これまで仁井田隆氏をはじめ東洋史家の努力によって復元されてきた[33]。そのうち「医疾令」については唐と日本との比較研究をされた丸山裕美子氏が、医疾令にいう医博士は北魏の伝統を引いていること、隋の医学教育制度から針博士による教習が加わったこと、唐代に至って州医学、つまり地域医療制度が設けられ、唐医疾令が成立したこと、こうして発展してきた歴代の医療制度の集大成を、日本は全面的に継受して日本の医疾令が成立したことを明らかにしている[34]。

さらに高齢者や疾病者など、社会的弱者を規定した「戸令」も、「日本令」は大半はそのまま継受しているが、ただ歴史書を参照すると、若干相違点も見られることが指摘されている。たとえば「戸令」第十一条の侍丁、つまり介護者について、八十歳は一人、九十歳は二人、百歳は五人を給するとあったが、『旧唐書』巻四三によれば、唐制では八十歳、九十歳は同じでも、百歳は三人としている。なぜ「日本令」が五人に引き上げたか、その点は、大変興味深い相違である。そこには、日本人の、高齢者に対する敬愛の念があり、それは中国よりも強かったと言う他ない。

4　光明皇后の福祉思想

仏教伝来以前からの福祉思想

こうした福祉政策のもとになったものは、日本では、理論的には仏教の教えからと説かれるが、しかし、仏教移入以前の仁徳天皇の例でも分かるように、日本における福祉思想は、すでに国家神道の中にあり、それが経験的に知られていたと考えられる。それは、もともと神道の、国民を家族と思う共同体思想である。

たしかに、仏教思想は、この分野の研究者の間ではよく語られていることではあるが、それらが実現されていく背景には、すでに歴史的下地があったのではないか。

中国における弱者救済制度

すでに言われているように、仏教では、医療や弱者救済に尽くした典型的な伝法僧として、北インドのウッテイヤーナ出身の遊行僧ナーレンドラヤシャス（那連提黎邪舎。四九〇～五八九）が挙げられている。この僧侶は、天保七年（五五六）北斉の都に入り、文宣帝の厚遇を受け、天平寺に住み、三蔵殿内の凡本を昭玄統と重要な職に就くと、自らの供禄を使って福業（慈善事業）を起こした。貧困者への施与、獄囚の救済、市街地での井戸の掘削、人々への給水奉仕、汲郡西山での風光明媚な三寺の建設などで、それと並んで、《癘疾の男女を別坊に収養した》とされる。男女別の病坊を建設して、おそらく癘病者を収養したのであろう。

また適宣（五九六〜六六七）は、『続高僧伝』の中で、身をもって癩病者を救おうとした高僧たちのことを伝えている。たとえば隋代の道舜という僧侶は、澤州（現在の山西省晋城）羊頭山という深山にあって修行を積み、虎をも飼い慣らすと言われたが、開皇年間（五八一〜六〇〇）、山から下って村人を教化し、癩病者のいる村々を訪れて医療を施し、膿が潰れている者があれば、皆口で吸い出し、衣服を洗ったという。

また智巌（六五四没）は、建業（南京）では白馬寺に住んで、晩年には石頭城の癘人坊に移り住み、説法のためには、癩病者の膿を吸ったり、洗濯をしたり、何でも行った。七十八歳で亡くなったと伝えられる。(35)

こうした癘人坊は、仏教寺院の設備である。それを、仏僧ではない光明皇后が同じようにされたのである。それを国家が行ったこと自体、日本が、個人の救済を中心において仏教だけでなく、そこに神道という国家共同体の観念があったから、と言うことができる。

こうした仏教僧による献身的な病者救済により、南北朝の支配者層もその影響を受け、救済施設を設けるようになったと言われる。南斉の武帝（在位四八二〜四九三）の子、文恵太子とその弟、竟陵王、子良による「六疾館」、北魏の宣武帝が永平三年（五一〇）に設置を命じた疾病者の収容施設が知られている。すでに触れたように唐帝室を廃して周王朝を建てた則天武后は、仏教重視の政策を採ったが、弱者救済については長安年間（七〇一〜七〇四）に、悲田養病坊を長安・洛陽の両京など各地に設け、専門の監督官を置いたことが知られている。この悲田院は、従来の寺院が管轄していたものを強化したもので、官人と僧尼の共同事業であったと考えられている。それでも、官人側からすれば、悲田はあくまで仏教に基づく事業と考えられていた。

道慈という僧侶

こうした中国における弱者救済の制度を日本に伝えたのは、これまで推定されているのは、道慈であろうと言われている。この僧侶は、則天武后が統治していた大宝二年（七〇二）に入唐し、滞在十六年、養老二年（七一八）に帰国した。帰国の翌年、養老三年には神叡とともに学徳を讃えられて食封五十戸を与えられた、という[36]。

彼は帰国にあたって、漢訳されて間もない『金光明最勝王経』十巻を持ち帰った。当時は『日本書紀』の編纂が行われていた時期で、『日本書紀』に記されている欽明朝の仏教公伝の記事は、百済の聖明王の上表文が『最勝王経』如来寿量品のうちの一文を翻案・修飾したものであることから、道慈が参画して作文したものだとされている。また道慈は八世紀初頭の中国の名文家釈霊実の手になる『鏡中集』十巻を持ち帰った、という。

『最勝王経』にしろ『鏡中集』にしろ、いずれも聖武天皇や光明皇后との親密な関係を予測させるものである。『最勝王経』は神亀五年（七二八）、天皇が六十四部を書写させて全国に頒布、やがて国分寺建立の思想的根拠になったし、また光明皇后が天平五年（七三三）に亡くなった母、橘三千代の一周忌の供養にと、興福寺西金堂を建立し、阿修羅像他を造像させた際の根拠にもなった[37]。

このように施薬院や悲田院の設置は、道慈の進言がもとになっている、と歴史家たちによって説明されている。それは道慈が、中国の事情に明るかったばかりでなく、儒教に対する仏教優位の主張者だったからである。しかし同時に、この福祉思想は、律令制における弱者救済の制度と関連するものである。そこでは天皇・皇后と国民との関係を、父母とその子という関係を述べる、神道として、あるいは「やまとごころ」として考えるべきであろう。

光明皇后が建てた興福寺、西金堂における彫刻群が光彩を放つのも、単に仏教的な思想だけがそうさせたわけではない。これらは天皇・皇后が依頼したものであり、悲田・施薬の両院を設けられ、天下の飢えと病で苦しむ人々を治療し養ったことへの共感と幸福感がそこに表現されている、と取ることが出来るのである。作者、将軍万福は、そうした国民の理解をよく知っていた、と推測される。

5　「しりえの政」

聖武天皇を助けた光明皇后　学問の奨励と施薬院設置、皇后宮の行幸、奨学制度の創設、東大寺や全国に国分寺を創建したことも、もともと皇太后が聖武天皇に勧めたことによるものだ、と言われている。[38]また光明皇后が、聖武天皇を助け、その事績に貢献している姿は、よく「しりえの政」と言われる。「しりえの政」を辞書で引くと、後宮の政ということになっており、皇后の政治ととられるが、しかし光明皇后の場合は、天皇と相並んで政務を執るという意味で、これは画期的な皇后の行動と言ってよい。
『続日本紀』天平元年（七二九）八月戊辰（十日）、詔立正三位藤原夫人為皇后という条の後、二十四日には、光明皇后の立后の宣明が書かれているが、その中に、「斯理弊能政（しりえの）」という言葉が見える。《日月があるように、山川があるように、天皇と皇后は相並んで政治を行わなければならない》のだ、と書かれているのである。この聞き慣れぬ言葉は、後宮の政という意味ではない。つまり、天皇を後ろから内助の功のように助けるという意味ではなく、天皇と皇后が相並んで政治を行うという意味である、と米田雄介氏は力説している。[39]

天平勝宝元年（七四九）七月甲午（二日）に、聖武天皇は阿倍内親王に譲位し、内親王は即位して孝謙天皇になられた。これまで皇后として天皇を輔弼してきた光明皇后は、天皇の譲位により、皇太后へと代わられた。しかし実際に「皇太后」宮職の先例はないし、光明子は皇太后宮職が置かれたという史料もないと言う。しかし記述としては、天平宝字元年（七五七）十一月壬寅（二十八日）条に、《皇帝・皇太后、如日月之照臨、並治萬国》とあり、これを可能にしたのは、実母としての権限も背後にあったであろうが、「皇太后」の地位に由来するものもあったとされる。つまり制度としてそれらを可能にしたのが「紫微中台」であった、と言ってよいであろう。

この「紫微中台」というのは、令外官であり、この地位は、太政官に次ぐ位置に配置されているものである。太政官は乾政官と称し、「紫微中台」は坤宮官と称していること、皇太后自ら発する勅を出している。この「紫微中台」の官人が奉じて諸司に分かつ任務があったと述べているのである。皇后時代に有していた「しりえの政」の権限に由来するものと言えるであろう。天皇と皇太后は日月のように並んで政務を見ていたのである。そのような権限を発揮できる機能を持つ官が「紫微中台」として設置されたということになる。そして聖武天皇の譲位から一カ月後の八月十日に、藤原仲麻呂が、そこの長官である「紫微令」に補任された。[40]

日本の全国に、国分寺と国分尼寺をつくることを提案されたのも、皇太后であった。《東大寺および天下の国分寺の創建は、もと太后の勧めるところ》（『続日本紀』「崩伝」）と言われているように、国民全体に、仏恩を行き渡らせ、同時に、天皇・皇后の意向を及ぼすようにされたのである。

皇太后は、聖武太上天皇とともに、大仏開眼会に参列し、人々の祝福を受けられたが、河内知識寺において大きな盧舎那仏の像に感銘を受け、いずれこのような仏像の造顕を願っていたのであった。このことも、日本の多くの歴史家が、中国・唐代の女帝、則天武后の事績などに倣ってのことというが、実を言うと、逆に、このような慈善を行わなかった則天武后の専横に対して皇族が次々と挙兵したことが現実であった。救う意図はあったものの、民衆は武后に恐怖を感じ、朝政も生活を困窮に至らしめ多くの浮戸や逃戸を招いたとさえ言われる。何でも中国の先例を学んだという発想自身を改めなければならない。

大仏開眼後、二年目の四月、光明皇太后は鑑真和上から菩薩戒を授けられている。しかしその年の七月壬子（十九日）に、太皇太后藤原宮子が崩御。光明皇太后にとって、異母兄弟とはいえ、聖武天皇の生母でもある姉、宮子の死は、これまでにも多くの別れを経てきた彼女にとっても大きなものがあっただろう。

正倉院に収められた遺愛品

しかし、最大なものは、天平勝宝八年（七五六）五月乙卯（二日）聖武太上天皇が崩御されたことである。最愛の人を喪った光明皇太后は、天皇遺愛の品々六五〇点ばかりを東大寺大仏に奉納、その後も東大寺を含む南都の十八カ寺に天皇に縁の品を数点ずつ施入して天皇の冥福を祈られている。さらに天平時代の中頃には、藤原不比等の邸宅である自身の生家を法華寺とされたが、天平宝字二年から三年にかけて造法華寺司を組織して金堂や本尊の造顕を進められた。これらも、仏教的な喜捨の観念で説明されるが、ここには文化に対する国家観がある、と言うべきであろう。自己の資産として、天皇家に残すのではなく、国家宗教としての東大寺、天皇の資産は国家のものである、という皇室の伝統をまさに体現されたのである。そこに光明皇太后が、皇室出身の皇后以上の、皇族の自覚を持たれていたことを示すことに他ならない

光明皇太后が聖武天皇の遺愛の品々を東大寺に寄贈されたことの意図を、光明皇太后自身が明示する史料が残されている。まず『国家珍宝帳』では、天平勝宝八年（七五六）六月二十一日、聖武天皇七十七日忌に際し、《太上天皇の奉為に国家珍宝等を捨して東大寺に入れる願文、光明皇后》と冒頭に明記しているように、光明皇太后により聖武天皇の遺品を東大寺大仏に奉献した品々等を記した巻子となっているのである。それは現存する五つの『東大寺献物帳』の一つであり、巻首に「光明皇太后」の願文が書かれ、六百数十点の遺愛品の目録を載せている。ここに記された願文は、《妾（われ）は聞く》と願文の主体者であることを述べ、次のように現世に対する見方と仏教の功徳を説いている。(41)

《悠々たる三界に猛火は常に流れ、ようようたる五道に毒網は是れ荘なりと。所以に自在の大雄、天人の師の仏は、法釣を垂れて物を利し、智鏡を開きて世を済ひ、遂に擾々（じょうじょう）たる群生をして寂滅の域に入らしめ、蠢々（しゅんしゅん）たる品類をして常楽の庭に趣かしむ(42)》。

ここには、「猛火」と「毒網」の現世に対し、仏による「済世」の意味を「群生」の「寂滅」と「品類」の「常楽」にあると理解する立場が示されている。しかし同時に、願文の末尾では、《今上陛下の寿》を讃えながら、次のように述べている。

《復た乃ち天は成ひ、地は平らかに、時は康らけく、俗は阜に、万姓は无為の化を奉じ、百工は友道の風に遵ひ、十万の三界、六道の四生も、同じく此の福に霑ほひ、威は妙果に登らんことを。盧遮那仏に献ず》(42)と書かれ、「天成」「地平」「時康」「俗无」という世界観を示して、冒頭に述べた現世の厳しさから一転して「平」「康」を強調して述べる。

その前半の、天と地に示される世界観は、『紀・記』の、天と地の自然観と重なり、決して仏教だけでなく、神道的な自然観を包含していることが分かる。そしてそこに盧舎那仏造営がもたらす安定した社会状況を願う立場が表されるのである。そのことは、「俗无」であることによって、福の広がりを得て、「妙果に登らんこと」と結ばれていく文章でも理解されるのである。

この点で、『続日本紀』天平十五年十月辛巳条の大仏造営詔とも関連づけられていくのである。同条に《誠に三宝の威霊に頼りて乾坤相泰かに、万代の福業を修めて動植悉く栄えんことを欲す》としているところは、光明皇后が提示した「平」「康」を強調する、歴代皇室の御行為との共通点も見出される。(43)

「種々薬帳」の願文について述べれば、《前を以て堂内に安置し、盧遮那仏に供養す。もし病苦により用ひるべき者あれば、列びに僧綱知りて、後に充用することを聴せ。伏して願はくは、この薬を服すれば、万病悉く除かれ、千苦皆救われ、諸善は成就し、諸悪は断却され、自らは業道にあらずとも、長じて夭折することなきを。遂に命終の後、花蔵世界に往生せしめ、盧遮那仏を奉じて、必ず遍く法界の位を証得せんと欲す》と、盧舎那仏供養と病人救済を結び付けられるのである。

ここでは、施薬院を通して苦を救い、そこに「諸善成就」があるとする観点が一貫したものとなっている。それは「七福田」の一つであった《常に医薬を施し、衆病を療救す》を具体化させ、さらにそれと善なる行為が通底する立場となってあらわれている。そして、ここでは、施薬が盧舎那仏を供養するとともに、病苦の者に用いることを前提としている。国民の病気を直すことへの祈りは、大仏が、天皇・皇后によって造立されることと同一視されているのである。

五点ある『東大寺献物帳』には、聖武天皇の菩提を弔うとの文言がなく、それが光明皇后の自らの発案であることが、予想させる。それは「服薬」によって、病苦を除き、夭折なきようにと願い、さらには「諸善は成就し、諸悪は断却される」ことにも及んでいるのである。その慈悲心に富んだ内容は、それがもともと、光明皇后の独自な御心であることを示唆するものである。

さらに「命終後」についても、「花蔵世界」への「往生」を願う立場をとっており、それは施薬によって苦しみを解くだけでなく、往生までも願っていることを意味している。これによって、施薬の意味は、福田思想が説くところからさらに深くなり、より仏教的な世界を提示している、という指摘もある(44)。

悲田院を記す史料としては、東大寺大仏殿回廊西地区から出土した木簡の裏面に「悲田院」の文字があることが発表されている。その表には「薬院」とあり、「仕奉人」の人名さえ記されており、それが、施薬院から大仏鋳造現場へ人物が遣わされていたことを示し、また悲田院の所在が確実であることの証拠ともなっている。こうして、施薬院と悲田院が、統一的に建立されていたと考えられ、光明皇后の福祉事業が、国家の事業として大々的に行われていたことが分かるのである(45)。

光明皇后の和歌

このような、「公」のための福祉事業だけでなく、光明皇后は、自ら「私」を磨くことを忘れはしなかったことも、その特色の一つであろう。それは、和歌をつくり、書を嗜んだことでも理解される。

和歌は『万葉集』に四首とられている。

《わが背子とふたり見ませばいくばくか　この降る雪の嬉しからまし》　（巻八、一六五八）

この歌は聖武天皇に捧げられた歌であるが、いかに母親としての喜びと、天皇に愛されている喜びとの二重の嬉しさをこめているかが分かる。

《朝霧の　たなびく　田居に鳴く雁を　留め得むかも　我がやどの萩》　（巻十九、四二二四）

ここには、自然の動きに感受性の強い、日本人の典型的なあり方が表れている、と言ってよいであろう。

《大船に　真楫（まかじ）貫（ぬ）きこの我子を　唐国（からくに）へ　遣る斎（いは）へ　神たち》　（巻十九、四二四〇）

この歌は、遣唐使として旅立つ藤原朝臣清河に与えた歌であるが、この我が子と歌っているのも、同族の藤原家からの出立を祝っているだけでなく、唐国に行く日本人の代表として、我が子のように愛しむ、天皇・皇后の感覚を詠っており、そこに、日本の「神たち」が、それを守ることを念じている歌となっている。これは、明らかに国家神道の歌となっている、と言ってよいであろう。

《印南野の　赤ら柏は　時はあれど　君を我が思ふ　時はさねなし》（巻二十、四三〇一）

この歌も、夫、聖武天皇への愛情の深さを読んでおり、二人の関係が、天皇・皇后の地位にすぎないとする「近代」からの眼差しを否定する、個人の存在が愛情で結ばれていたことを示すものである。「しりえの政」が、決して政治的な意味での夫唱婦随の関係ではなく、人間的な愛情で結ばれていたことを思わせる。

光明皇后の書　光明皇后は、書をよくされ、奈良時代の能書家として聖武天皇とともに有名であることも銘記すべきことである。作品には『楽毅論』や『杜家立成雑書要略』（ともに正倉院蔵）などが残されている。

『楽毅論』は、王羲之（三二一～三七九）のそれを臨書したもので、本文は四十三行であり、奥の軸付に黄麻紙一帳を添えて《天平十六年十月三日（七四四年十一月）藤三娘》と署名があり、光明皇后が四十四歳の時の書ということになる。かつては、署名部分に別紙を継いでおり、本文とやや書風が異なると見なされたことなどから皇后の自筆でないという説もあったが、本文や『杜家立成雑書要略』との詳細な比較などから、現在は皇后の真筆を疑う意見はない、と言われている。

料紙は二帳半に継ぎ、縦二五センチ、長さ一二六・六センチ。白麻紙に縦に〇・六ミリごとに簾のような漉き目が並ぶ「縦簾紙」と呼ばれる精良な紙を用いており、漉き目は紙質が薄いため現在はそこに折り目が付いている。明代に翻刻された『楽毅論』と比べると脱字が数カ所ある。反対に二行目行末の「為劣是以叙而」がなく、この六文字がないと文が続かない。

筆力は一字一字が、粘り強く雄健であり、専門家によると、素人らしい文字構成の軽視が目立つという。紙には縦線があるので気をつければ文字列を整えるのは容易なはずだが、表題の「楽毅論」からいきなり右にずれ、その後も真っ直ぐ書くのを二の次とし、行間も不揃いである。文字の間隔や大きさも不均一で、行末で文字が小さく扁平になってしまう誤りを何度も繰り返す。文字単体を見ても、毛筆の状態が良くなかったのか、筆先が二つに割れたりかすれている箇所がしばしば見られ、均衡を欠いた結字も散見すると指摘されている。

しかし、評価も高い。というのも、流した文字が一切なく、日本の書道史上ほとんど類例のない強く深い起筆、強い送筆、そして強く深い終筆の持つ表現力が、構成の杜撰さを覆い隠し、光明皇后の強い決意と決断を感じさせる魅力的な作品に仕上がっている。書家の石川九楊氏は『楽毅論』を以上のように読み解き、光明皇后の意志だけによって成り立つ意志の集合体、「意志の化成」と評している。[46]

『杜家立成雑書要略』（正倉院蔵）の方は、筆致がより自在になっている。「杜家」は隋末唐初の能書家で、杜正蔵ら三兄弟と言われる。立成は速成の意である。全体で三十六種七十二篇から成っている。内容は、雑事に関する日常の往復書簡の文例要略である。巻子本一巻。本紙は色麻紙を十九張を継いであり、一行ごとに折り目が確認できる。『楽毅論』が臨書なのに対し、杜家立成は自運によるものなので、筆運びが闊達になっている。

すでに指摘したように、施薬院を設立した同月に、皇后は興福寺に行啓して五重塔を建立、天平五年

（七三二）に興福寺に西金堂を建立、また天平十二年（七四〇）五月一日経で知られている六千から七千巻にのぼる経巻は、父と母の冥福を祈念するために、天平九年頃から皇后宮職内に設けられた写経所で、書写作業を始めている。

一方の「聖武天皇宸翰雑集」は、聖武天皇が中国・六朝から唐時代の代表的な詩文一四五首を書写したもので、現存する歴代天皇の書では最も古く、わが国における宸翰の歴史はここから始まったと言われている。天皇の崩御後、光明皇太后が遺愛の品々を東大寺に献納した際の目録『国家珍宝帳』（正倉院宝物）には、この雑集について記載されている。

聖武天皇の方は、一点一画までおろそかにしない整然とした書風であり、王羲之あるいは褚遂良（ちょすいりょう）（五九六～六五八）の影響が顕著と言われている。しかし、こうした技法面のみならず、どこまでも持続する緊張感に、天皇の几帳面な御性格が感じられ、皇后とは対照的である。

しかし二人の書から窺えることは、まさに「しりえの政」を行った光明皇后の、天皇の磊落さと率直さであり、お互いに補い合って、日本の「古典」時代の治政のあり方をよく示している。私はここからも、天平文化の「古典」性を、国民もまた実感する時代として捉えずにいられなかった、と考えている。

註

（1）拙論「巨大な天皇陵の時代」『「やまとごころ」とは何か』ミネルヴァ書房、二〇一〇年、所収。
（2）将軍万福「須菩提像」乾漆造　彩色　像高一四七・五センチ。拙論「将軍万福《天平のドナテルロ》」『天平のミケランジェロ』弓立社、一九九五年、所収。

(3) 『続日本紀』天平二年（七三〇）四月（上、宇治谷孟訳、講談社学術文庫）。
(4) 森本公誠「奈良時代における社会的弱者の保護――光明皇后施薬・悲田両院設置の背景を探る」宮城洋一郎「光明皇后の福祉事業について」『論集　光明皇后――奈良時代の福祉と文化』東大寺、法蔵館、二〇一一年。
(5) 『続日本紀』天平宝字四年（七六〇）六月七日の条。
(6) 『続日本紀』天平元年八月二十四日の条。
(7) 米田雄介「光明皇后――藤三娘に課せられたもの」『論集　光明皇后』前掲書。
(8) 『続日本紀』神亀元年（七二四）三月辛巳（二十二日）条（既出）。
(9) 橋本。
(10) 森本公誠『聖武天皇――責めはわれ一人にあり』講談社、二〇一〇年。
(11) 米田、前掲論文。
(12) 『続日本紀』天平十年（七三八）一月十三日の条。天平十六年（七四四）閏一月十一日の条。
(13) 『続日本紀』天平元年（七二九）二月十日、十一日、十二日、十三日、十五日の各条。
(14) 『続日本紀』天平十年七月十日の条。
(15) 『続日本紀』天平十年正月十三日の条。
(16) 『続日本紀』天平宝字六年（七六二）六月庚戌（三日）の条。
(17) 小澤博英『聖武天皇社と伊勢』三重郷土資料刊行会、一九八二年。
(18) 『続日本紀』神亀三年（七二六）六月十四日、詔。
(19) 『続日本紀』天平二年（七三〇）四月辛未（十七日）条。
(20) 森本、前掲論文、八頁。

(21) 宮城、前掲論文、一〇〇頁。
(22) 宮城、前掲論文、一〇一頁。
(23) 森本、前掲論文、一〇頁。
(24) 『続日本紀』天平二年（七三〇）四月辛未（十七日）条。
(25) 職員令第四十四条、「律令」『日本思想大系三』岩波書店、一九七六年。
(26) 森本、前掲論文、一二頁。
(27) 『続日本紀』天平十一年（七三九）二月、詔。
(28) 森本、前掲論文、一六頁。
(29) 「戸令」第六条、「律令」既出。
(30) 森本、前掲論文、一六頁。
(31) 「戸令」第三十二条「律令」既出。
(32) 森本、前掲論文、一八頁。
(33) 仁井田陞・池田温編『唐令拾遺補』東京大学出版会、一九九七年。
(34) 丸山裕美子「日唐医疾令の復元と比較」『古代日本の医療制度』名著刊行会、一九九八年。
(35) 森本、前掲論文、二〇頁。
(36) 森本、前掲論文、二一頁。
(37) 東野治之『阿修羅像を究める』金子啓明「国宝阿修羅展」所収。
(38) 森本『聖武天皇』前掲書。
(39) 米田、前掲論文、三六頁。
(40) 米田、前掲論文、三七頁。

(41) 米田雄介「東大寺献物帳作成の意義」大阪大学日本史研究室編『古代中世の社会と国家』清文堂出版、一九九八年。
(42) 宮城、前掲論文、一〇二頁。
(43)『続日本紀』天平十五年十月辛巳の条。
(44)「光明皇太后」の願文「国家珍宝帳」『大日本古文書』第四巻。
(45) 宮城、前掲論文、一〇三頁。
(46) 石川九楊「意志の化成　光明皇后「楽毅論」」『日本書史』名古屋大学出版会、二〇〇一年。

第十三章　歌の殉死——大伴家持にとっての歌の意味

本章では、大伴家という長く天皇に仕えた家系に生まれた家持が、どのようにその歌と政治を自己の中で、両立させていたかを考察してみようと思う。そして、この天平時代に頂点に達した、その「古典文化」の中で中心的な『万葉集』が、まさに大伴家持によってまとめられ、彼の歌が十分の一を占めることの意味をさぐってみたい。そして彼の歌の終焉とともに、その編集が途切れてしまう幕切れが、どのような意味を持っていたか、問うてみようと思う。

1　家持の出自

奈良時代の再評価

《青丹よし　寧楽（なら）のみやこは　咲く花の　薫ふが如く　今盛りなり》

（『万葉集』巻三、三二八）(1)

この名高い歌のとおり、奈良は今盛りなり、という言葉が、はたして奈良時代の政治社会が実態として正しかったか、ということも検証すべき課題である。これまで戦後の、奈良時代の歴史家たちが、この時代がそのような時代ではなかったと分析し、「古典文化」の名が消えてしまったからである。そして芸術文化において「古典」という名を復興し、戦後「反権威主義」の風潮の中で否定されてきたこの時代の高い文化を再評価しようと考える。

私はまた天平時代の政治が、決して権力争いの渦中にあったのではない、ということを史実の中で実証してみるつもりだ。戦後史家の常套文句にある藤原氏の独占権力という神話をも否定しよう。それは事実ではないと述べよう。そしてそのような権謀術策の世界で、このような高い文化は生まれえないという明らかな事実を考えてみよう。ここで、これまで私が書いてきた諸論文の上に立って、ここで大伴家持の歌を辿りながら、天平時代の真実の歴史に迫りたいと考えている。

しかしこの「古典文化」が、なぜ天平以降、崩れていったのか、という問題がある。奈良時代と平安時代の芸術を、私は様式的に「古典主義」時代と「マニエリスム時代」とに分けて考えてきた。とくに美術表現がそうであったが、それは『万葉集』もやはり「古典主義」であり、それ以後は技巧的になっていくことに対応する。その精神基盤がどうであったか、家持の歌と生き方を通じて考えてみたいと思う。

《御民（みたみ）われ　生ける験（しるし）あり　天地（あまつち）の　栄ゆる時に　あへらく思へば》（巻六、九九六）

これは天平六年（七三四）に海犬養岡麻呂（あまのいぬかい）という官人が読んだ歌である。《今盛りなり》ほどの華やかさはないが、国民として生甲斐のある、栄えある時代という認識は変わりがない。ここにあるのは天地と共に、つまり自然の悠久さと共にある国土の繁栄である。その繁栄の時代に、文化も栄えないはずはない。『万葉集』は文芸の傑作であるとともに、時代の正当性を吟じている。その『万葉集』で、天平時代、聖武天皇の下で生きた大伴家持ほど、重要な歌人はいないだろう。

大伴氏の祖先

ところで、大伴氏の起源は『古事記』上巻の、天孫降臨の条にまでさかのぼる。天忍日命（あめのおしひのみこと）と天津久米命（あまつくめのみこと）の二人が天（あめ）の石（いわ）ゆきを負い、頭椎（くぶつち）の太刀を佩き、天の波士（はじ）弓を持ち、天の真鹿児（まかご）矢を手挟んで天孫天津日子番能邇邇芸命（あまずひこほににぎのみこと）の御前に立って仕えたと書かれており、その天忍日命が大伴家の祖先であることが述べられている。つまり天孫降臨の先払いを、久米氏の祖先と共に果たしたのである。

このように、奈良時代の人々は、神話からの連続した家系であることを誇ったのである。『日本書紀』でも併記された異伝で、やはり同じことが書かれている。これを戦後史学のように、奈良時代の創作であると言うわけにいかない。というのも、『古事記』や『日本書紀』にある記述は、埼玉古墳群で発掘された五世紀の鉄剣が雄略天皇の名前を語っているように、天皇の歴史として捏造ではないことは明らかになってきているからだ。

同じ『日本書紀』で、神武天皇が大和侵攻で苦戦していたとき、日臣命（ひおみのみこと）が山を踏み分け道を開いて先導し、この功によって道臣命（みちおみのみこと）という名を賜ったと書かれている。その道臣命こそ、大伴氏の祖先だったというのである。天孫降臨と神武東征に功があった大伴氏の祖先であれば、子孫はその伝統を感じないはずがない。少なくともその血筋を、自らの役割であると自認していたことであろう。

大伴姓を名乗ったのは、垂仁天皇二十五年に、五大夫の名で出てくるのが最初であるが(2)、その五大夫と言えば阿部臣、和珥（わに）臣、中臣連、物部連、大伴連のことである。中臣連は後に藤原氏となる家系である。雄略天皇即位のとき、伴造の家柄である大伴氏と物部氏が軍事的な指導者の世襲となったのである。他に平群氏とともに三大勢力となっていた。

面白いのは江戸時代の塙保己一の『群書類従』で、大伴系図の中に、談の子として金村に並べて、歌という人物を記し、大伴氏が談と歌、すなわち語り部の役割と歌い部の役割を演じていたらしいことを示している点である。大伴氏は一方で、弓矢の家であると同時にこうした文化的な役割を担っていたことは、家持の歌の内容を太くしているのである(3)。

2　家持の幼年時代

父は旅人

大伴家持は、養老二年（七一八）に大伴旅人の長男として生まれた。正妻の子ではなかったが、嫡子として扱われた。母のことはどの史料にも書かれていない。最晩年になってその実母を思わせる史料があるだけである。家持は、官人として生きることを運命づけられていただけでなく、父からの文学的教養を受け継いでいた。

しかも歌人としても自立できる才能を十分持っていた。しかし当時は歌人という職業はなかったから、官吏として生活する中で、創作を続ける以外になかったことになる。家持という名から、長男として大伴家を継ぐ使命を負っていたことが分かるが、弟は書持と言う名で、おそらく「書く」仕事を継ぐことを任じられていたのかもしれない。しかし書持は、役職にも就くことなく生涯を終えているから、あるいは大伴家で歌人の道を辿ろうとしたものの、創造力に恵まれず挫折したのかもしれない。

しかし官人として生きた家持が、同時に抜群の歌人であったことは、才能だけでなく、政治というものを知っていたからであろう。それは天皇政治という、日本の古来からの政治の重要さを熟知していたからだと思われる。本来、歌というもの、ひいては芸術というものを最初から身に付けていたものの、それはこの社会的環境の上に花咲くものであった。私は、イタリアの詩人ダンテのことを思わずにいられない。ダンテもまた政治家であったがゆえに、その『神曲』にあれほどの迫力を生んだし、そこに政治性を加えることが出来たのである。(4)

養老四年（七二〇）、南九州の隼人が反乱を起こし、大隅の国守を殺したという報が入ったとき、父・大伴旅人がただちに派遣されたことは、中納言であった旅人が、同時に征隼人持節大将軍という武人として日頃から準備があったということである。家持も一方ではこうした武人としての教育を受けていたのである。その武人、官人として生きることになった家持が、なぜまた歌人でありえたのか。

家持の歌の才能

家持の最初の歌は相聞歌であった。恋歌のやりとりである。後の家持の妻となる坂上大嬢（さかのうえのおおいらつめ）からの歌が残っている。

《生きてあらば　見まくも知らず　何しかも　死なむよ妹と　夢の見えつる》　（巻四、五八一）

この歌は家持が詠った歌の答歌である。しかし家持の歌の方は失われている。坂上大嬢が、家持に、私たちは生きていてお会いも出来るのに、なぜ「死なむよ妹」などと、夢の中でおっしゃるのですか、と問うているのである。十五歳の家持の歌に対してであるが、いかに前の家持の歌が、ひとひねりした

ものであったことが分かる。続けて大嬢は、

《ますらをも　かく恋ひけるを　たわやめの　恋ふる心に　たぐひあらめやも》（巻四、五八二）

ますらをの家持の恋がそんなに深いものであっても、私のようなたわやめの恋にくらべられない、と詠っている。自分のような、なよなよとした女の恋の方が強い、と言っているのである。いずれにせよこの歌を引き出した家持の歌が巧みであったことが想像できる。大嬢が十二、三歳であったから、こちらの方も早熟であった。代作という説もあるが、この時代の人々の成熟が早かったことも確かである。

家持は大嬢に《わが屋戸に　蒔きしなでしこ　いつしかも　花に咲きなむ　なそへつつ見む》（巻八、一四四八）と詠い、わが家の庭に蒔いたなでしこが、いつ花を咲かせるのだろう、その花をあなたに「なそへ」て見るつもりだ、と言っている。この「なそふ」という言葉は、わずかに柿本人麻呂に見えるだけの言葉で、家持がいかに最初から珍しい言葉を知っていたかが窺われる。(5)

この坂上大嬢の母が坂上郎女（いらつめ）で、美貌と才媛でならした女性であった。最初は穂積皇子に寵愛され、その薨去後、藤原不比等の四男、麻呂が求婚されたが、最後に大伴旅人の兄弟、宿奈良麻呂と結ばれ、二人の娘が生まれた。その一人が大嬢である。旅人の妻が大伴郎女（おおとものいらつめ）と言ったが、その亡き後、大伴家の家刀自（一家の主婦）となって家持を支えることになる。その坂上郎女が、家持に対し、

《わが背子が　着る衣（きぬ）薄し　佐保風は　いたくな吹きそ　家に至るまで》（巻六、九七九）

と詠っている。

わが背子とは家持を指し、私の大事な人が、薄い着物を着て家に帰った。冷たい風が吹かないようにと祈っている。こうして旅人亡きあと、郎女が家持を歌で育て直したと言ってよいだろう。郎女が女性の眉を「三日月」と詠うと、家持も《ふりさけて　三日月見れば　一目見し　人の眉引(まゆひき)　思ほゆるかも》（巻六、九九四）と、倣って詠うのである。大空を振り仰いで三日月を見ると、ただ一目見ただけであの人の美しい眉が思い出される、と恋の歌に変えている。十六歳の家持が、旅人と郎女の言葉の選択に、輪をかけて、自分の言葉に彫琢を加えていったことがこの頃からの歌でも窺える。

実を言えば、家持は青春時代に、大嬢の他に八人もの女性から恋歌を受けていた。その他歌を取り交わしている女性は少なくとも二人はいたのである。そのいちいちを、ここで述べる気はないが、現代のように若いときに、多くの異性の友人と関係を持っても、歌を作るという文化的な関係を持たないことは、文化の衰弱以外の何ものでもない。奈良時代の男女の方が日本人としては、はるかに文化を持っていたのである。

家持は十七歳で、すでに内舎人となった[6]。こうした早い出世は、男性に成熟した女性関係をもたらす。歌をやり取りする関係が、ただ生活のない（現代では学生のような）子供同様の相互関係から生まれるのではなく、官人、武人の役割の人々の中に成り立つことになるのである。この時代の文化の成熟度は、そんなところにも基礎を持っているると考えてよいだろう。

《ももしきの　大宮人は　多かれど　心に乗りて　思ほゆる妹》（巻四、六九一）

大勢の大宮人がいるが、わが心にのしかかるのが彼女だ、と詠っているのも、多くの大宮人が同時に大人であったこと、つまり雅(みやび)な関係にあったということと思われる。この妹は、別に特定される女性ではないらしい。つまり当時に政治や行政を執り行う官人がつくり出す「大宮人」の世界の男女の関係は、あまりそれを秘密にしてタブー視しようとは、思われなかったものであろう。そこに和歌の関係があったからである。

天平時代の「和」の政治

「和」の政治も、そうした成熟した状態があったからこそ成立したものであろう。聖徳太子の「和」の政治が、この律令時代に実現したとすれば、天平時代にそれが見られるように思える。いみじくもこの歌を「和歌」と呼ぶのも、文人政治家が詠う「和」するための「歌」という意味を持つものと思えてならない。『万葉集』に《それ諸王卿(おおきみまえつきみたち)和歌を賦(よ)みて奏すべし》(巻二十)とあるのは、そのことを示すものだ。むろん一方でこの時代、漢詩に対して「倭詩」と言っていたことも知られている。それが大和の「和」歌となっただろうが「短歌」でなくて、「和歌」と呼ぶとき、この時代は聖徳太子が高く評価され、「十七条憲法」が読まれていた。それを記した『日本書紀』は、ちょうど養老四年(七二〇)に完成している。聖武天皇の「聖」も、そこから取ったと思われるから、それだけ政治的な意味合いがあったのだろう。「和歌」は政治の世界を「和」する意味があったととっていい。

しかし根本的な意味合いは、やはり「天地=自然」と「和」することから発していると思われる。男女の関係もそれであるからだ。それも自然が包含している。『万葉集』のどの歌を取ってもこの趣(おもむき)が感じられるが、家持もすでに青春時代から、恋と自然との交わりを同等に扱っているように見える。《今

日降るし　雪に競ひて　わがやどの　冬木の梅は　花咲きにけり》（巻八、一六四九）と詠うとき、雪と梅が競っているのと、男女が競っていることが似ているようで、それが日本人の感性のもとになっているのだ。西洋人の言うように、恋愛は、人間同士だけに成立する高尚なものではないのだから。

ところで『万葉集』には、自然そのものを詠う歌に、作歌年次が記されていないという。人事には時代が刻まれるが、自然は悠久なものという観念がそこに存在していることになる。この事実から、歌は作ること自身が重要で、それを記録して残すという観念がなかった、と述べる研究者もいるが、多くの歌が記録されているのだから、主題がそれを決めたと考えた方がよいだろう。(7)

大伴旅人が世を去った天平三年（七三一）八月、「和」の政治を占ううえで、興味深い選挙が官人の間で行われた。諸官庁の四等官以上全員が内裏に集められ、内（台）閣に入るのにふさわしい人物を選ぶように、という詔勅が下った。その翌々日、投票が行われた。その結果、六人の参議が選ばれた。その六人の中に藤原宇合と麻呂がいた。これまでの武智麻呂と房前と共に、藤原四兄弟が選挙で選ばれたことになる。戦後の歴史家は、藤原家の独裁が、不比等亡き後も藤原家によって行われたように言うが、実際は官人四等官以上、三九六人の選挙で選ばれていたのである。そこには多くの他の氏族出身の官人たちがいた。(8)

なぜこのことに注目しないのであろう。まさに議会が総理大臣と内閣を選ぶことと同じではないか。むろん官人自体は、これまでの氏族から推薦されたものである。全体の民の選挙ではない。氏族が全国を被っているわけではないからだ。しかし決して一族の独裁ではないことに注目しよう。そこから選抜された官僚のベテランが互選する方法ほど、内閣がうまく運営されることはないであろう。このことを知っている歴史家は、奈良麻呂がその責任を散らすために仕組んだやり方であるというが、しかし三九六人もの官人全体がある種の工作で動いたわけではないだろう。藤原四兄弟は選挙で選ばれたということの方が、この時代を理解するのにふさわしいのである。これが詔勅で行われたことが、天皇の政治というものだった。明治五箇条の誓文にある《廣ク會議ヲ興シ、萬機公論ニ決スヘシ》ということが、多かれ少なかれ奈良時代から行われ、「近代」の「西洋」の影響ではないことが、このことでも確認されるのである。

大伴氏からは、家持の祖父、安麻呂の叔父、馬来田の子、道足が入閣したし、葛城王も選ばれている。後の左大臣、橘諸兄になる皇子である。家持はこの頃十四歳だったからまだ役職には遠い年代であった。

3　青年家持の躍動

政権の再編

その後三年経った天平三年（七三一）、『続日本紀』によれば十一月、政府は初めて畿内の社会の治安と援護を心配し、惣管、地方に鎮撫使を派遣をしている。翌年、節度使が鎮撫使を引き継ぎ、各地方に閣僚級の官人が派遣されているのである。天皇が国民を思う気持ちがここにも出ている。いったん収まったのであろう、節度使も四月に任を解かれている(9)。

藤原四兄弟が死去した大疫病が都を襲ったのが、天平七年（七三五）である。天然痘が新羅から北九州に侵入し、それがやがて都にまで及んだ。『続日本紀』に《近代より以来、未だ有らざるなり》と記しているが、まさにそれは猖獗を極めたらしい。《咲く花の匂ふが如き》と詠った小野老(おののおゆ)も亡くなった。しかし幸い、天皇家も、近侍していた家持も無事であった。

急いで政権の再編が行われた。橘諸兄が大納言になり、天平十年（七三八）正月に右大臣に就任した。藤原氏からは、武智麻呂の長男が参議に加えられただけである。諸兄は、光明皇后と異父同母兄妹であるが、皇族としては、藤原氏と対立して自殺に追い込まれたと言われる長屋王の側に立つものでもあった。このことからも、藤原氏が常に工作をして、政権を維持する挙に出ていたわけではないことが分かる。諸兄は五十五歳、そして家持はまだ二十二歳のときであった。

その年、諸兄の嫡男奈良麻呂は、父のために宴を開いて、人々を招待した。そのとき、つくられた歌十一首が『万葉集』に収められている。その最後に家持が詠っている。

《黄葉(もみじば)の　過ぎまく惜しみ　思ふどち　遊ぶ今夜は　明けずも　あらぬか》　（巻八、一五九一）

弱冠二十二歳の家持が、右大臣橘諸兄の宴で、最後の歌、つまり取りを取ったことは、いかにその歌人としてすでに才能が高く評価されていたかが窺える。年功序列の日本が、すでに実力別の評価を行っていたのでる。最初の、秋のもみじを手折ってきたことを詠ったのを手始めに、次々に出席者が前歌を受けて歌の宴を開いていくのである。人の肩書があろうとなかろうと十一人が詠い合うのである。これも「和歌」の名にふさわしい、「和」の政治の表現となっている。七番目に弟の書持も詠った後、十一番目に家持がこの歌を作った。気の合った仲間同士が遊ぶこの夜は明けないでくれ、と詠っている。

家持はまだ正式な結婚をしていなかった。大嬢の他に愛妾がいた。その愛妾が亡くなったとき、「悲傷歌」と言われる範疇の長歌を詠っている。

家持の相聞歌

《わがやどに　花を咲きたる　そを見れど　心も行かず　愛しきやし　妹がありせば　水鴨なす　ふたり並び居　手折りても　見せましものを　うつせみの　借れる身なれば　露霜の　消ぬるごとく　あしひきの　山道をさして　入日なす　隠れにしかば　そこ思ふに　胸こそ痛め　言ひもかね　名づけも知らず　跡もなき　世間にあれば　せむすべもなし》　（巻三、四六六）

この最初の長歌をつくった家持は、すでに十分な言葉の世界を知っていたことを示している。家の庭には花が咲いているが、それを見ても心は閉じたままだ、というのだ。彼女が生きていたら一緒に水に浮かぶ鴨のように、並んで花を手折って見せもしように、と詠う。現し身の仮の命であるから、露や霜のようにはかなく、山道をさして夕日のように隠れてしまったと述べ、それを思うと心が痛み、何ともしようがないと結ぶ。二十二歳の青年の悶え悲しむ気持ちが伝わってくる。家持が柿本人麻呂の歌をよく研究していたことは、《入日なす　隠りにしかば》という言葉が、人麻呂の「泣血哀慟歌」第二長歌にあることや、結びの《跡もなき　世間にあれば　せむすべもなし》が、沙弥満誓の歌にあることからも分かる。跡もなき、という言葉が、はかないこの世という意味となるという[10]。

この後にしばらく途絶えていた坂上大嬢との関係が復活する。大嬢があのときは、若すぎたこともあって、家持は愛妾の方に心をとらわれていたようだ。そこから家持を取り戻すために、どうやら母の

郎女が二人を取り持ったらしい。大嬢は、

《わが蒔ける　早稲田の穂立　作りたる　かづらそ見つつ　偲はせ我が背》（巻八、一六二四）

という歌を家持に贈っている。それに答えて、

《吾妹子が　業と作れる　秋の田の　早稲穂のかづら見れど飽かぬも》（巻八、一六二五）

と詠った。

愛する妹が働いて作った田の早稲の穂のかづらは、いくら見ても見飽きない、と返事を出した。この《見れど飽かぬも》も、実は人麻呂が、持統天皇の吉野行幸に伴ったときに、吉野離宮を賛美している言葉と同じである。ただ、家持はそれをかづらを見飽きぬと言ったところにうまさがある。離宮のような美しさではなく、可憐な花にそれを感じたからである。

堰を切ったように、家持と大嬢の間に相聞歌が交わされる。天平十一年から十二年にかけて家持の歌が三十首、大嬢からは六首が残されている。

《我が名はも　千名の五百名に立ちぬとも　君が名立たば　惜しみこそ泣け》（巻四、七三一）

家持の浮名の立ったことを口惜しいと泣く、というこの歌に対し、

《今しはし　名を惜しけくも　我はなし　妹によりては　千たび立つとも》　（巻四、七三二）

と答えている。もう浮名が立っても惜しくなどない、貴女のせいで立つなら千度立ってもいい、と応える。

こうした歌を取り交わすことにより、愛情を深め合うことで、お互いの嫉妬とか恨みの感情が洗われ、心の中にゆとりが生まれる。これが歌の効用でなくて何であろう。こうした男女のやり取りは、愛情そのものをお互いに洗練するのである。生（なま）でぶつかり合うことが多い現代よりはるかに大人の関係がつくられているようだ。

次は家持が大嬢に贈った別の歌で、今日でも名歌として、引用されている。

《夢の逢ひは　苦しかりけり　おどろきて　掻（か）き探（さぐ）れども　手に触れねば》　（巻四、七四一）

この歌が夢の中の事件として、逢瀬の状況を語るという想像力は、手が込んでいる。せめて夢で逢いましょう、という歌はあるが、実際に夢で逢ってしまったときのことを詠うのは、この家持の歌だけである。ゲーテの『若きヴェルテルの悩み』にそれと同じような行があるが、しかしそれは十八世紀「近代」ドイツのことである。

これは当時輸入された中国の小説『遊仙窟』の中から取ったものだ、と研究者はいうが、それは、神仙の洞窟で出会った女性との、あくまで架空の小説の出来事として、夢の中で女性を見たというものである。それを知っていたとしても、実際の男女関係の中で詠うこの言葉は、歌に強い現実感を与えている。通俗文学と芸術としての文学作品との違いである。家持の古典文学性とは、そのようなことにも表れているようだ[11]。

藤原広嗣の乱

天皇が「八紘一宇」の精神で、国民を親子のような関係で見ていることはすでに述べたが、その事実が分かるのは、有名な藤原広嗣(ふじわらひろつぐ)の乱である。戦後の歴史家は、こうした乱が起こるこの時代は混乱の世だったというが、しかしこの事件はまさに藤原家の御曹司広嗣が、大宰府に流されたと感じて、皇室や藤原家外から任用された学者でもある吉備真備や僧侶である玄昉に嫉妬し、彼らのせいで自分の処遇があったとの勘違いから始まっている。

広嗣は、藤原四卿の三男宇合の嫡男で、宇合が天然痘で死んだ後、大養徳守に抜擢された。抜擢されたというのも、この職は大和の国守にあたるもので、二十四、五歳の若い広嗣にとって身に余る役職であったからだ。それで有頂天になっていたところ、同じ年に大宰府に転任を命ぜられたのである。その恨みは大きかったと見なければならないだろう。後の菅原道真のようにじっと耐えることはなかったのである。大陸からの危険性があるときは、大宰府の赴任は大役であったが、しかし平和時の赴任は島流しに思えたのかもしれない。それも太宰少弐という次官の次席の地位である。思い上がった広嗣にとって憤懣やる方なく覚えたのも想像に難くない。

それまで天皇の寵愛を受けていると思い込んでいた広嗣は、自分が挙兵すれば天皇自ら、真備、玄昉など、君側の奸を除いて下さるだろうと思い込んだ節がある。しかし天皇は許されなかった。その挙兵そのものに理不尽さを感じられたのである。次のような詔勅が九州諸国の官人、百姓に出された。

《逆人広嗣、小来凶悪にして長じて詐奸（きかん）を益（ま）す。その父故式部卿、常に除き棄てむと欲すれども、朕は許すことを能はず。掩（おほ）ひ蔵（かく）して今に至れり。このころ京中に在りて親族を謗（そし）り乱す。故に遠きに遷（うつ）らしめて、その心を改めんことを冀（こいねが）ふ。今聞く、ほしいままに狂逆をなして人民を擾乱（せうらん）すと。不孝不忠、天に違（たが）ひ地に背けり。神明の棄つるところ、滅びんこと朝夕にあり(12)》。

ここで、広嗣について、その父、宇合からも廃嫡したいと言っていたが、天皇ご自身がそれを認めなかったので、彼をわざわざ助けたこともあったと述べられている。ここに、広嗣が思い上がった原因があったのであろう。大宰府に派遣したのも、それで広嗣が良い方向に向かえばとの天皇の配慮であったことを述べている。これも同じ国家という家に住む家族たちへの配慮であったことが分かる。

こうした記述からも、この「乱」が個人的な理由から生まれたのは明らかで、これまでの隼人の乱などと同じような地方の叛乱が起き、中央が弾圧に向かった、という擾乱説は正しくない。天皇が、広嗣の乱とは関係なく、東方に旅立たれるのも、それゆえである。それが広がる気配がなかったからである。広嗣が五島列島の値嘉島（ちかのしま）まで逃げていたのを捕えて処刑した、という報を聞いたのは、出発後のことである。叛乱は必ず抑えられるという自信があったからであろう。

たしかに後日談がある。玄昉法師が筑紫郡観世音寺の落慶供養を行っている最中、広嗣の怨霊に殺された（天平十八年（七四六）六月）という。そしてその首が平城京まで飛んで首塚になった、と伝えられる。後で作られた話にせよ、これも恨みが招いたことだと語っている。それに対し吉備真備の方は、九州に左遷されることはあっても、そこで祟られることなく宝亀六年（七七五）まで生き延びている。

安積親王への挽歌

聖武天皇は伊勢国に向かわれ、河口頓宮で伊勢大神宮に幣帛を奉った。これは天照大御神への礼拝と、聖武天皇が大仏を建立し、新都を造る意思を伝えるためであっただろう。その旅では、伊勢国の後、近江に向かわれた。家持もそのお供の一人であった。そして天智天皇ゆかりの崇福寺に礼拝されたそのあと、山背国の橘諸兄の別荘に寄り、その後、恭仁京に入られた。そこで新都を建設されようとしたと言われる。たしかにそこで仮宮殿を建て、大極殿を造ろうとされ、天平十三年（七四一）には官人にそこへ移り住むように命じている。それに伴い、商人や工人を呼び寄せられた。この新都建設の目的は、聖武天皇が、最後に紫香楽宮で大仏を建立されようとしたことで推し量れる。いずれも仏教の新都を造ろうとされたのである。これまでなかった大仏の建立の地を、各地に求め、そして紫香楽宮にやっとその地を見出したのであった[13]。

天平十五年（七四三）十月一五日、そこで「毘盧舎那大仏造顕」の詔勅を出された。華厳経の教えによる極楽浄土をあまねく照らす盧舎那仏の建立であった。十一月大仏の骨柱が建てられ、聖武天皇自ら縄を引かれた。そして皇都もまたここに置かれようとしたのである。恭仁京以来、難波京まで都をどこに置くか変遷されたが、大仏を造る意思は貫徹されたのである。ここにも天皇が仏教文化を大事にされており、国中連公麻呂を連れて、大仏造りにあたらせたに違いない。後に東大寺の大仏を制作するにあたって中心的な役割を演じる仏師である[14]。

その間、安積親王が十七歳で薨去された。家持は二首の挽歌をつくった。その第二作のそれを読んでみよう。

《かけまくも　あやに恐し　わが大君　皇子の命　もののふの　八十伴の男を　召し集へ　率ひ　朝狩に　鹿猪踏み起こし　夕狩に　鶉雉踏み立て　大御馬の　口抑へ留め　御心を　見し明らめし　活道山　木立の繁に　咲く花も　移ろひにけり　世の中は　かくのみならし　大夫の　心振り起こし　剣太刀　腰に取り佩き　梓弓　ユキ取り負ひて　天地と　いや遠長に　万代に　かくしもがもと　頼めりし　皇子の御門の　五月蠅なす　騒く舎人は　白たへに　衣取り着て　常なりし　笑まひ振舞　いや異に　変はらぬ見れば　悲しきろかも》（巻三、四八七）

皇子の姿の記憶を詠って、心からの悲しみを詠っている。

親王はいつも馬を留めて、活道山の風景を愛された。その山の木立の繁みに、皇子の死を暗示しているという《咲く花も　移ろひにけり》という言葉を置いている。一転して、皇子の武士としての姿を述べて、舎人に結びつけ、舎人が喪服を着て表情も振舞も変わっていくのを見て、悲しむのである。ここには、よく言われる皇子暗殺説の疑いはみじんもない。側近の家持にそれが分からないはずはないにもかかわらず。

この挽歌を詠って、家持は一年八カ月沈黙する。大君が世継ぎを失った悲しみもあろう。しかし、本当は『万葉集』の巻十六までを完成させることに忙しかったのであろう。歌心は、歌の編集でいったん消えざるをえなかったと思われる。家持がこの歌集の直接の編集に携わったのである。それだけ彼の才能が認められていたことを意味する。歌づくりも、歌の編集も、官人としての仕事も家持にとって同一の奉仕として感じられていたに違いない。

4　越中への転任

思いやりある歌を詠む

天平十八年（七四六）六月、二十九歳で家持は越中守に任じられた。越中は能登四郡を含む大国で、国府は現在の富山県高岡市郊外の伏木という、富山湾に面した港町の高台にあった。平城京から《上り十七日、下り九日》（『延喜式』）のところで、家持は駅馬を使っただろうからおよそ十日の旅であった。家持は勇躍任地に向かった。最初の赴任であったから、叔母の石上郎女などから、餞別の歌が贈られた。

《今のごとく　恋しく　君が思ほえば　いかにかもせむ　すべのなさ》（巻十七、三九二八）

家持は義母に何と深く愛されていたことであろう。母子の関係はいつの時代でも変わらない（この場合は義母と子の関係であるが）。

到着すると、国守の館で盛大な歓迎の宴が開かれた。地元の同族の大伴池主から大きなおみなえしの花束を贈られた。それに応えて家持は、《秋の田の　穂向がてり　わが背子が　ふさ手折りける　をみなえしかも》（巻十七、三九四三）と詠った。

越中第一作は、池主が、収穫を前に、秋の田の稲穂の実り具合を見てまわったことに感謝しながら、おみなえしの花のお礼を言っているこの歌である。こうした歌の応答は、元来は軋轢が生じがちな、新しい人間関係を優雅なものにしたことだろう。単なる赴任先の歓迎会が、一つの文学の世界になったのである。この感謝の歌にさらに池主は家持を思う気持ちを詠っている。妻を都に残してきたことに同情して、《秋の夜は　暁寒し　白たへの　妹が衣手　着むよしもがも》（巻一七、三九四五）と述べている。寒い夜、妻の着物を着て寝るすべがあればよいであろうに、と詠っている。この思いやりの深さは、儀礼的なものをはるかに超えている。この時代の人間関係の親密さは、今日でも感動させるものがある

弟の不意の死を悼む

そのことは、都に残してきた弟の不意の死の報に接したときも、ただ嘆くのではなくて歌をつくることによって鎮魂にとって代わる。それが文学表現として残ることは、表現というものが、本来創作されるものではなく、心からほとばしり出るものでなければならない、という本質を思い起こさせる。厭わず引用してみよう。

《長逝せる弟を哀傷しぶる歌一首

天離る　鄙治めにと　大君の　任けのまにまに　出でて来し　我を送ると　あをによし　奈良山過ぎて　泉川　清き河原に　馬駐め　別れし時に　ま幸くて　我帰り来む　平らけく　斎ひて待てと　語らひて　来し日の極み　球鉾の　道をた遠み　山川の　隔りてあれば　恋しけく　日長きものを　見まく欲り　思ふ間に　玉梓の　使ひの来れば　嬉しみと　あが待ち問ふに　逆言の　狂言

とかも　愛しきよし　汝弟の命　何しかも　時しはあらむを　はだすすき　穂に出づる秋の　萩の花　にほへる屋戸を　（言ふところは、この人、人となり花草花樹を好愛でて、多く寝院の庭に植ゑたり。故に花薫える庭と謂へり）　朝庭に　出で立ち平し　夕庭に　踏み平らげず　佐保の内の　里を行き過ぎ　あしひきの　山の木末に　白雲に　立ちたなびくと　我に告げつる　（佐保山に火葬せり。故に佐保の内の里を行き過ぎと謂へり）》　（巻十七、三九七五）

この弟、書持の死をめぐって書かれた長歌は、読んでいても朗々として、弟への愛情と、悲しみが織りなされ、見事な歌となっている。これも作られたものでなく、自ずから気持ちからなのである。むろん彫琢はされているが、文学の本質はこのような語りにあるのだろうと思う。

中に注記があって、弟が幼い頃から草の花、木の花が好きで、それは母屋の庭にたくさん植えられていたからだ、と述べている。その花の咲きに匂う庭に、朝も夕べも出て歩きまわることはもうなくなり、佐保の里を通り過ぎ、佐保山の木々の梢に白雲となってたなびいている。それは二番目の注記にあるように、佐保山に火葬したと聞いたので、そう詠ったのだ、と述べている。火葬された弟への御霊信仰を何気なく語った言葉である。その反歌に、

《ま幸くと　言ひてしものを　白雲に立ちたなびくと　聞けば　悲しも》　（巻十七、三九五八）

典型的な挽歌であるが、典型を家持が、人麻呂や憶良とともに作り上げたのである。私たちはこの歌

を聞いていると、挽歌にこれ以上のものを作れないという気がする。

病床で詠んだ歌

家持は越中の最初の冬、雪国の冬の寒さに慣れ切れず、病床についた。《忽ちに枉疾に沈み、殆ど泉路に臨む。よりて歌詞を作り、以て悲緒を申ぶる一首》として次の歌を記している。こうした歌は、誰に向けて書いたものでもなく、自らの手記として作られたものである。それは長歌で、やはり短歌では書けない心情が述べられる。これがある意味で小説の始まりと言っていいのではないか。いわば私小説である。私小説でありながら「公」から語られる。

《大君の　任けのまにまに　丈夫の　心振り起こし　あしひきの　山坂超えて　天離る　鄙に下り来　息だにも　いまだ休めず　年月も　幾らもあらぬに　うつせみの　世の人なれば　うちなびき　床に臥い伏し　痛けくし　日に異にまさる　たらちねの　母の命の　大船の　ゆくらゆくらに下恋に　いつかも来むと　待たすらむ　心さぶしく　はしきよし　妻の命も　明け来れば　門に寄りたち　衣手を　折り返しつつ　夕されば　床打ち払ひ　ぬばたまの　黒髪敷きて　いつしかと嘆かすらむと　妹も兄も　若き子どもは　をちこちに　騒ぎ泣くらむ　玉鉾の　道をた遠み　間使ひも　遣るよしもなし　思ほしき　言伝て遣らず　恋ふるにし　心は燃えぬ　たまきはる　命惜しけど　せむすべの　たどきを知らに　かくしてや　荒し男すらに　嘆き伏せらむ》

（巻十七、三九六二）

冒頭の《大君の　任けのまにまに　丈夫の》の言葉は、決して常套句ではなく、家持の独特なものである。[15] すべて天皇の命のままに、ということであるが、自らの意思として、という意味が込められている。先の弟の書持の挽歌にも出てきたが、《大君の命かしこみ》と、恐れつつ命を受けると、ふつう言うのに対してよりも、真直ぐに受け取るという言葉である。
いかんともしがたく病に陥ってしまった。苦しみは日毎つのり、都に残してきた母や妻を思い、幼い兄妹を思うという気持ちは、病床の誰しも抱くことであるが、それを見事なイメージを駆使して詠っているところに家持の才能がある。

家持の漢詩

家持は漢文ものにしている。まだ病床にあった北国の四月、四言八句の漢詩であるが、その内容は、思いもかけず重い病気にかかり、数十日も痛み苦しんでいる。しかし百神に祈禱して、快方に向かっているが、まだなお治らず筋力も衰え、苦しんでいることを述べ、最後にお見舞いのお礼も言うことが出来ない、逢いたい気持ちがつのるばかりだ、と記している。それは引用しないが、短詩の方を引用しよう。

春朝春花　流馥於春苑
春暮春鶯　囀声於春林

この春の自然の美しさを詠う漢詩は、和歌をただ漢詩形式にしたにすぎない。その内容が自然讃歌で、中国人の漢詩によくある嘆きや、孤独感は存在しない。これを和歌にすれば、

《春の花　今は盛りに　にほふらむ　折りてかざさむ　手力もがも》（巻十七、三九六五）
《うぐひすの　鳴き散らすらむ　春の花　いつしか君と　手折りかざさむ》（巻十七、三九六六）

となる。この内容からは、和歌形式の方がよっぽどやわらかいものとなる。
家持の七言律詩を読んでみよう。これは大伴池主の七言律詩の返歌であるが、このようなやり取りが、国司と地元の役人との間にとりかわされるという教養の高さに驚かされる。下は書き下し文である。

杪春余日媚景麗
初巳和風払自軽
来燕銜泥賀宇入
帰鴻引蘆迥赴瀛
聞君嘯侶新流曲
禊飲催爵泛河清
雖欲追尋良此宴
還知染懊脚跉跰

杪春の余日媚景麗しく、
初巳の和風払れて自ら軽し。
来燕は泥を銜みて宇を賀きて入り、
帰鴻は蘆を引きて迥に瀛に赴く。
聞くならく君が侶に嘯きて　流曲を新たにし、
禊飲に爵を催して河清に泛べるを。
良き此の宴を追い尋ねむと欲りすれども、
還し知る懊に染みて脚の跉跰なることを。

杪春とは春の末、暮春という意味で、唐の李端という詩人の「友人の江東に遊ぶを送る詩」にある言葉を取ったものだというが、この光景にも、中国を思わせるものはない。三行目を訳すと《帰る雁は葦の葉をくわえて遥か海の彼方に飛んでいく》ということになるが、その「はるか沖」の彼方が中国かもしれない、という程度である。たしかにこの時代、遣唐使は送られ中国の漢詩もたらされたが、その内容は言葉を借用するだけで、精神は全く関心の外にあるようだ。家持の漢詩が池主に及ばないのは、韻律が整わず、平仄もかなわず、対句も出来ていないからであるが、やはり家持は、自らの詩心が漢詩には向いていないことを自覚したことであろう。最後の《やはり病の床にあって脚がよろめくのです》と嘆いているのも、漢詩自身の不出来のこともあると思われる。

「山柿之門」という有名な書簡があり、そこでは見事は対句が使われており、修辞を凝らしている。しかしその精神が違うのだ。この「山柿」という言葉は山の柿のことではない。あくまで家持が師と仰いだのはすでに言われているように、山部赤人と柿本人麻呂であった。山柿とはその最初の文字を取った言葉であったと考えられる。私が佐々木信綱氏の言うように山上憶良説をとらないのは、憶良と交わったことがある家持は、柿本人麻呂や山部赤人のような、いわば「古典」となった人々こそ、尊敬の対象だったはずだからである。山部赤人のような率直な自然を詠った歌人こそ、家持の理想であったと考えられる。山上憶良や父の大伴旅人のような人事を詠みこんだ歌は、必ずしも家持の支持するものではなかったと思われる(16)。

越中の二つの「賦」

やっと病状を回復した家持は、「越中三賦」という、越中の二つの「賦」を書いている。私はその中で、高い「立山の賦」も勇壮に感じるものの、やはり「二上山の賦」が細やかでいいと思う。二上山とは越中の山であるが、奈良の二上山と同名であることを知っていたであろう。共に、二つの山が重なっていることに由来があるが、それが二つの「神」でもあるという認識がある。「賦」とは朗詠をする歌の意味で、「立山の賦」では、《いまだ見ぬ　人にも告げむ》と生（なま）な言葉を使い、歌が単純になっている。

越中における生活は、家持にとって、都落ちの北方の暗い世界ではなく、まさに明るい能登半島の自然との交わりを中心にしたものであった。

《鳥総（とぶさ）立て　船木伐るといふ　能登の島山　今日見れば　木立繁しも　幾代神びそ》

（巻十七、四〇二六）

能登郡は鹿島郡となる地で、代々神話の世界を強く反映しているところでもあった。鹿島は香島と同じで、香島の津があったところは、七尾港があるところである。そこから船出して熊来村を指していく途中、能登島の山々を望んで詠ったのがこの歌である。《幾代神びそ》という言葉の中に、神木のことばかりでなく、『古事記』の出雲系の「国譲り」が鹿島からの高天原系に行われることを示唆しているのかもしれない。この辺はやはり出雲系の地であるからだ。

「鳥総（とぶさ）」と呼ばれるものは、葉の生い茂った梢の先の部分のことで、何百年を経た木を伐ったときに、それをその切り株の上に立てて、神に捧げるのである。この歌は五七七五七七の形式で、「旋頭歌」と呼ばれるものである。家持はこの一首しか「旋頭歌」を残していないので、この歌はそうした情景を説明するのにふさわしい形式であったと思われたのであろう。

大仏完成を喜ぶ歌

さて聖武天皇は紫香楽宮に盧舎那大仏を造営するために、天平十六年（七四四）に仏像の骨柱を立てるまでに至ったが、そこで中止され、やはりその年の八月、平城京に戻られた。そしてその春日山の山麓の総国分寺のところの金光明寺にこの仏像を再建されようとした。東大寺の大仏造成である。天平十九年（七四七）大仏像の鋳造が開始された。そして天平二十一年（七四九）の最後の鍍金をする段になって、金が足りないことに苦慮していたところ陸奥国の小田郡から黄金が出土し、朝廷に献上されたのである。その喜びは大きく、聖武天皇は全国の諸神社に、幣帛が奉納され、神々に感謝された。

ここで注目するのは、仏教の大仏を完成させるために必要な黄金の発見を、神社に感謝するという行為である。これは大仏造立に際して、宇佐神社の裁可を仰いだこと同様、神社が、天皇にとって信仰の源泉にある、ということである。大仏の造立の場所を探し、それにふさわしい都を置こうと考えられた天皇は、まず伊勢神宮に参拝にされた。伊勢神宮は皇祖である天照信仰の神社である。今度も平城京に帰られて、大仏の完成のための黄金の発見も、神々に感謝された。神仏習合で、神宮寺がすでに多く建立されていたように、神道との関係は密接であった。このことは、日本における各地の仏像の造立について、常にこのような関係を留意しなければならない、ということである。大仏が潜在的に天照大御神の存在と認識されていたことと考えられるし、大日如来が、太陽信仰に結びついているとすれば尚更のことである。

聖武天皇は東大寺に行幸し、造営中の大仏の前殿にお入りになり、像の正面に対座された。光明皇后と皇太子阿倍内親王も付き添われた。多くの官人、一般庶民もその外に整列した。天平二十一年（七四九）四月一日のことであった。「陸奥国出金詔書」と題された「宣命」が読まれた。黄金出土の喜びを述べ、神仏の勝れたしるしを畏み、皇祖の恵みに感謝し、それに仕えた多くの大臣、その子孫、とくに大伴、佐伯の両氏を名指し、その祖先以来《海行かばみづく屍、山行かば草むす屍、王のへにこそ死なめ、のどには死なじ》と語られた。[17]

この大伴氏の名が呼ばれたことに、家持が感激したのも当然である。《陸奥の国に金を出だす詔書を賀く歌一首》が書かれた。そこで《わが大君の　諸人を　誘ひたまひ　善き事を　始めたまひて》と大仏建立を讃え、金が《鶏が鳴く　東の国》に発見されたことを喜び、そして《大伴の　遠つ神祖の　その名をば　大久米主と　負ひ持ちて　仕へし官　海行かば　水漬く屍　山行かば　草生す屍　大君の辺にこそ死なめ　顧みはせじ》と言立てが書かれたのである。[18]

すでに私は緒論で何度も語ってきたが、この忠君の名高い言葉が、黄金発見の喜びの際に書かれたことを強調したい。ある意味で、大仏は国家的事業である大きな文化建造物である。その時代の文化の実現とともに、この言葉が書かれたことに、家持の歌人としての精神性を感じる。天皇の総べる国家の宗教的、文化的創造の際にそれが吐露されたことは、国家と文化というものが一体となっていることに他ならない。それを「善き事」という一語で述べているが、この喜びの大きさは、そのことを語っていることになる。

戦時中「海行かば」はひたすら戦争の歌として人々に口ずさまれた。しかし、これが文化的建造物の実現を祝して歌われたことが、その歌詞に深い意味を与えていたことを忘れるべきではない。

その大仏を見た後、いったん上京した家持は今度は妻を伴って、越中に向かった。それまで単身赴任であった家持にとって人生はいっそう充実したものになった。歌の方も伸びやかに自然との交流の中で創造されていった。とくに「ほととぎすの歌」は六十四首にものぼる。『万葉集』の中でも全部で一五四首があるが、そのうちの四割が家持の歌である。しかし面白いことに、家持はほととぎすの声を聞くのは稀であったようだ。

《藤波の　茂りは過ぎぬ　あしひきの　山ほととぎす　などか来鳴かぬ》（巻十九、四二一〇）

藤の花の盛りは過ぎたのに、今年のほととぎすはどうしてかまだ来ないと詠っている。その鋭い声に、歌心を喚起されるのだが、しかしそれに出会うことはなかなか難しい。そのことさえ歌の主題になったのだ。

5　「美」には歌を作らず

大仏開眼について詠まず

天平勝宝三年（七五一）、越中生活が五年経った年、家持は少納言という、国政にとって重要な地位に選任された。いよいよ平城京に戻ることになったのである。国政を総括する太政官の下、第三等官になった。現在の首相の下の総理府のことで、天皇を補佐し、天皇に代わって国政を総理するもので、多くの場合、皇子が行うものであった。左大臣橘諸兄の支持があったからであろう。

《古に　君の三代経て　仕えけり　我が大主は　七代申さぬ》（巻十九、四二五四）

これは家持が書いた、橘諸兄の長寿をことほぐ歌である。昔天皇に三代仕えた人がいるが、諸兄には七代も仕えてほしいと述べている。三代仕えた古の人の具体的名前はないが、仲哀、応神、仁徳の三代の天皇に仕えた武内宿禰であろうか。家持は、『日本書紀』の天皇の歴史を通暁していたらしい。

いよいよ大仏開眼供養が行われることになった。天平勝宝四年四月九日のことである。前年帰京していた家持も、その供養には、黄金発見の喜びの歌を献上したこともあって、さらに感無量の日であっただろう。開眼導師は、菩提遷那というインド僧であった。病がちな上皇に代わって、大仏の前に進み筆を取った。その筆には綱がついており、その綱が延びて聖武上皇、光明皇太后、孝謙天皇の手の中に、さらに参列の人々の手に渡り、共に大仏の眼睛に点じる、という儀式であった。「和」の儀式である。僧一万人が招かれ、舞楽が演じられた。左大臣橘諸兄もまた鼓を打つ十六人の一人として舞台に上った。『続日本紀』には、《仏法東帰してより、斎会の儀、未だ嘗て此の如く盛りなること有らず》と記されている。これこそ奈良の都の咲く花であった。

しかし家持はこれについては、歌を作らなかった。大仏の荘厳さに、和歌の美が圧倒された、と言うべきかもしれない。視覚的な美については、言葉は沈黙する、という伝統がここに作られたと言ってよいかもしれない。自然の美をあれほど丹念に書き留めた家持が、人工の美に対しては何も書かないのである。

家持は東大寺や興福寺の諸仏を見ていないはずはない。その諸仏に対してなぜ感想を記さないのであろう。宗教の「美」と映っていないはずはないのである。しかしそれについて触れないということは、「形」の美を「言語表現」には出来ないという諦念があるように見える。仏の功徳を語っても、仏像の具体的な「形」の描写は、これ以後も、明治まで日本の文学作品にはされないのである。これほど仏教美術が盛んでも、それに対する美的論評がないため、多くの日本の知識人たちは、仏像はもともと信仰のためだけに造られると思い込んできた。明治の廃仏毀釈の際までそれが続いていたのである。

やっと気づいたのが、日本人ではなく帝大のお抱え教師のフェノロサであり、その教えを受けた岡倉天心であった。彼らにはキリスト教美術を宗教を超えて見る眼があったからである。したがって日本には、近世の中国の形式を模倣した画人伝以外、長い間「美術史」がなかった。今日でも信仰の対象でしか考えていない者が多い。

「うら悲し」という歌

鑑真が唐から日本にやって来た。招請を受けた天平十四年（七四二）から十一年経った天平勝宝五年（七五三）に日本に到着したのである。その間、五回の渡航失敗があり、六回目であった。失明もしていた。しかし鑑真の志は固く、七人の僧を伴って日本に帰化したのである。東大寺に入り、勅使として吉備真備が聖武上皇にそれを伝えた。上皇は勅を出され、《東大寺を造営して十余年、戒壇を建てたいという願いを日夜忘れなかった。今、鑑真和上の来日を迎え、これ以上の喜びはなく、今より後、授戒伝律は鑑真和上に一任する》という内容のことを述べられた。その肖像は、東大寺の大仏師、国中連公麻呂によって造られたが、それは現在、唐招提寺に残されている。世界の美術上、肖像のこれほどの「古典的」像はない。つまり仏教というものの戒律が厳しければ、人をこのような美しいお顔にさせるのである。(19)

《春の野に　霞たなびき　うら悲し　この夕影に　うぐひす鳴くも》　（巻十九、四二九〇）

家持の有名な一首は、大仏開眼後に作られた。大君の側近として仕え、荘厳な大仏の建立もされて、世の中は盛りの中にあるかに見えた。しかしこうした歌を詠ったのである。別にこの歌は、社会を恨む歌ではない。人間の孤独というものは、共同社会がいかに繁栄しようと変わりがないことを、家持のこの歌は正直に詠っているだけなのだ。それを自由に詠うことが出来る時代の自由さこそ、天平の時代の人々が謳歌していたものである。

この「うら悲し」という言葉は、《春の野に霞なびき》という言葉を受けて出たものだ。すると霞が春の野にかかっていることが、あたかも自然そのものが悲しんでいるという、まず第一の解釈が出来る。そこに「うら」という表に見えない「こころ」が悲しいという解釈が加わる。

自分自身も悲しいのである。その双方が共鳴して、この言葉が生まれる。大きく言えば、天地（あまつち）の悲しみに人間の心が同化していることになる。私はこれが日本の美学であろうと思う。これを「個人主義」の「悲しみ」である、と取ることも出来る。《この夕影に　うぐひす鳴くも》とあるから、たしかに個人の耳がうぐいすの声を聞いている。「興に依りて作る歌」と題詞につけているから、自分の「興」という個人性がある。しかし、それが「春の野」という「天地（あまつち）」に共鳴しているからこそ、この歌の大きさが生まれるのだ。

《うらうらに　照れる春日に　ひばり上がり　心悲しも　ひとりし思えば》（巻十九、四二九二）

「ひとりし思えば」の語句は、日本人の孤独感を明確に示した最初の言葉だ。「ひとり」の言葉は『万葉集』には七十四例あるが、みな「寝」とか「居る」とか「見る」「行く」という行為に関するもので、「思えば」という思索の言葉は、この家持一首しかない[20]。

しかし、この「心悲しも」は、やはり「天地」も悲しいのである。《うらうらに　照れる春日に　ひばり上がり》の言葉がまさに自然の悲しみを詠っている。「うらうらに」は日差しのやわらかさのことであり、ここまでは天地(あまつち)ののどかな様子を表現している。しかし、失恋したわけでも、人生に一敗地にまみれたわけでもないのに（彼が失意に陥るのは後のことである）、「心悲し」と書くのは、人間の根本が「悲しい」ということだ。しかしそれは西洋のユダヤ―キリスト教のいう「原罪観」ではない。あくまでも人間が自然の一部として存在していながら、その自然を認識できない「悲しみ」を詠っているのだと思われる。

防人の歌

家持は天平勝宝六年（七五四）、少納言から兵部少輔(ひょうぶしょうふ)に任官替えになった。兵部省の次官の次席の地位である。現在の防衛省の次席次官か。とくに武官・兵士の人事を担当した。彼はそこでも歌を作るのである。戦いを司る場所に歌はあるのか。立派にあるのである。

まず「防人の歌」である。防人が北九州、壱岐、対馬で、大陸からの侵攻に対する守りについたのは、大化の改新の頃であった。防人の名は大化の改新の詔書が最初で、国司、郡司、関、塞（防塁）、防人を設置したと記している。しかし本当の戦闘に備えたのは、「白村江の戦い」の後であったろう。『日本書紀』でも、天智天皇三年（六六四）、対馬、壹岐、筑紫に防人を置き、烽を準備し、筑紫大宰府を防衛すべく大堤防を築いたと述べている。(21)

人数は総勢三千人ほどで、三年交代で、その年はちょうど家持が赴任した年にあたっていた。防人は各国司が部領使として難波まで連れて来られた。興味深いことは、防人に選ばれた者たちの歌が、各国司によってまとめられ、朝廷に送られていたことである。すでに特攻隊と同じことが行われていたのである（彼らの場合は手紙であったが）。それを読むのが家持の役割であった。というのも、彼が『万葉集』の編集にあたっていたからである。

防人の歌まで収集するというのも、いかに和歌という形式が普及していたかを窺わせる。『万葉集』の巻十四に「東歌」があるが、そこにも「防人」の歌が五首ある。むろん拙劣なものがあり、落とされた歌も多かったという。しかしそれは防人以外であっても同じであろう。ただ和歌は貴人のみのたしなみではなかったことを、改めて認識できる。

《霰降り　鹿島の神を　祈りつつ　皇御軍士に　我は来にしを》　（巻二十、四三七〇）

この常陸からやって来た防人の歌ほど、日本の戦士らしい歌はない。というのも、鹿島の神とは建御雷神で、まさに剣の神であったからだ。「東国」から防人に来たのは、僻地の農民兵ではない。かえって都の兵士よりも、伝統ある武士たちであった。彼らこそ、出雲の大国主命の勢力を従えた、天照大御神の勢力なのであった。[22] この歌からはそれを記憶していることが分かる。

《今日よりは　顧みなくて　大君の　醜（しこ）のみ楯と　出で立つ我は》　（巻二十、四三七三）

戦時中有名だったというこの歌も、関東下野の防人の歌である。「今日よりは」は、それまでの生活と変わって、防人として自覚を持つという意味で、これをその前は大君への忠義などなかった、という戦後の解釈は、やはり偏向している。

《わが妻も　絵に描き取らむ　暇（いつま）もが　旅行く我（あれ）は　見つつ偲はむ》　（巻二十、四三二七）

妻を絵に描いて、旅でそれを見て偲んでいく、という歌も、今は写真であろうが、しかしどんな絵であっただろう。これから推測するに、写実性がないと、妻の姿にならないだろうから、歌ばかりでなく、絵の描写力も十分に発達していたのであろう。その絵を見たいものだ。別れの悲しみを詠う歌とか、言葉もかけず急いで出てきたことを悔やむ歌とか、いろいろあるが、感情が込もった歌を選ぶと、悲しみの方の歌が多くなるのは当然である。近代の日本の軍歌もまた同じである。

6　聖武天皇崩御

河内離宮への行幸

すでに孝謙天皇に皇位を譲られ、聖武上皇になられて七年目の天平勝宝七歳（七五五）（年の呼称が歳となった）十月、また病の床につかれた。すると天皇は大赦を施し、貧しい人、窮する人、老人、病疾の人に援助し、十二月まで殺生禁断の布令まで出された。この布令も、いかにも「八紘一宇」の国らしく、いかに皇室が国民と共にあろうとしたかを証拠立てている。その中に動物まで含んでいたのである。病気平癒の祈願を、天智天皇以後、歴代の天皇の御陵と不比等の墓に行い、幣帛を奉った。そして伊勢大神宮に祈願し、幣帛を奉納した。祈りは通じ、上皇の病状は改まったのである。

元気になられた翌年の二月、聖武上皇は光明皇太后、孝謙天皇と揃って河内離宮に行幸され、一泊して難波京に向かわれた。家持も随行した。

《堀江より　水脈さか上る　梶の音の　間なくそ　奈良は恋しかりける》（巻二十、四四六一）

旅は、堀江、すなわち運河づたいに舟でなされた。今の大阪市の大川のことらしい。しかしなぜ今になって奈良を離れられたのだろう。《奈良は恋しかりける》という言葉には、その疑問が込められているようだ。

その難波宮で、上皇はまた病に伏せられ、十日経っても治らなかった。そのとき、また天下に大赦を施された。上皇の病は、国民が病んでいるからだ、というお考えからである。貧窮老疾に苦しむ者に援助を与えるように布告された。皇室と国民は一体となった。布告の日は十四日であった。

十五日、上皇を乗せた輿は難波を発ち、十七日に平城京に到着された。そして十九日に伊勢大神宮に幣帛を奉り、病気平癒の祈願がなされた。すべて『続日本紀』の記述である。誤りはあるまい。慌ただしい日程の中に、聖武上皇は耐えられた。

二十九日に八幡大神宮に幣帛を奉り、五月二日に再度、伊勢大神宮に幣帛を送られた。同日、全国の本年の田租を免除する布告を出された。最後まで国民を思うお気持ちを保持された。これが天皇の政治である、とそれを知った国民は誰しも思ったであろう。

聖武天皇の崩御

その日、聖武天皇は崩御された。享年五十六であった。三十三年の長きにわたる治政であった。この日に触れた家持の歌はない。安積親王の薨去に対して、あれほどの痛切の念を詠った家持にもかかわらず。

遺詔があり、道祖王（ふなどのおおきみ）が皇太子に立てられた。天武天皇の第十皇子新田部親王（にいたべのみこ）の御子である。すでに前から考えられていたことだろう。しかし後に孝謙天皇ご自身によって廃位されてしまう。

崩御までの祈願はすべて神社に対してなされ、死後、南都七大寺で誦経がされた。七大寺とは大安寺、薬師寺、元興寺、興福寺、東大寺、そして西大寺と法隆寺のことだろう。つまり生きているときは神々に祈り、死後は仏の世界に入ることを意味する。日本人にとってこの神仏の選択は、その信仰形態を考えるうえで象徴的である。大陸では仏教は死後の世界を扱わない。そこは輪廻の世界であり、六道が待っている。しかし日本ではすべての死者は仏になると信じられた。天皇だけではない、すべての日本人がそうなるのだ。つまり死後の神道が仏教になった、と言ってよい。生は神道、死は仏教となったのは、日本独特の宗教形態である。

十九日に佐保陵で葬送の儀がなされ、それはまるで仏を祀るかのようであったと言われる。供具として獅子の座の香炉、金輪の幡（はた）、大小の幡、華鬘、蓋（きぬがさ）などが飾られ、笛人が行道の曲を奏したという。浄土に行かれたのである。詔勅が出され、《太上天皇は出家して仏に帰すれば、更に諡（おくりな）を奉らず》と述べられていた。「三宝の奴（やっこ）」と称され、盧舎那仏を造立された天皇にふさわしい葬儀であった。すでに仏になられたのだった。

光明皇太后は、聖武上皇の遺愛の品々、袈裟、書跡、服飾品、楽器、遊戯具、刀剣類、鏡、屏風など六百数十点を東大寺の大仏に献納された。これら一つひとつが上皇との思い出深い品々であったに違いない。どのように一点一点を手に入れられたか知られていないが、現在も正倉院に収蔵されている品々である。すでにこのとき、献納品カタログ「献物帳」が書かれ、《太上天皇の奉為（おほんため）に、国家の珍宝を捨して東大寺に入れるの願文》と冒頭に記されている。その後も、屏風、花氈（かせん）、綿製の婦人靴、銀製香炉など八十点あまり、次に王羲之、王献之父子の真跡書一巻など、計四回にわたって献納された。これが世界最古の博物館となった。[23]

7　なぜ歌を殉死させたか

家持は最後の長歌を作った。この歌ほど、天平の歌人が、『記・紀』の歴史を受けつぎ、聖武天皇の御代までに至ったその連続性を語ったものはない。

最後の歌

《ひさかたの　天の門開き　高千穂の　嶽に天降りし　皇祖の　神の御代より　はじ弓を　手握り持たし　真鹿児矢を　手挟み添えて　大久米の　ますら健男　先に立て　ユキ取り負ほせ　山川を岩根さくみて　踏み通り　国求ぎしつつ　ちはやぶる　神を言向け　まつろはぬ　人をも和し　掃き清む　仕へ奉りて　あきづ島　大和の国の　橿原の　畝傍の宮に　宮柱　太知り立てて　天の下　知らしめしける　天皇の　天の日継と　継ぎて来る　君の御代御代　隠さはぬ　明き心を　皇辺に　極め尽くして　仕え来る　祖の職と　言立てて　授けたまへる　子孫を　いや継ぎ継ぎに　見る人の語り次てて　聞く人の　鏡にせむを　あたらしさ　清きその名を　おぼろかに　心思ひて　空言も祖の名絶つな　大伴の　氏と名に負へる　ますらをの伴》

（巻二十、四四六五）

これを現代文で解釈すると、高天原の扉を開いて、高千穂の峰に天降った天孫瓊瓊杵尊の遥かな神の御代から、弓矢を取って大久米部の勇士たちを先に立てせ靫を背負わせ、山でも川でも巌を押し分けて踏み通り、国を求めて、荒ぶる神々を鎮め、手向かう者を服従させ、この国土をならすことにお仕え申し上げ、橿原の畝傍の宮を作り上げて天下をお治めになった皇祖以来の、皇統の継承者として継いで来られた天皇の御代御代に、隠すところのない誠の心を大君のみもとに捧げ尽くして仕えてきた祖先以来の役目であるぞ、と言葉に示してお授けくださった、子々孫々に継ぎ続け、見る人が次々に語り伝え、聞く人の手本にしようという、名誉ある清らかな大伴の名であるぞ、おろそかに思って、かりそめにもこの伝統ある名を絶やしてはならない、大伴の氏を名乗るますらおたちよ、と述べている。

こうしたやや大仰な「公」の言葉を吐く家持が、一方では繊細な個人の心と自然の交わり、恋の歌を詠ったのである。別の人間ではない。ここには大伴家の天皇に尽くす「公」の精神と「私」の精神が統一されていることが分かる。この統一は、「公」の精神を虚構に思う「近代人」のおかしな精神構造と鮮やかな対照をなしている。

三十九歳の家持はこの歌を「族（やから）を喩（さと）す歌」と題されている。出雲守大伴古慈斐（おおとものこじひ）が淡海三船とともに不敬罪で拘禁された事件を意識し大伴一族に訴えた、と解釈されるが、ただ聖武上皇の崩御によって起きた動揺を戒める意味もあっただろう。大伴古慈斐は家持の又従兄弟（またいとこ）にあたるが、藤原仲麻呂の政権支配の策略だったと言われる。

後ろ盾であった橘諸兄も薨去した。享年七十四であった。家持はこの薨去に際しても歌を残さなかった。あまりの衝撃は、歌心を消してしまう。

そして心の落ち着いた頃、《移り行く　時見るごとに　心痛く　昔の人し　思はゆるかも》（巻二十、四四八三）と詠っている。これが文字通り、最後の歌となった。

亡くなるまでの二十六年間、歌を詠わず

　四十二歳で最後の歌を詠った。その歌もほとんど生彩のない歌であった。この後、六十八歳で亡くなるまで、一首も残していない。二十六年間も、この生来の歌人と見られた家持が歌を絶つのである。歌が芸術の原型であると、私は考えてきた。才能が無くて生まれるはずはない。しかし凡庸であろうと、歌は作れるのである。歌心は誰でも多かれ少なかれあるのである。それを磨くかかどうかは、心がけ次第だ。当時の人々はこの短歌を通じて、人間同士のコミュニケーションをつくり、自然を見、感じることに身を置いて作歌をしてきた、しかし家持のような歌人が、歌を絶つということはなぜだろうか。

　それは歌を詠う根幹となるモチベーション、基本の精神的動機が失われたためである。あの最後の長歌から、それを聖武天皇の崩御と見ることができる。ただ制度的に天皇を忠誠を誓う、というのではない。その実際に幼少から、身近に存在されると感じる存在、父のような、祖父のような偉大な存在。事あるごとに国民のことを気遣い、家持のことを見てくださるような、畏れ多い存在。その存在が、この世から消えたのだ。

　私はこの時代の芸術が、大伴家持と同じ精神によって生み出されたのではないか、と考えている。それは世界の優れた古典文化が生まれた際に必須の背景となってきた。ギリシャの「古典文化」はアテネの宰相ペリクレスの元で生まれた。その理想的な政治が、芸術を生んだと言っていい。イタリアの十五〜六世紀の「古典美術」もやはり、メディチ家のロレンツォ・マニフィコの文治主義から生まれたように、「古典」的な形は、生きた政治家への正義感、正当性を伴った深い敬愛の念が基本となるのである。「近代」は「権力＝悪」として考える思想によって、芸術の大きさを失った。そこに「古典性」を失ったのである。「古典性」は政治の高揚によって生まれる。ナポレオンが一時、「新古典主義」と呼ばれる芸術の時代を呼び起こしたことがあった。「ロココ」と呼ばれる装飾的な宮廷文化を否定して、政治的な主題を、そこに持ち込んだ。それが「新古典主義」となったのである。そこにたしかにギリシャの「古典文化」、イタリアの「古典美術」を追随する精神を、多くの芸術家が持とうとした。しかし「新」は「真」とならなかった。

私は哲学者のカントもヘーゲルもその影響を受けたと考える。哲学も芸術という表現の一部と考えるからだ。世界の体系化、理論の構築は、ある理想的な秩序から生まれる。共同社会の正当性が与えられたとき、芸術家も哲学者も「古典的」表現に到達しうるようになるのだ。しかしこちらも「新」は「真」にならなかったように思う。両哲学者はキリスト教というものを特殊化できなかった。

家持は歌人として、その芸術的、政治的源泉を、目の前で失ったのだ。天平宝字二年（七五八）一月、家持は因幡の国守に任じられた。すでに右中弁になっていたから、左遷とも考えられるだろう。しかし因幡への旅中にも、着任のときにも歌を残していない。といっても、家持が落胆していたかどうかは分からない。しかし歌なき道行であった。

四十二歳で筆を折る家持を見ていると、なぜか三島由紀夫が四十五歳で自刃したことを思い出す。三島は『豊穣の海』三部作を最後に筆を絶った。彼の政治的自殺は戦後の天皇に対する国民への絶望感による、と言われる。しかし彼は小説という形式に絶望したのである。もしそこに自信があれば、小説という形式の中に、現代の絶望をせつせつと表現出来たはずだ。自衛隊本部での自刃自体が芝居じみているのも、それが小説の世界を地で行こうとしたからである。(24)

家持は詠わない、ということで、歌人の自己を自殺させたと見られる。それはフランス「近代」で言えば、象徴派詩人アルチュール・ランボーにも似ていよう。「酔いどれ船」、詩集『地獄の季節』などを書いた後、詩作を廃して、一個の商人となってしまう。詩形式そのものに絶望するのである。

たしかに孝謙天皇の即位以後、藤原仲麻呂の政治が執り行われ、淳仁天皇の即位、仲麻呂が恵美押勝と名前を変えて国政を唐風にしようとしたことへの反発があったかもしれない。恵美押勝が孝謙上皇により失脚させられ、琵琶湖まで逃げて斬殺されたこと、淳仁天皇も廃位され、孝謙上皇が重祚されて称徳天皇となり、道鏡が太政大臣禅師という異例な抜擢を受けたが、宇佐八幡宮の御神託を和気清麻呂が伝え、天皇の崩御とともに道鏡は左遷された。こうした経緯は、ますます聖武天皇の天平時代の正当性を際立たせることになっただろう。安定、秩序という「古典主義」の基盤は早くも崩れたのである。その変化は、彼の歌心を掻き立てることはなかった。皇位の不安定と混乱は、家持の和歌の世界にはなじまなかった。精神の平静、感受性の安定こそが、「古典性」を創り出すからである。

家持は信部大輔となり、また四十七歳で薩摩守となった。薩摩という土地は、もし以前の家持であれば、多くの新奇さが、歌の主題になりえたはずだ。たとえ左遷という落胆があったとしても、歌はそのことも詠えるのである。五十三歳になって民部少輔となり、すぐに左中弁兼中務大輔、正五位下、翌年には従四位下と出世している。しかし家持にこんな出世の記録は何の意味があろう。相模守、伊勢守にもなった。もし家持が続けて歌を書き綴っていたら、何とこの時代の各地の様子が窺えたことであろう。しかし彼は沈黙し続けた。

天応元年（七八一）、桓武天皇が即位された。家持は六十四歳、天皇は四十三歳、二十一歳も年下である。天皇を敬愛していても、歌をつくる原動力とはならなかった。それほど、聖武天皇を尊信していたのである。桓武天皇に、今更その人格まで触れる環境にはなかった。『続日本紀』の同じ年八月八日に《正四位下大伴宿禰家持ははを左大弁兼春宮大夫と為す。是より先、母の憂に遭ひて解任す。是に至りて復す》と書かれている。このとき、初めて記録上、家持の「母」が登場するのである。家持は三カ月の服喪についた。義母の郎女以外に、実母がこの年まで存命したことは、いかに長命であったかが分かる。この母についても家持は詠うことはなかった。

この年の十一月、従三位という高い位に任じられた。しかしなお、彼の歌は復活しない。延暦四年（七八五）、持節征東将軍になり、東北、陸奥に赴任した。そのときの家持の建言書が残されている。《名取より以南二十四郡は、山海に僻在して塞を去ること懸に遠し。徴発あるに属しては、機急に会はず。是に由りて権に多賀・階上の二郡を置き、百姓を募り集めて、人兵を国府に足し、防禦を東西に設く》として、《望み請ふ。建てて真の郡と為し官員を備へ置かむことを。然らば則民は統摂の帰することを知り、賊窺窬の望を絶たむ》と、結論づけている。多賀城は仙台の東、塩釜市から西に張り出した丘陵の先端にあり、仙台平野を見渡すことが出来る場所であった。そこに築地がめぐらされていた。高さ五メートルの高さだったと言われている。陸奥国府である。すなわち、名取より以南を統治するには、郡としてまとめ、そこに官人を派遣せよ、ということである。このような建言の記載が、他の将軍の例を見ないことからも、陸奥が重要であることが分かる。後の坂上田村麻呂の先駆者という地位でもあったのだ。しかしここには、すでに歌人家持はいない。

延暦四年八月二十八日中納言、従三位、征東将軍大伴家持は亡くなる。死地は陸奥多賀城であっただろう。どのような病気であったか分からない。まさに官人として逝去するのである。

これに、家持にはよく知られた余談がある。死亡した後、中納言藤原種継が射かけられて死んだという事件が起きた。大伴継人、大伴竹良らなど大伴一門も数十人が共に捕縛され、家持も関わっていたとされた。官位姓名が剝奪され、都に帰ってきたときは埋葬も許されず、その遺骨も一族の島流しとともに行方不明になったという。家持がその前にこの世を去っていたのはまさに幸運であった。

この後、この事件が、皇太子早良親王を天皇とする計画に関係したものだったとされた。親王は皇太子を廃され幽閉されてしまった。たしかに家持はこの早良親王づきの春宮大夫であったから、嫌疑をかけられたのであろう。親王は淡路島に配流されたときに、絶食され絶命された。その怨念が、代わりに立てられた安殿親王に祟り、親王は病に陥られたという。桓武天皇はそれを恐れて、故早良親王に崇道天皇の尊号を与えられ、改めて八島陵に葬られた[25]。

その後、桓武天皇も延暦二十五年（八〇六）、病床に臥されたとき、この事件のすべての人々を許し、大伴家持も従三位の地位に戻されたのである。二十年後の復権であった。しかしそんな復権も、草葉の影から見守っていた家持にはどうでもいいことであったに違いない。桓武天皇ではなく聖武天皇と共に生きたことこそ、歌の源泉であったのだから。

註

（1）　小野老の歌。この歌は余りにも有名だが、一体この《盛りなり》が、何の盛りであるか、検討されないできた。

（2）『日本書紀』垂仁天皇二十五年の条。
（3）塙保己一（一七四六～一八二一）。『群書類従』は、日本の古書を収集、合刻したもので安永八年（一七七九）から刊行。
（4）この比較は別の大きな主題でもある。もっと背景の違いが説明されなければならないからだ。しかし政治世界が陰に陽に、芸術世界とむすびついていることで、ともに人間劇としての共通性が生まれるのである。拙論「ミケランジェロ、ダンテの芸術世界」『芸術都市の誕生』ＰＨＰ研究所、二〇一〇年、所収。
（5）小野寛『大伴家持研究』笠間書院、一九八〇年、同『孤愁の人　大伴家持』新典社、一九八七年。
（6）内舎人などの官職について。佐藤美知子「万葉集中の国司たち——家持の内舎人から越中守時代について」『万葉』昭和五八年一月号。
（7）歌がもともと口誦であり、文字が使われてからもその記録することのもどかしさがあったのかもしれない。とくに自然を詠う場合、自然が悠久さを感じさせるだけに、時を記すことはなじまなかったのであろう。
（8）『続日本紀』天平三年八月の条。諸官庁の四等官以上全員が内裏に集められた。
（9）『続日本紀』天平三年十一月の条。
（10）小野、前掲書、七八頁。
（11）小野、前掲書、八七頁。
（12）『続日本紀』天平十二年九月「広嗣の乱」の条。
（13）遠山美都男「聖武天皇の東国行幸と皇位継承問題」『大仏はなぜ紫香楽でつくられたか』サンライズ出版、二〇〇六年。栄原永遠男『聖武天皇と紫香楽宮』敬文舎、二〇一四年。
（14）拙論「東大寺大仏師の研究」『日本国史学』第一号。本書十一章も参照。
（15）わずか一首、聖武朝の宮廷歌人笠金村（かさのかなむら）に一例があるという。小野、前掲書、八七頁。

(16) 佐々本信綱、明治四一年。
(17) 『続日本紀』天平勝宝元年二月二十七日「陸奥国出金詔書」と題された「宣命」。
(18) 家持《陸奥国(みちのくに)に金(くがね)を出だす詔書を賀(ほ)く歌一首》
(19) 『続日本紀』天平勝宝六年一月、大伴宿禰古麻呂に随って、僧侶の鑑真と法進ら八人が来朝。
(20) 伊藤博『万葉集の表現と方法』塙書房、一九七六年。青木生子・橋本進監修『万葉ことば事典』「ひとり」。
(21) 『日本書紀』天智天皇三（六六三）年対馬。
(22) 拙論「高天原は関東にあった」『日本国史学』四号、二〇一四年。
(23) 拙論「光明皇后の思想と行動」『日本国史学』四号、二〇一三年。
(24) 拙論「芸術と批評――三島由紀夫の死に寄せて」『文藝』一九七五年八月号『文学の転身』泰流社、一九七六年、所収。
(25) 『続日本紀』巻三十七、桓武天皇、延暦元（七八二）年の条。巻四十、延暦元年正月十九日の条。

あとがき

「文系学部廃止」の現実

「文系学部廃止」か、などという報道が昨今、マスコミを賑わせている。朝日新聞などは文科省が「主に文学部や社会学部など人文社会系の学部と大学院について、社会に必要とされる人材を育てていなければ、廃止や分野の転換の検討を求めた」と書いて、一般読者に、あたかも政府の、大学の文化系への軽視、抑圧を行っているかのような錯覚を与え、それが左翼的文化の弾圧につながっているかのように思わせている。実際、安倍内閣も文科省も、そのような極端なことを、別に文系大学に課したわけでなかった。「国立大学の組織や業務全体の見直し」の通知には別に、文系学部廃止のような内容は無く、その再編を促しただけであったのに、いつの間にか、時の「国家権力」がそのような文系無視を意図し、経済だけ優先する国家をつくり出そうとしているかに宣伝した、と言っていいであろう。

しかし、なぜ、そのマスコミの報道が、日本の大学の文系の現実を反映しているかの如く、ある真実性を感じさせるのであろう。実際、私が見たところ、大学の人文学的分野の停滞、細分化、いわゆる蛸壺化の様相は激しい。それが自らの「廃止」論に拍車をかけているように思われることによろう。しかし一方、文化学があまりにも、文化が権力の表現としてとらえ、あたかも批判的に研究することが実りある学問方法だと、歴史家も社会学者も思い込み過ぎている点からくるのである。

いわゆるフランクフルト学派的な「批判」文化論である。しかしその「批判理論」のフランス版、ミシェル・フーコーの文化史にしても、ギアーツの文化人類学的考察にしても、「反権力」の文化史や文化人類学は、何もポジティブな成果を生み出さないということだ。というのは、もともと人間が社会を構成する限り、「国家」「権力」もそれを司る権力が必要であるし、「反権力」「反権威」の歴史学は、歴史の大きな価値の大半を見失うことになるからである。そうした文系学問を行う大学人が、政府「権力」から「文系学部廃止」などと言われると、かえって自分たちの「反権力」の学問の結果が認められたと錯覚するかもしれない。しかし事態は、その学問でさえ、もう衰退しているということなのだ。彼らは、大学が抑圧されていると考えるかもしれないが、自ら抑圧しているのは、彼らの学問の方法である。彼らの「反権力、反権威」の人文学など、じり貧になるばかりで、「否定弁証法」などと言ったところで、それ自体が学問の破壊をもたらす以外はないのである。

現代の人文学は、決して「権力」が抑圧して発展しないからではなく、大学人自ら陥った人文学のアポリアによるものである。何よりも、戦後の基本的なグランド・セオリーであるマルクス主義の退潮が決定的であるにもかかわらず、それを補う学問方法が、依然として、その焼き直しに過ぎないところにある。フェミニズム、ポスト・コロニアリズム、カルチュラル・スタディーズ等々の方法論は、マルクス主義を受け継ぐフランクフルト学派の「批判理論」以上のものではない。ただ日本の人文学者はそれが「ユダヤ人学者」のもともとの「反国家」的な民族的性格から出たものとは知らないから、雰囲気だけでそれを追従している、と言ってよい。

私は何年か前まで、パリの国際美術史学会の副会長の任についていた。奇妙なことをいえば、その就任前後の二度の国際大会の論文集が出版されなかったのである。その理由は、学会の予算不足と言うよりも、発表論文の水準が急に落ち、どの出版社も引き受けなかったことによるもの、と言われていた。これまでの水準に到底至らず、発行する意欲も無かったのである。専門的なコロキウムならまだしも、世界から集う研究者の大会報告である。それさえ出ないのは、いかに議論が空洞化し、細分化し、同時に素人化したかを示すものなのだ。エリート批判、権威主義批判を強調するあまり、学問的権威の念が薄れ、そこに学問の水準さえ失ったのだ、と言ってよいだろう。

その傾向は、日本の学会でも十分見られる。表面的には論文の数は多いものの、その水準は低い。そこには、流行の「グローバル化」を反映しようとする意欲はあるものの、それがほとんど成功していない。「多文化主義」の掛け声に従っているものの、それが国際間の文化学となると、相互の研究が深まらず、お互いの無関心だけが見えてくる。人文学の追究は、一向に深まらないのだ。「ナショナル」なもの、「権力」や「国家」の関わるものを批判するあまり、そうした偏波な理論で文化・社会を論ずる人文学は衰弱する以外はない。

何よりも学者の精神的アイデンティティを欠いて、人文学を論じられるはずがない。それで書けるとすれば、せいぜい調査レポートである。とくに自国の歴史を論じる時、戦後流布されたグローバリゼーションの精神では、本来、歴史に取り組むことが出来ない。ディアスポラのユダヤ人学者のように、どの国に依拠しないで書ける精神と異なる、日本人学者（これをドイツ人学者、フランス人学者に置き換えてもいい）に、日本の歴史を書けるはずがないのである。自己の存在は、ネーションという言葉の元である、誕生し育った土地をもとにしないわけにいかないからである。そこに実証性に依拠した、アイデンティティの精神が無い限り、それを掘り起こしていく探究心は次第に弱いものになっていく。

私が西洋で留学生として「ルネッサンス」美術史研究にいそしんでいた頃は、私の指導教授が、ことごとくユダヤ系であったから、彼らに従って、個人の芸術家としての作品として、そこに宗教や国家といった共同体的は要素を考慮しないで研究していた。ユダヤ人学者の多くは、彼らの性格の一つである国家とか共同体を無視して、個人主義にのみ偏る傾向を持っている。私もそれでいいと思ったのである。

それぞれの画家が、皆キリスト教の文化と、それぞれの国家の中で注文を受け、描いていたことをあまり深く考えず、その絵画表現のネオ・プラトニズム的な要素を中心としたイコノロジー研究に取り組んだ。パノフスキー、トルナイ、ゴンブリッジ、ウィントなどのユダヤ人学者の研究の、そうした図像史学的研究が新しいと思い、レオナルド・ダ・ヴィンチも、ミケランジェロもその点から切り込んでいき、彼らに気づかぬところを発見して、論文を発表していった。とくにミケランジェロのシスティーナ礼拝堂天井画に、ギリシャ的な四大元素の擬人化を発見して、ローマ大学で発表し、好評を得たのも彼らの推薦であった。それはそれなりに、巨匠の一面をとらえることが出来たので、満足している。

しかしこの二人の巨匠も、一人はミラノ公国、フランス王国の宮廷画家であり、他はフィレンツェ都市国家、ローマ法王庁の直属の芸術家であって、いずれも国家の仕事を背負っており、決して個人の思想の開陳だけではなく、宗教、国家の共同体の思想を表現することによって、「近代」的個人主義を超えた、偉大さ、崇高さを持っていたことに、気づかざるを得なかったのである。まさに「ナショナル」なもの、「権力」や「国家」の関わるものを、その芸術に包含していたことによって、そこに「古典性」

を得たことになる。それはちょうど、ギリシャ「古典文化」の根幹にあったものであった。

またミケランジェロの「ダヴィテ」像の中に、あきらかにフィレンツェ共和国「権威」「権力」を守るという、「国家」の公の精神がある。だからこそ、あの「正義」の顔を生まれてくるのである。シニョーリア広場の中心像として設置されるにふさわしいのもそれが所以である。レオナルドの「モナ・リザ」には、その微笑に私的な満足感を超えた、普遍的なものがあるのは、母性的なものだけでなく、人々の幸福を祈る公的なもの、共同体的なものがあるからこそ、永遠の微笑とされるのである。私がこの像を、フィレンツェの商人の妻ではなく、イザベラ・デステ公爵夫人の像とするのも、デッサンの横顔の同公妃像の明確な類似だけでなく、そうした理由からである。この顔は、私的な俗世界から離れた顔であるのだ。

この書物について

「国家」の問題を出すと、必ず左翼の歴史家たちは、それが「国民国家」として「近代」にしか存在しないとする、ベネディクト・アンダーソンの仮説を引用する（『想像の共同体』一九八三年）。しかしその考え方が誤りであることは、日本のような古い島国の例を挙げれば明らかである。それは氏のいう「宗教共同体」でも「王国」でもない。それは「神」だけでなく、しっかりと「住民」にも由来している。世界においても、その根付いた「文化」を論じると、必ずそれぞれの古くからの「国家」共同体が、中心的な役割を演じている。それがたとえ小さな規模であっても、その共同体の歴史を進展させることに「住民」の支持がある。人間と共同体との不即不離であることは当然であり、人間の文化創造も、その共同体に依拠していることでも明らかなのだ。

それはディアスポラの人々が「国家」を持てないからといって、普遍化すべきではない。ユダヤ人が

「イスラエル国」再建に執着するのもそれゆえであることは、彼ら自身がよく知っているはずである。人々が、戦争によってばらばらに四散しても、彼らは紀元前から、常に「国家」再建を目指していたのである。「シオニズム」自体が「ナショナリズム」である。それでいて彼らの一部の左翼学者が「ナショナリズム」を否定し「グローバリズム」「インターナショナリズム」を主張するのはまったく矛盾している。

「国家」といえば悪い意味での「権力」機構ととらえ、打倒の対象であるかのように否定した社会主義の理論は、ソ連や中共の成立で完全に崩壊してしまった。ソ連や中共がナショナリズムの「国家」として、ドイツ・ナチ「国家」よりもひどい全体主義国であったことでも明らかである。そのような一党独裁の国際主義の「国家」体制は、決して価値ある文化は生まれないのだ。

美術史家の立場から言えば、ディアスポラの民族からは、大芸術家は出ていない。大芸術家とは、やはりその国の大地に根差したものを内包している。文化を問題にするのは、そこに人間の最も重要な創造があり、そこにこそ人間の価値観が成立するからである。人間が共同体なしには生きられないし、まさに、そうした公的な顔が「美」に昇華されて文化をつくる。白鳳、天平時代の絵画、彫刻に表現されている、ウインケルマンのいう「偉大なる静けさ、高貴なる単純」の言葉は、そこに公的なものがあるからだ。現代が意図的に「古典主義」を無視するのは（無視であって、それを否定することは出来ない）、「ディアスポラ」の否定精神を刷り込まれてしまったからである。多くの人々がギリシャのパルテノン神殿を訪れ、サンピエトロ大聖堂に向かうのも、単にその宗教性だけでなく、その「古典性」に圧倒されるからである。まさにそれを感じさせるのが、日本では法隆寺、薬師寺、東大寺、興福寺など、奈良の飛鳥から天平文化なのである。

本書は、日本文化の天平「古典文化」を論じたものである。それは日本の「律令国家」の成熟と結びついている。すでに「大宝律令」が制定され、聖武天皇の統治が、「青丹(あおに)よし　寧楽(なら)のみやこは　咲く花の　薫ふが如く　今盛りなり」（『万葉集』三二八）というように、花の盛りの時代を迎え、豊かな文化を生み出した。それこそ、日本「古典」文化と言えるであろう。戦後の日本の歴史学が、過去の文化に否定的になったことを徹底的に批判し、そのイデオロギーそのものが、すでに無効になったことを、本文自身でも述べている。これまで政治権力の争い中心の歴史ではなく、また不当に民衆が虐げられた、などとする階級史観の歴史でもない。人間が利益中心の争いしかないと考える歴史観から離れた見方に立っている。

文化の中心は、民族の「美」の創造であるし、現代の世界が、世界の各民族（同一言語をもつ集合体といってもいい）が「世界文化遺産」で競っているように、歴史は文化遺産を残すための歴史といってよいであろう（負の遺産ではない）。本当の文化は、階級闘争の中では生まれない。国家が平和な時しか造れないものなのである。政治・経済の目的はそのための社会づくりであって、それ自体が目的ではない。つまり、国民の平和、経済の安定、精神の豊かさから文化は生まれる。決して戦争や、権力で造られるものではないのだ。

現代において学者・評論家は、戦争の危険、経済不況や政治の混乱、社会の停滞にのみ熱心に論ずるが、彼らが犠牲者と考える、当の「民衆」は生活を楽しみ、文化を愛し、「世界文化遺産」を鑑賞の旅をすることを望んでいるのである。現在では観光で十数億の人々が旅をしている、と言われている。お金のことしか考えないといわれる中国人や韓国人でさえ、日本文化を見に来ているし、彼らにとっても「爆買い」はあくまで二次的なことである。そのためだけだ、などと考えては失礼である。

「はしがき」で述べたように、この書物の、出発点となった拙著『日本美術全史』（講談社）が、イタリア語版になり、それを読んだイタリア美術史家の泰斗ストリナーティ教授、評論家のリッザーニ教授が「日本仏教彫刻展」を企画してくださり、日伊修交一五〇周年の二〇一六年に文化庁の全面的協力で実現することになった。そこには安倍晋三首相や、その友人の津川雅彦氏の応援があった。残念ながら、本書で引用されている東大寺や興福寺の仏像は、日程や保存の関係から行かないが、しかし何点かは、この時代のものが出品されることになっている。また会場での写真パネル展やカタログで、多くのこの時代の作品が紹介されるので、ルネッサンスの名彫刻を持つイタリアで大いに議論されるであろうと思っている。またこの本の前著となる『天平のミケランジェロ』や『運慶とバロックの巨匠たち』（いずれも弓立社）が英語版となって展覧会の直前にイタリアで発行されることになっている。

この十三章にわたる奈良時代の政治と文化の論考は、もともと『新日本学』（拓殖大学日本文化研究所・季刊誌）と『日本國史學』（日本國史学会・機関誌）に発表されたものである。平成二十年（二〇〇八）から始まった連載は、第十章（平成二十三年）まで『新日本学』に掲載された。この雑誌の編集長であった井尻千男氏は、最初からこの雑誌に書くことを歓迎してくださり、また遠藤浩一氏はその実務を担当された。

井尻氏は平成二十七年（二〇一五）六月にお亡くなりになり、遠藤氏も平成二十六年（二〇一四）一月に五十五歳の若さでこの世を去られた。井尻氏の思い出は多くあるが、とくに氏が山梨県のご自宅に、毎年春、友人達をお招きになり、私もその一人に加えていただいたことである。保守の論客の多くが、伝統の日本文化を忘れ、ひたすら近現代史を論ずるなかで、氏は茶道をいとなみ、庭園に関心を持たれていた。このご自宅には、自ら設計された茶室があり、夢窓国師の日本庭園が広がっていた。感心したのは、お屋敷全体が決して現代風の建築でなかったことである。最後のお招きのとき、私は厚かましくも裏庭の隅々まで歩かせていただいたが、そこには小神社が二つも残されていた。何を祀っているのか分からなかったが、そこで手を合わさせていただいた。

第十一章から第十三章は、伊藤隆、小堀桂一郎両東京大学名誉教授や井尻千男氏、竹田恒泰氏らと平成二十五年（二〇一三）に結成した日本国史学会の機関誌に掲載したもので（第一号、第四号、第五号）、いずれの雑誌も、保守の歴史家や評論家の執筆による学術誌である。左翼学者が相変わらず学界に跋扈しているが、その中でも貴重な存在である。『新日本学』は、井尻氏と遠藤氏の逝去により終巻になってしまったが、『日本國史學』はぜひ続けていきたいと思っている。

最後に、本書を出すにあたって丹念な校正と索引作成の労を取っていただいた、ミネルヴァ書房編集部の田引勝二氏に感謝の念を捧げたい。

平成二十八年四月

田中英道

人名索引

あ　行

か　行

さ　行

た　行

な　行

は　行

ま　行

や　行

ら　行

わ　行

事項索引

あ 行

か 行

さ 行

た　行

な　行

は　行

ま　行

や　行

ら　行

《著者紹介》

田中英道（たなか・ひでみち）

1942年　東京都生まれ。

1963年　東京大学文学部仏文学科卒業。

1965年　東京大学文学部美術史学科卒業。

1969年　ストラスブール大学 Ph. D.

1990年　ローマ大学客員教授。

2006年　ボローニャ大学客員教授。

東北大学（1973～2005年），国際教養大学特任教授（2005～11年），国際美術史学会副会長（2002～08年）。

現　在　東北大学名誉教授。

著　書　『レオナルド・ダ・ヴィンチ』新潮社，1978年。（講談社学術文庫所収）

『ミケランジェロ』講談社，1979年。（講談社学術文庫所収）

『ルネッサンス像の転換』講談社，1981年。

『画家と自画像』日本経済新聞社，1983年。（講談社学術文庫所収）

『光は東方より』河出書房新社，1986年。

『イタリア美術史』岩崎美術社，1990年。

『日本美術全史』講談社，1995年。

『天平のミケランジェロ』弓立社，1995年。

『国民の芸術』産経新聞社，2002年。

『新しい日本史観の確立』文芸館，2006年。

『支倉常長』ミネルヴァ書房，2007年。

『「やまとごころ」とは何か』ミネルヴァ書房，2010年，他多数。

MINERVA 歴史・文化ライブラリー㉛
天平に華咲く「古典文化」
――続・「やまとごころ」とは何か――

2016年7月30日　初版第1刷発行　〈検印省略〉

定価はカバーに
表示しています

著　者　田　中　英　道
発行者　杉　田　啓　三
印刷者　坂　本　喜　杏

発行所　株式会社　ミネルヴァ書房
〒607-8494　京都市山科区日ノ岡堤谷町1
電話代表　(075)581-5191
振替口座　01020-0-8076

冨山房インターナショナル・新生製本

ISBN 978-4-623-07500-3
Printed in Japan